2016

中国农产品价格调查年鉴

CHINA YEARBOOK OF AGRICULTURAL PRICE SURVEY

国家统计局农村社会经济调查司 编

中国统计出版社
China Statistics Press

图书在版编目（CIP）数据

中国农产品价格调查年鉴. 2016 : 汉英对照 / 国家统计局农村社会经济调查司编. -- 北京 : 中国统计出版社, 2016.8
ISBN 978-7-5037-7940-4

Ⅰ. ①中… Ⅱ. ①国… Ⅲ. ①农产品价格—统计资料—中国— 2016 —年鉴—汉、英 Ⅳ. ① F323.7-66

中国版本图书馆 CIP 数据核字（2016）第 203095 号

中国农产品价格调查年鉴—2016
CHINA YEARBOOK OF AGRICULTURAL PRICE SURVEY 2016

编　　者 / 国家统计局农村社会经济调查司
责任编辑 / 尹　伊
封面设计 / 李雪燕
出版发行 / 中国统计出版社
通信地址 / 北京市丰台区西三环南路甲 6 号　邮政编码 /100073
电　　话 / 邮购（010）63376909　书店（010）68783171
网　　址 /http://www.zgtjcbs.com/
印　　刷 / 河北鑫宏源印刷包装有限责任公司
经　　销 / 新华书店
开　　本 /880mm×1230mm　1/16
字　　数 /480 千字
印　　张 /15
版　　别 /2016 年 9 月第 1 版
版　　次 /2016 年 9 月第 1 次印刷
定　　价 /148.00 元

如有印装差错，由本社发行部调换。

《中国农产品价格调查年鉴—2016》编辑委员会

《CHINA YEARBOOK OF AGRICULTURAL PRICE SURVEY—2016》

EDITORIAL BOARD AND STAFF

前　言

一、编辑目的与作用

随着我国市场经济体制的建立与不断完善，农村经济运行的市场化步伐加快，市场机制在农产品流通与贸易中的基础作用日益显现，宏观决策和社会公众对农产品价格信息的需求与日俱增。为了适应这一新的形势，国家统计局农村社会经济调查司发挥系统自身优势，逐步建立起完整的农产品价格调查体系，对农产品生产和流通的全过程进行密切跟踪调查，全方位把握农产品价格走势，深入透视农产品生产、贸易和消费环节的分配关系和利益格局。汇编这些价格数据的目的就是为了充分发挥农产品价格信息在分析研究我国农产品供给与需求、农产品市场竞争与产业结构调整、农民收入与居民消费等方面的独特作用，更好地服务于各级党政领导的“三农”决策，服务于关注农产品价格问题的研究机构和各界社会公众。

二、主要内容与资料调查方法

本书的内容主要包括统计图、农产品生产者价格指数和农产品集贸市场价格三部分。农产品生产者价格是农产品生产者，直接出售其产品时实际获得的单位产品价格，它是农产品集贸市场价格、批发价格和消费价格形成的基础和前提。农产品生产者价格调查采用随机抽样的方法抽选调查网点，实行抽样调查。全国共抽选 26000 个农业生产经营单位，其中普通农户占三分之二，农业生产单位和生产大户占三分之一。调查内容涉及农、林、牧、渔四个大类，180 种代表品。农产品集贸市场价格调查是对全国 200 个农产品主产县（市）31 种农产品进行的集贸市场价格调查，旨在反映我国农产品主产区大宗农产品的交易价格和价格走势。

三、特别说明

本书在重点收录2015年农产品价格调查资料的同时，编发了2000年以来主要年份全国主要农产品的价格数据（全国汇总数据不含西藏）。生产者价格指数以上年或上年同期价格为100。农产品集贸市场价格单位统一为“元/公斤”，价格数据保留两位小数；集贸市场价格走势分为环比和同比两个系列，环比以上月或上季度价格为100，同比以上年同月或同期价格为100。

为了及时反映全国农产品价格走势，我们将定期出版《中国农产品价格调查年鉴》。限于我们的经验和水平，书中疏漏在所难免，不妥之处敬请读者批评指正。

编　者

2016年7月

Preface

I. Background and Purpose

Along with the establishment and improvement of the system of market economy in China, the market-oriented pace of the rural economy has been accelerated. The market plays more and more important role in production and trade of agricultural products. Therefore, the government and publics have increasingly more demand for the information on the prices of agricultural products. In order to fit in with this situation, Department of Rural Surveys National Bureau of Statistics has been carrying out surveys on the prices of agricultural products to monitor the movement of the related prices and to maintain the agricultural accounting system, through its survey teams locating all over the country since 2003. The purpose of this book is to provide the price information of agricultural products to government agencies at various level, the research institutions, agricultural holdings as well as other publics for the decision-making and analyzing the supply and demand relations of the agricultural products, the market competition of agricultural products and the agricultural restructure, the farmers,income and consumption, etc.

II. Contents and Methodology

The contents of this book include: the chart of price movement of agricultural products,the producer prices index of agricultural products, the prices of the agricultural products at the rural market fairs. The second part of this book is based on National Producer Price Survey of Agricultural Products. The producer price of the agricultural product is the price of the unit product, at which the producer of the agricultural product, i.e. the agricultural household or the farm, directly sells the product. The producer prices of agricultural products are the bases of the prices of the agricultural products at the rural market fairs as well as the wholesale prices and consumer prices. National Producer Prices

Survey of agricultural products is a sample survey with its sample units selected with random sampling method. A total of 26000 units engaged in agricultural production have been selected in the whole country, in which the agricultural households account for two thirds and the farms account for one third. The survey covers 180 representative agricultural products in four categories of farming, forestry, livestock and fishery. The third part of this book is based on Survey of Agricultural Products Prices at Rural Market Fairs which is a survey on the prices of 31 agricultural products in 200 major producing counties and cities conducted for reflecting the trading prices of the staple agricultural products in the major producing areas and the change of these prices.

III.Additional Notes

While mainly presenting the survey data on the prices of agricultural products in 2015, this book also releases the series data on the prices of main agricultural products in China since 2000 (The country's aggregated date excludes Tibet). The producer price indices take the prices in the preceding year or the prices at the same period of preceding year as 100. The unit of the prices of agricultural products at rural market fairs is unified to be Yuan/kg and two decimals are kept for the price data. The data on the change of the prices of agricultural products at rural market fairs are classified into two series, namely the chain indices and the fixed base indices. The chain indices take the prices of the previous month or quarter as 100 while the fixed base indices take the prices of the same month or same period in the preceding year as 100.In order to better reflect the change of the prices of agricultural products in China, we will periodically publish the China Yearbook of Agricultural Price Survey. Limit to our experiences and knowledge, some slips are inevitable in the book. We warmly welcome the comments or suggestion from our readers.

The Editor
Beijing
Jul. 2016

目录

前　言
Preface

第一部分　统计图
Part I　Chart of Price Movement

第二部分　农产品生产者价格指数
Part II　Producer Prices Indices of Agricultural Products

第三部分 农产品集贸市场价格
Part III Prices of Agricultural Products at the Rural Market Fairs

附录　全国农产品价格调查方案

Appendix　Programmes for the Survey of the Prices of Agricultural Products

1

统计图

Chart of Price Movement

1-1 农产品生产者价格指数走势图

Chart of Indices of the Producer Prices of Agricultural Products

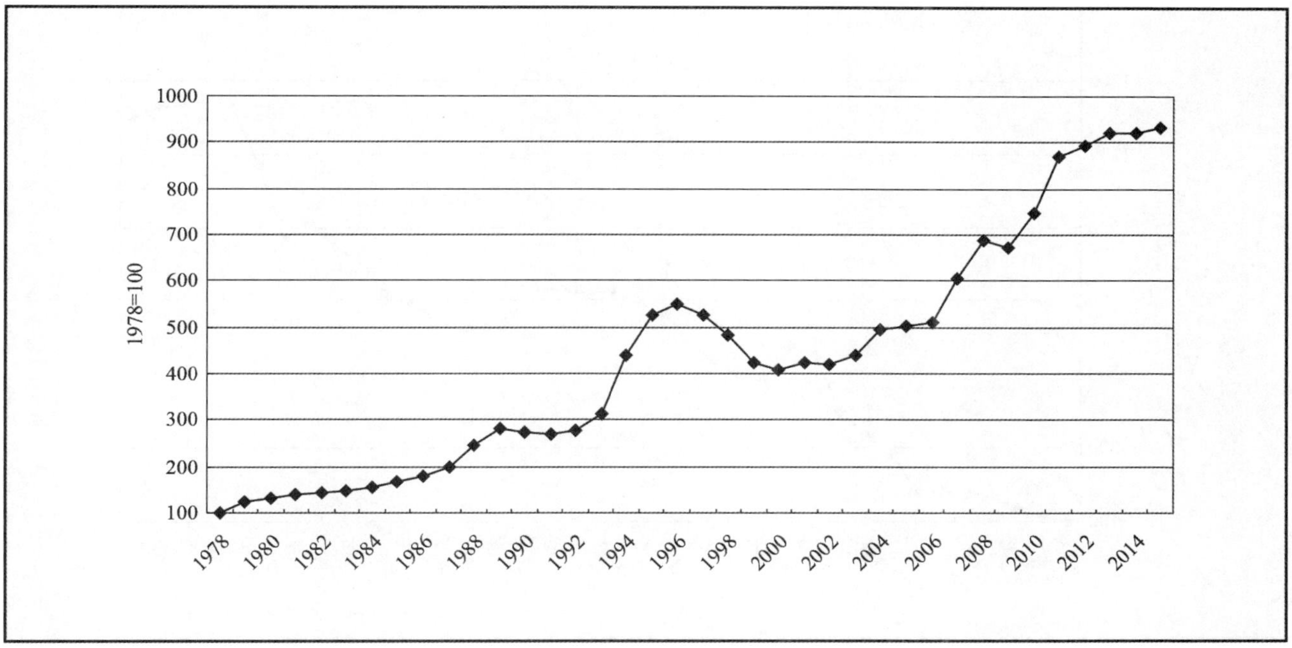

图 1　1978—2015 年农产品生产者价格总指数
Annual Overall Indices of Producer Prices of Agricultural Products (1978—2015)

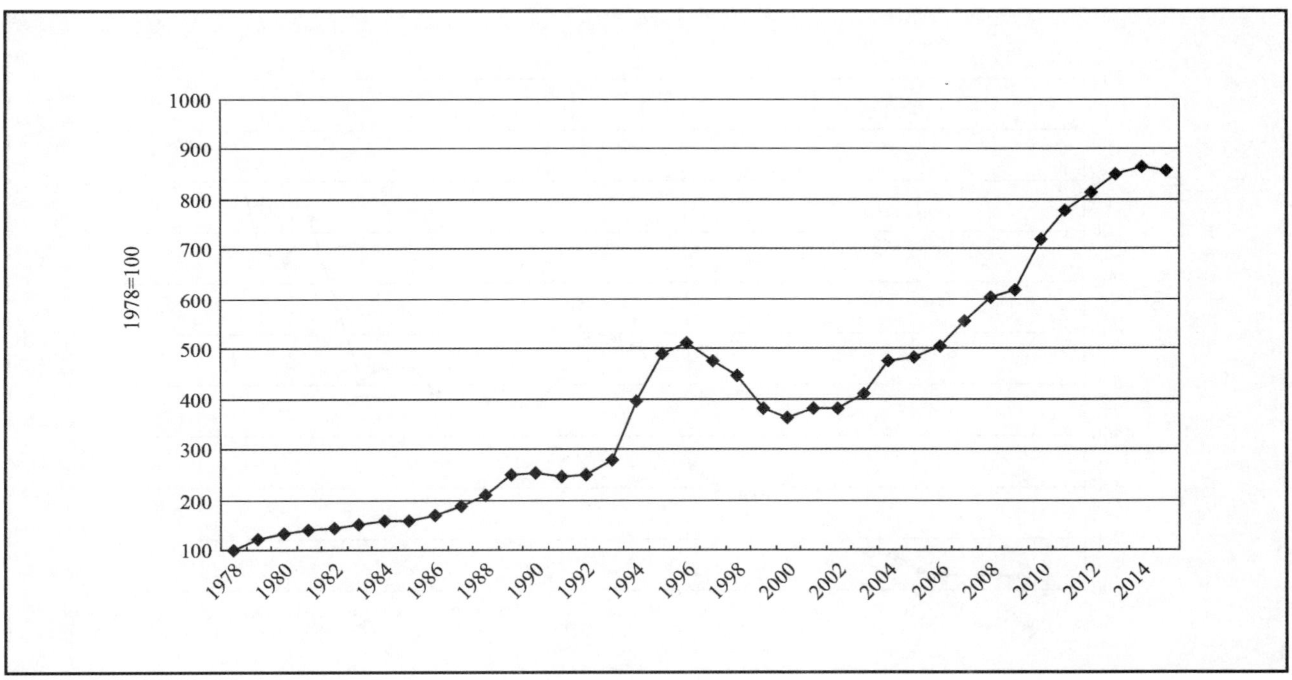

图 2　1978—2015 年种植业产品生产者价格指数
Annual Indices of Producer Prices of Crop Products (1978—2015)

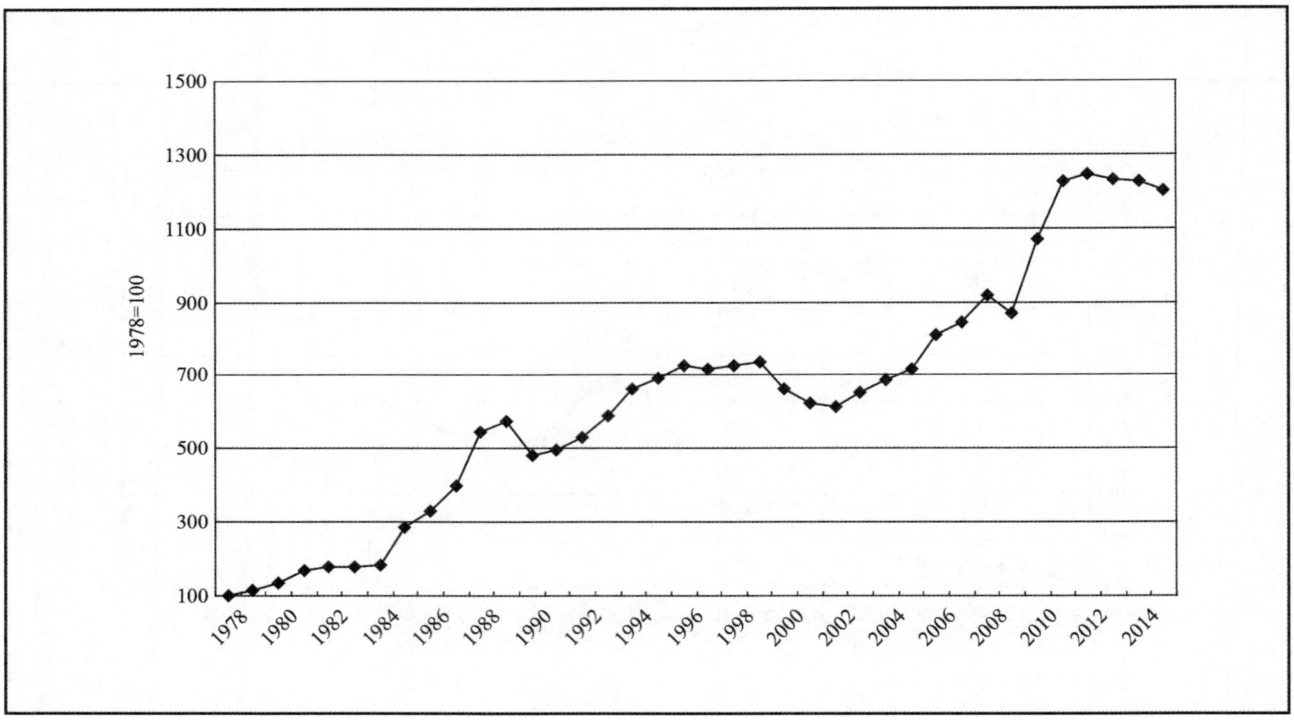

图 3　1978—2015 年林业产品生产者价格指数
Annual Indices of Producer Prices of Forestry Products
(1978—2015)

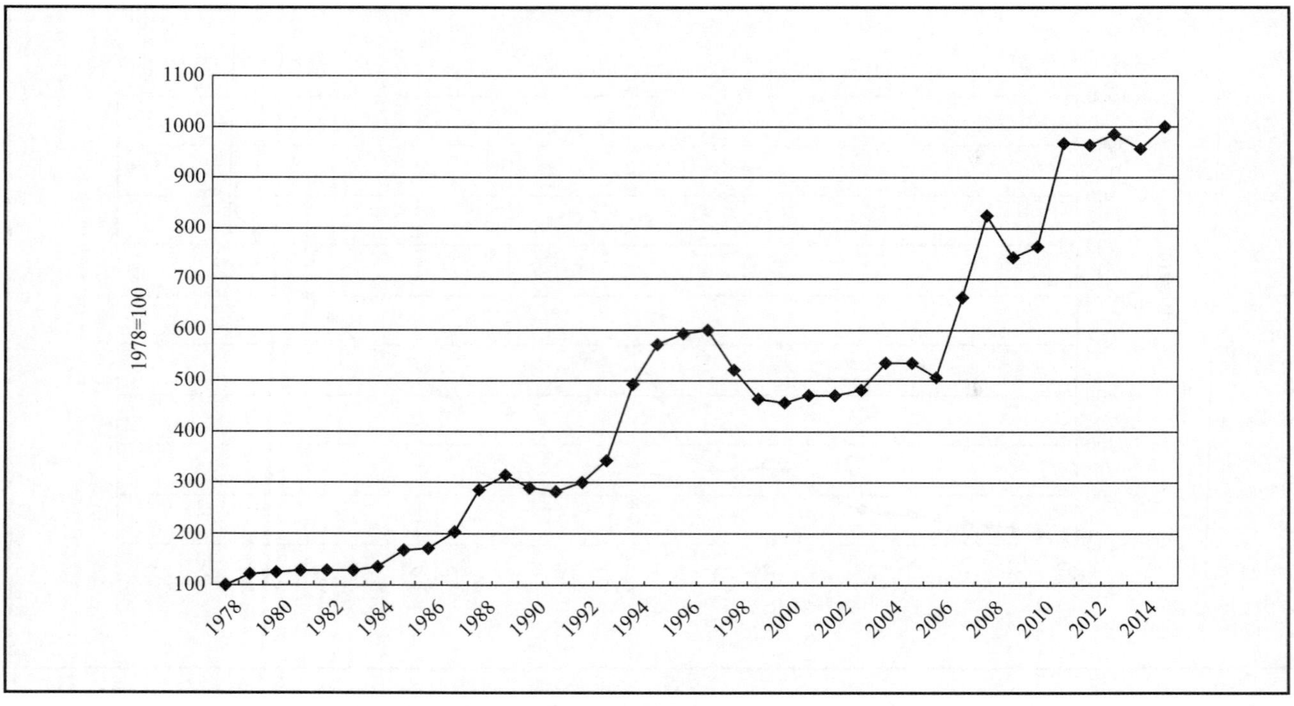

图 4　1978—2015 年畜牧业产品生产者价格指数
Annual Indices of Producer Prices of Livestock Products
(1978—2015)

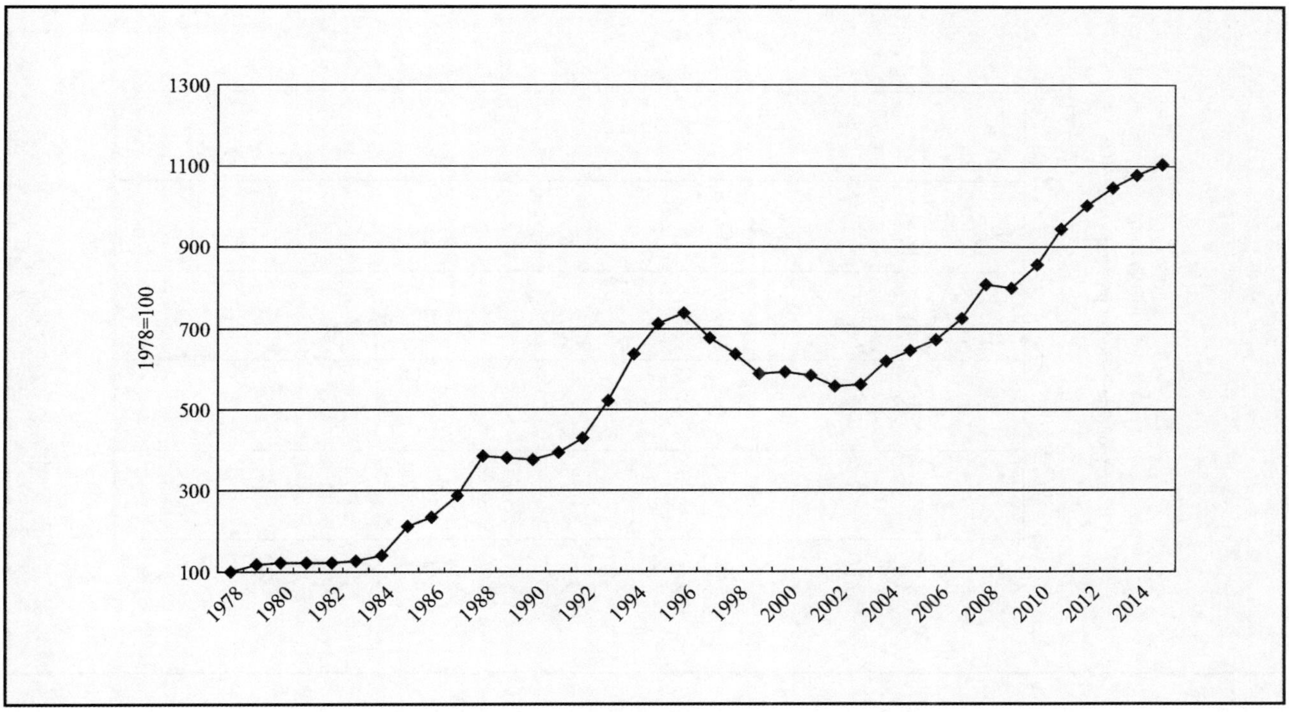

图 5　1978—2015 年渔业产品生产者价格指数
Annual Indices of Producer Prices of Fishery Products
(1978—2015)

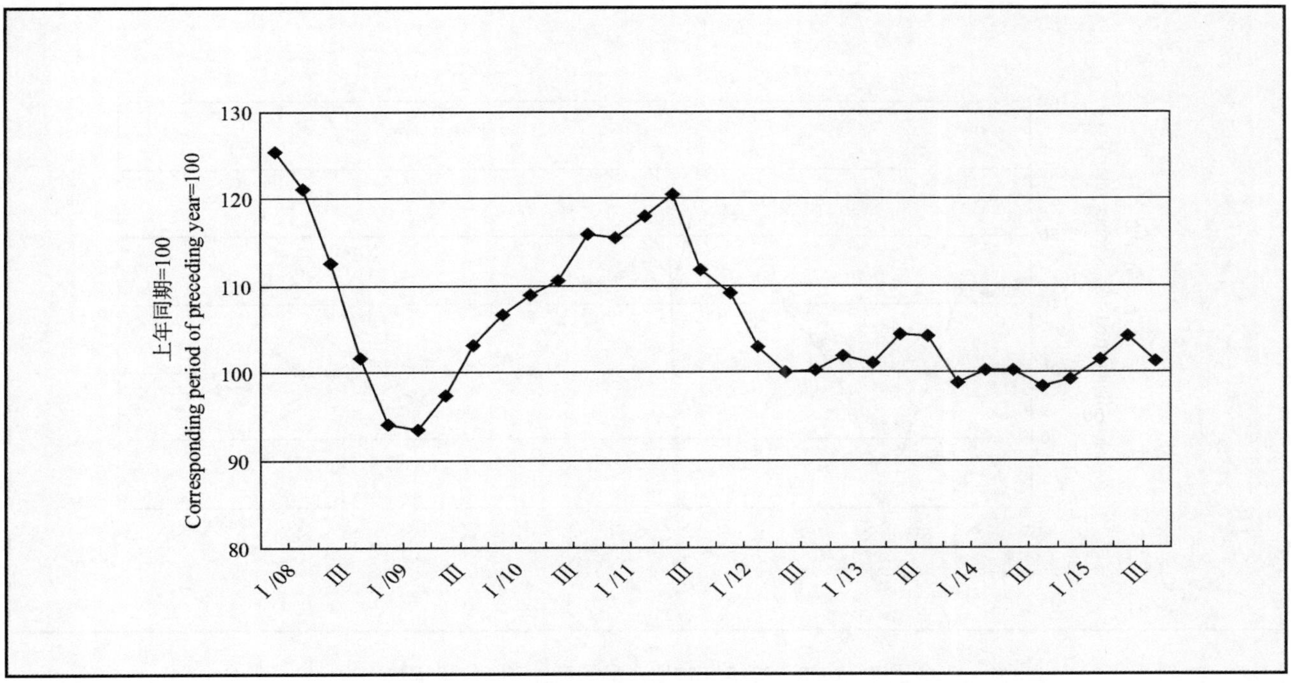

图 6　2008—2015 年农产品季度生产者价格总指数
Quarterly Overall Indices of Producer Prices of Agricultural Products
(2008—2015)

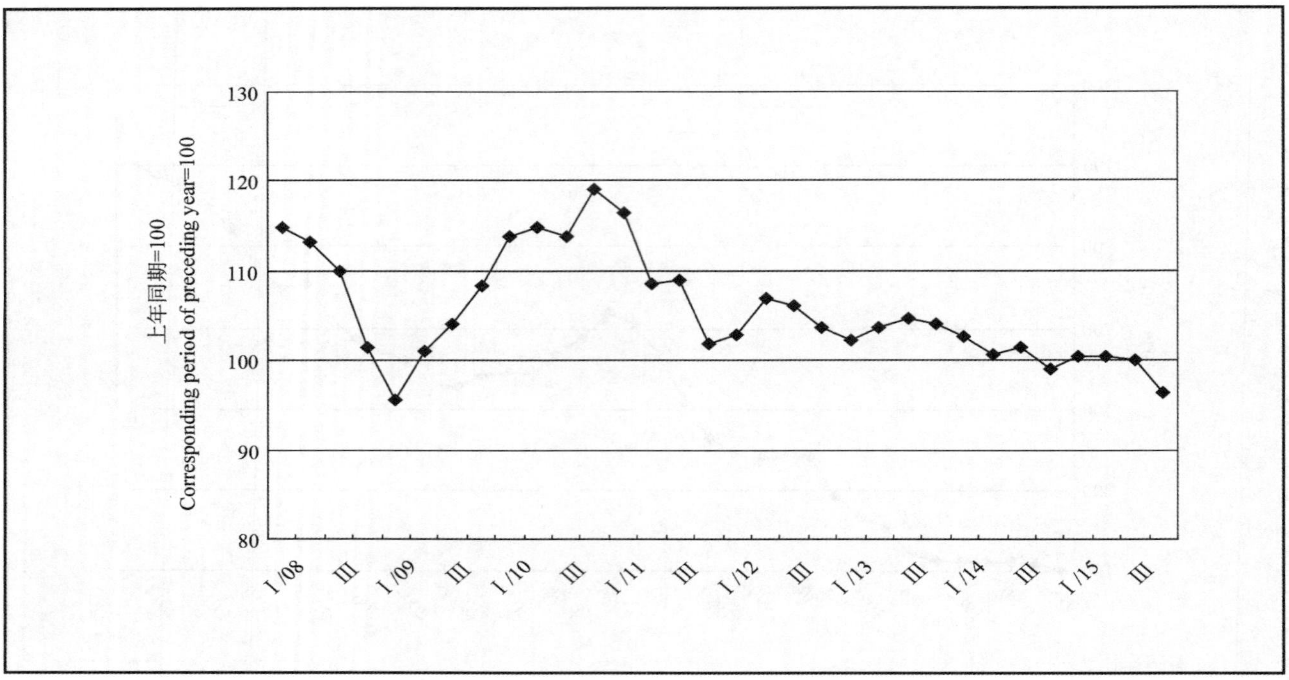

图 7　2008—2015 年种植业产品季度生产者价格指数
Quarterly Indices of Producer Prices of Crop Products (2008—2015)

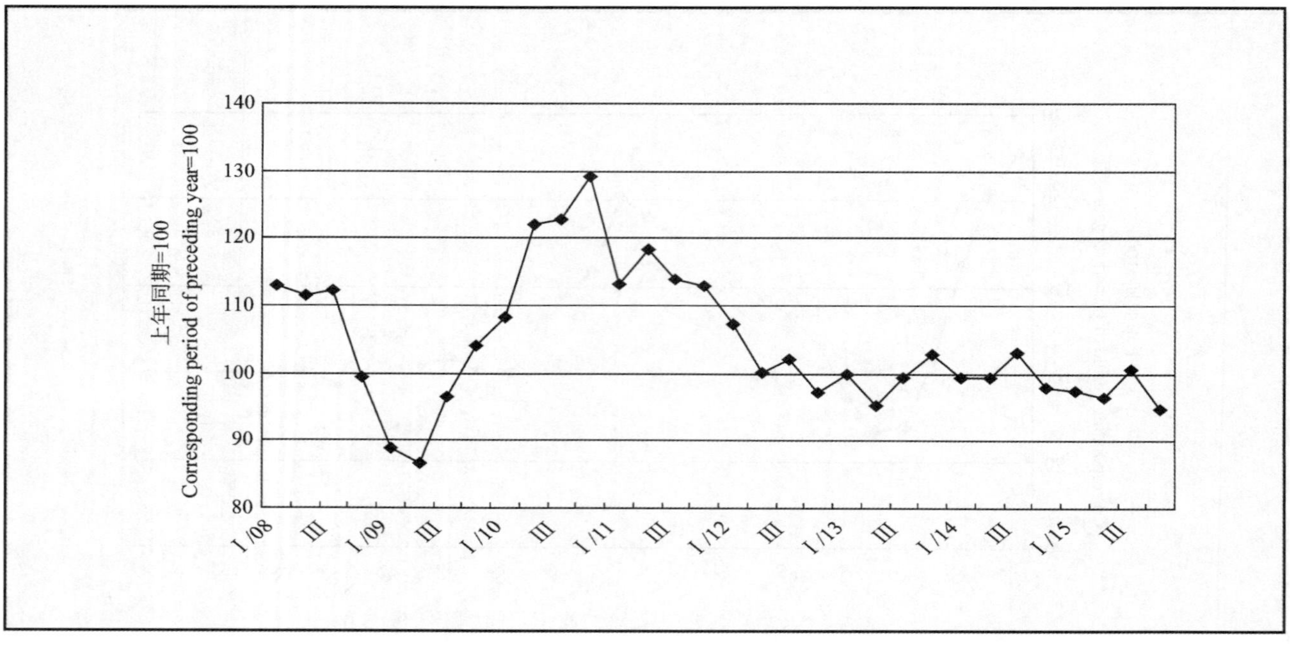

图 8　2008—2015 年林业产品季度生产者价格指数
Quarterly Indices of Producer Prices of Forestry Products (2008—2015)

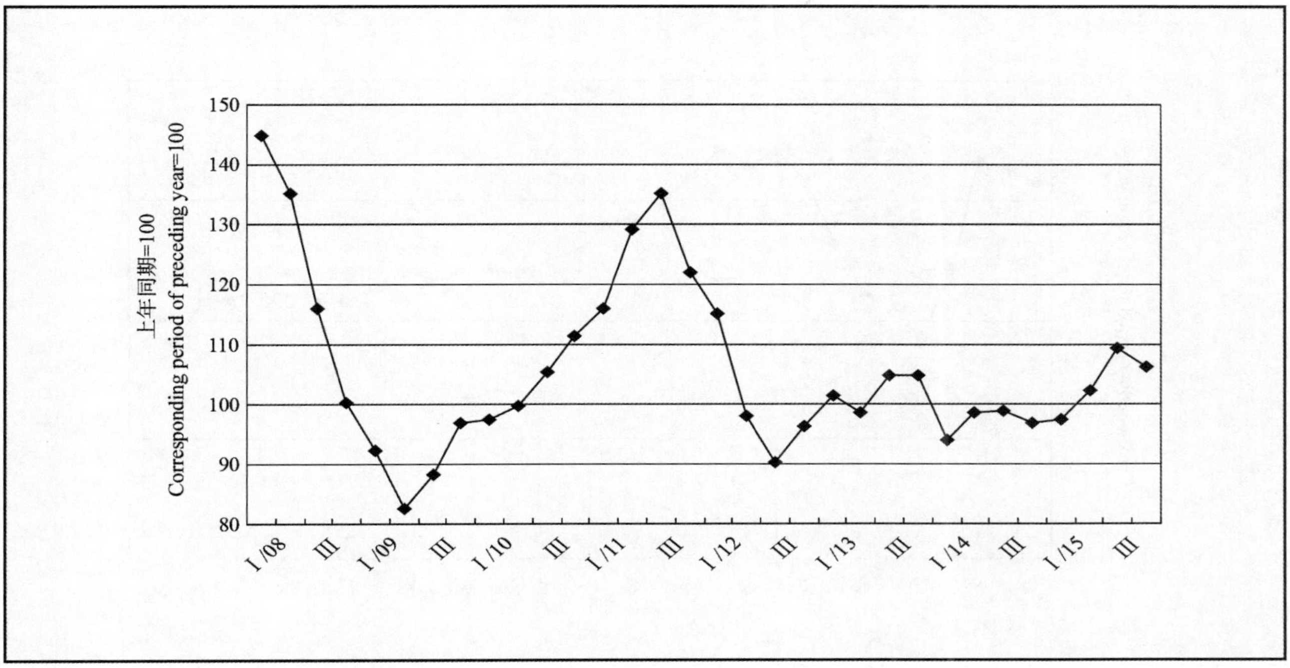

图 9　2008—2015 年畜牧业产品季度生产者价格指数
Quarterly Indices of Producer Prices of Livestock Products (2008—2015)

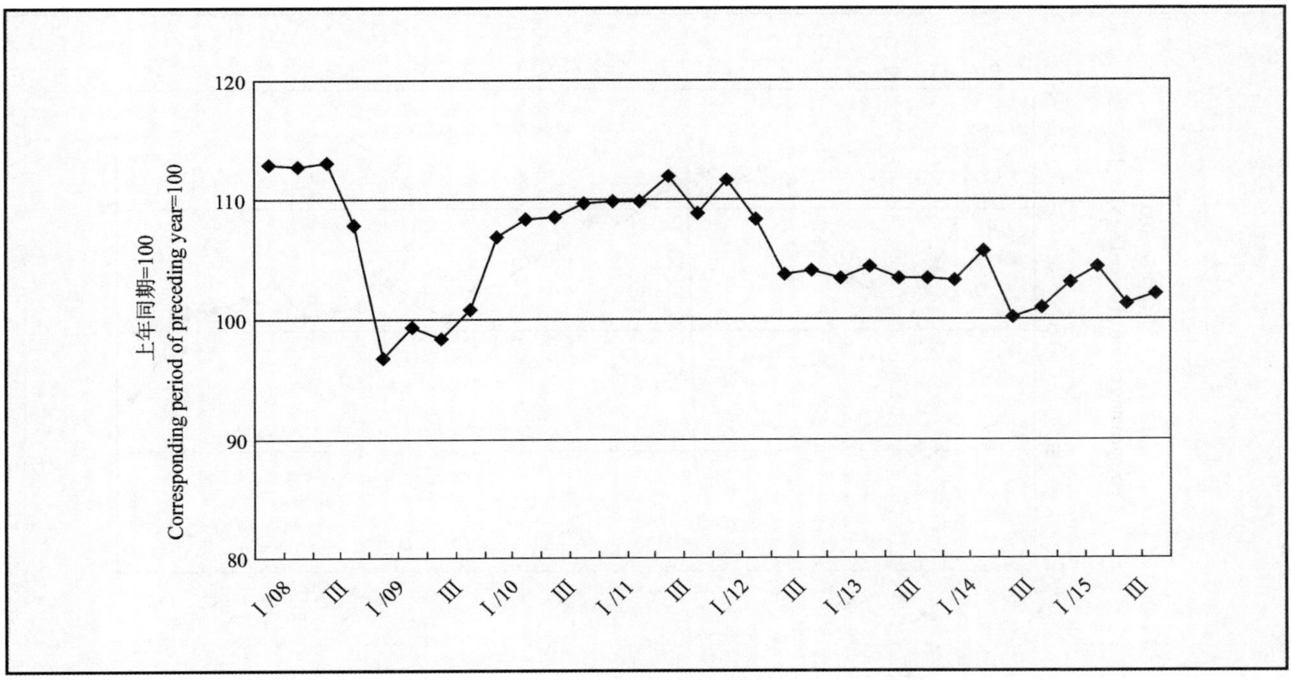

图 10　2008—2015 年渔业产品季度生产者价格指数
Quarterly Indices of Producer Prices of Fishery Products (2008—2015)

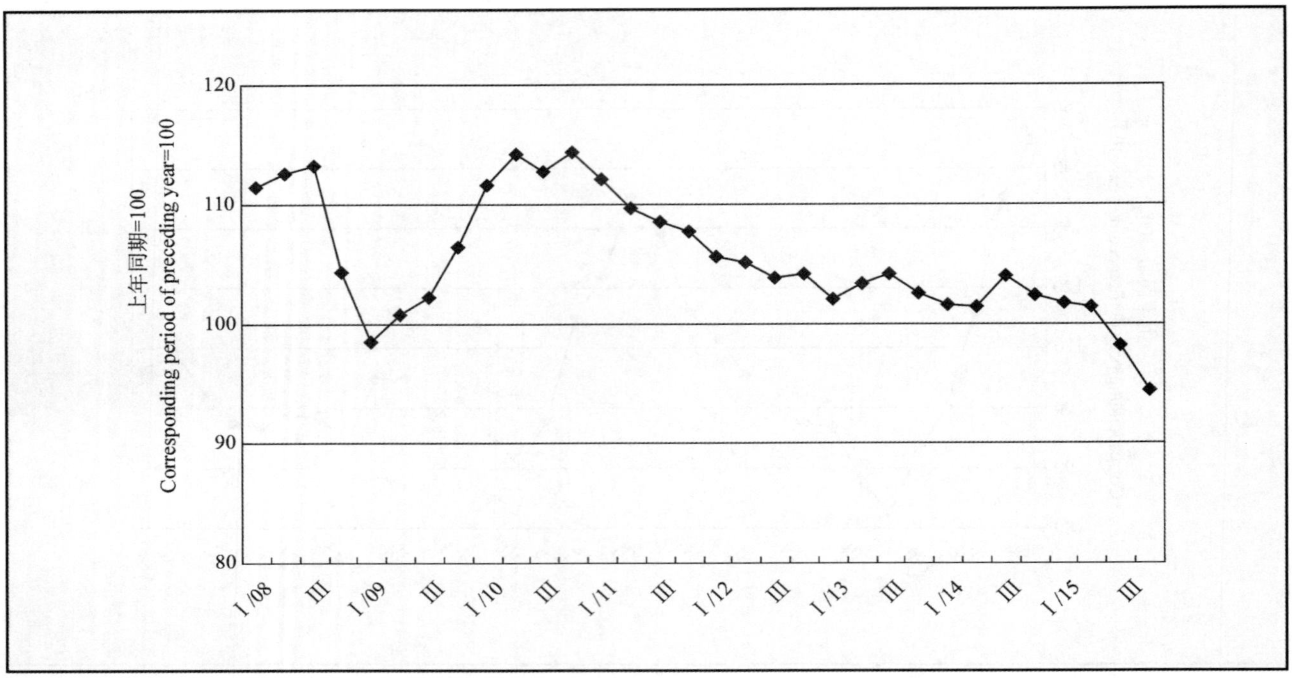

图 11　2008—2015 年粮食季度生产者价格指数
Quarterly Indices of Producer Prices of Grain
(2008—2015)

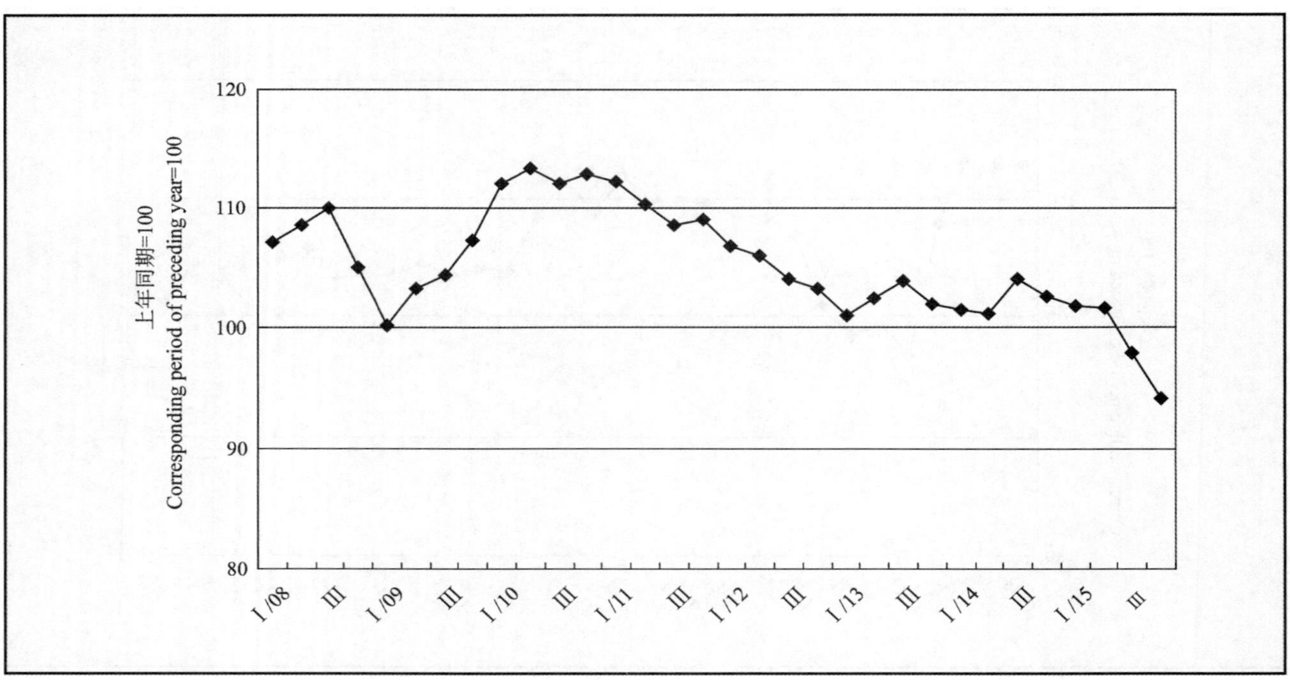

图 12　2008—2015 年谷物季度生产者价格指数
Quarterly Indices of Producer Prices of Cereal
(2008—2015)

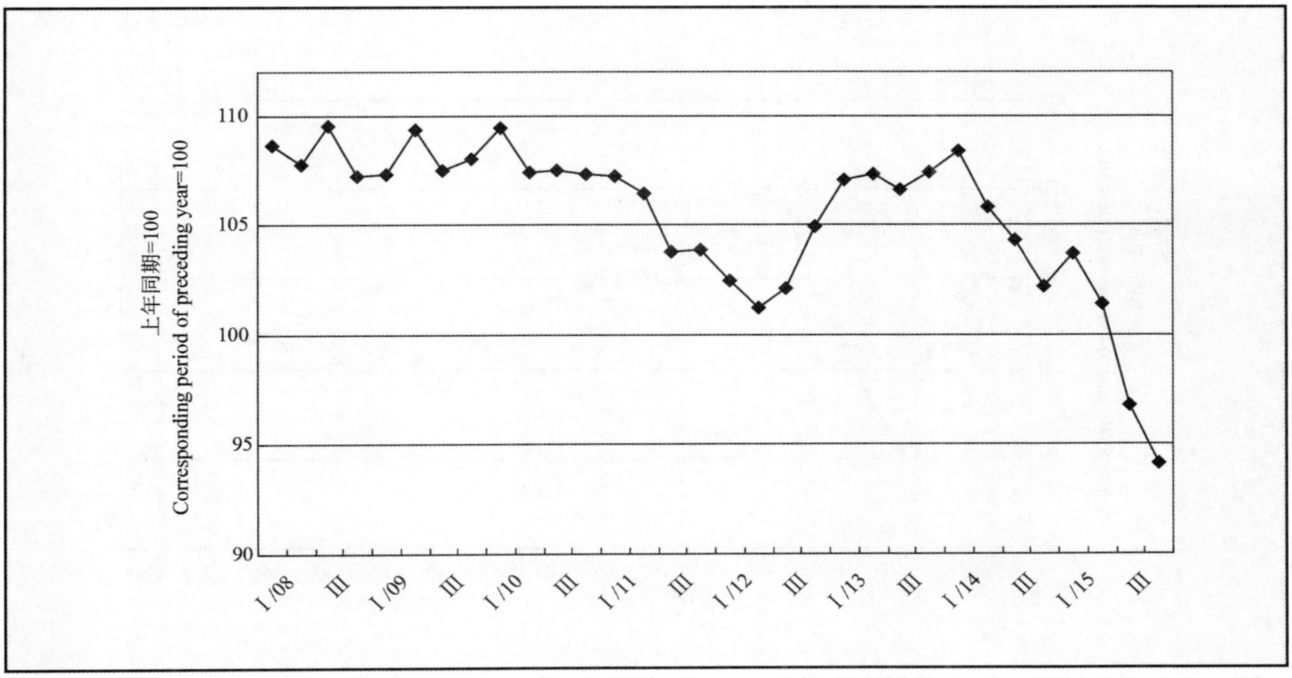

图 13　2008—2015 年小麦季度生产者价格指数
Quarterly Indices of Producer Prices of Wheat
(2008—2015)

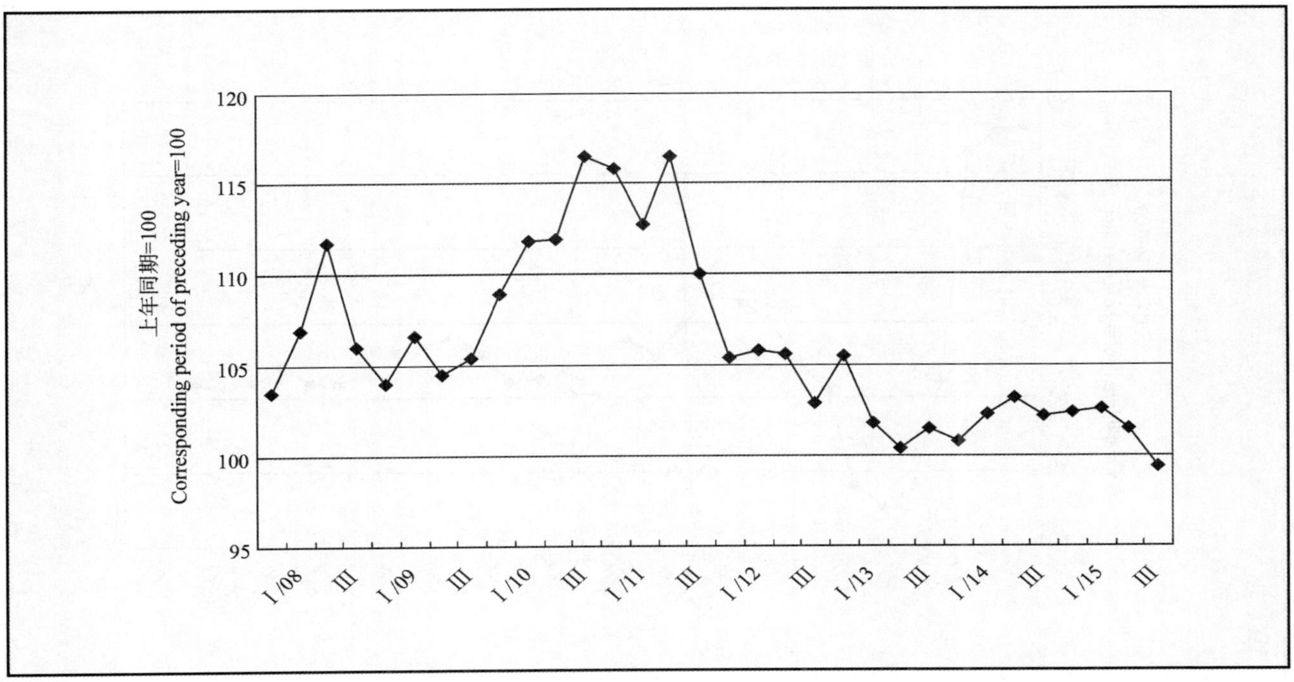

图 14　2008—2015 年稻谷季度生产者价格指数
Quarterly Indices of Producer Prices of Paddy
(2008—2015)

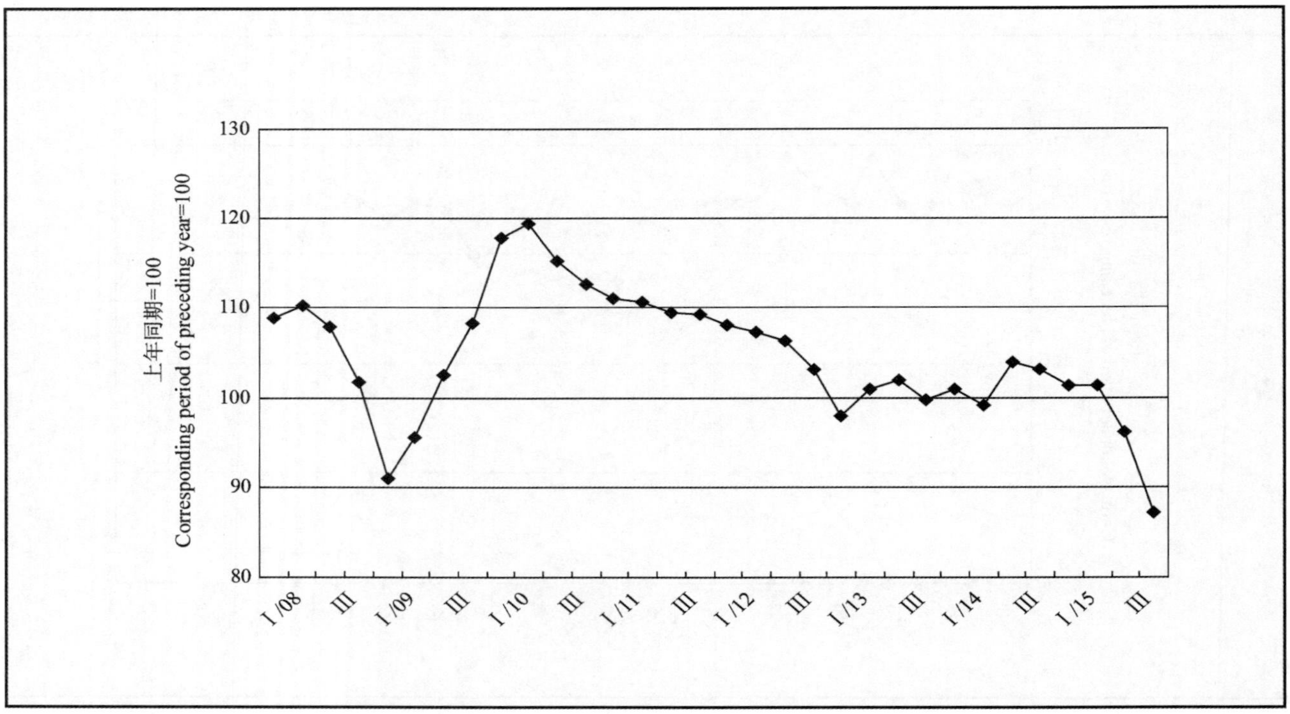

图 15　2008—2015 年玉米季度生产者价格指数
Quarterly Indices of Producer Prices of Corn
(2008—2015)

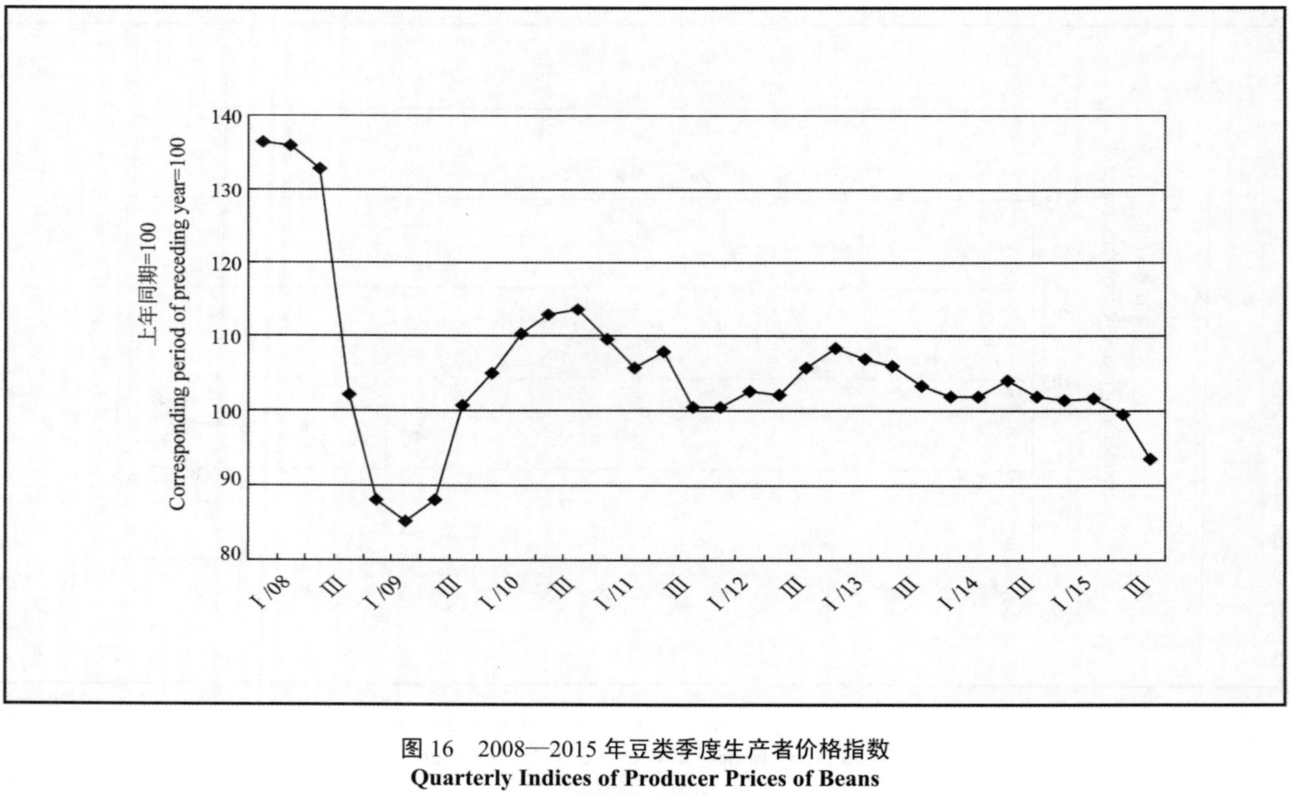

图 16　2008—2015 年豆类季度生产者价格指数
Quarterly Indices of Producer Prices of Beans
(2008—2015)

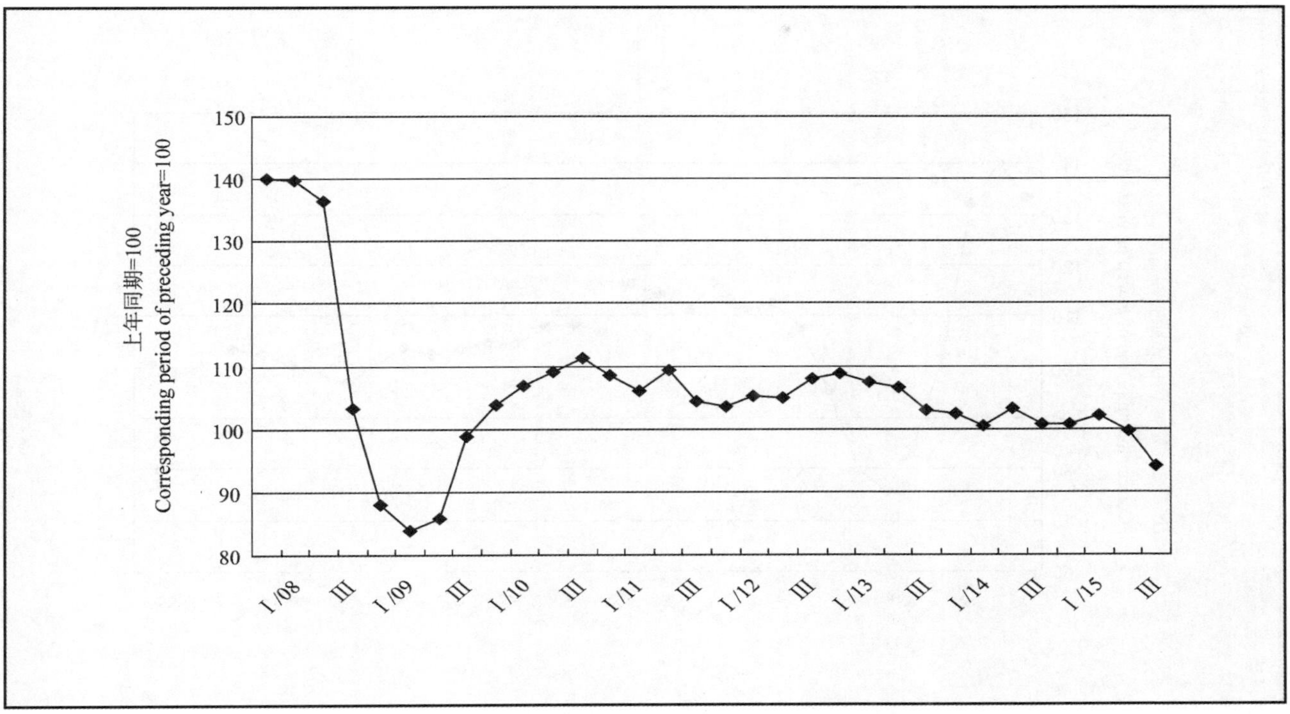

图 17　2008—2015 年大豆季度生产者价格指数
Quarterly Indices of Producer Prices of Soybean (2008—2015)

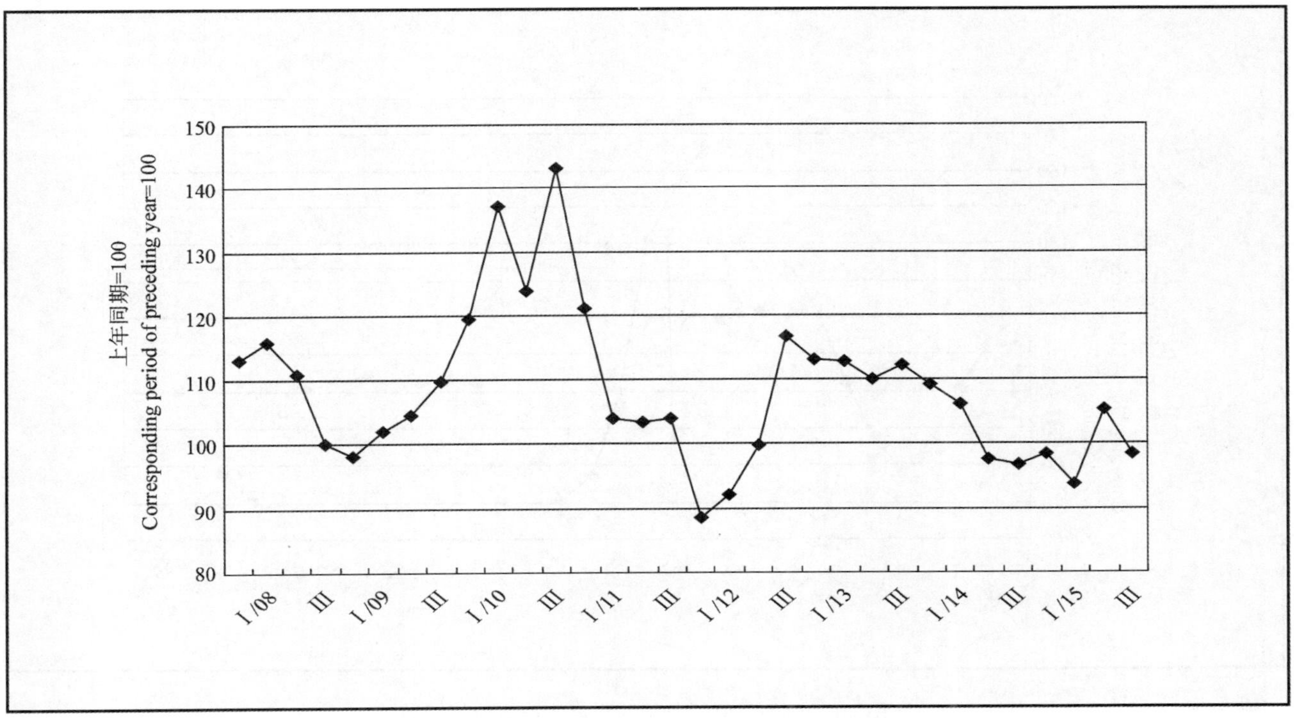

图 18　2008—2015 年薯类季度生产者价格指数
Quarterly Indices of Producer Prices of Potato (2008—2015)

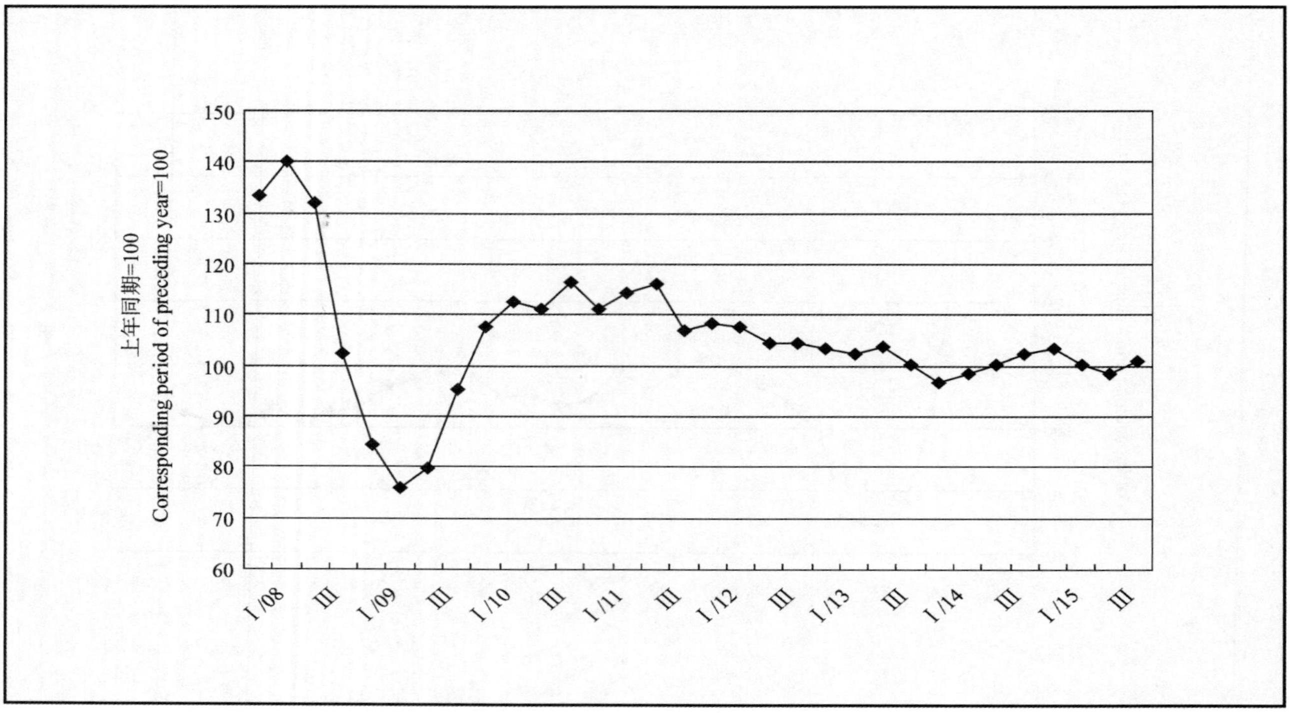

图 19　2008—2015 年油料季度生产者价格指数
Quarterly Indices of Producer Prices of Oil-bearing Crops (2008—2015)

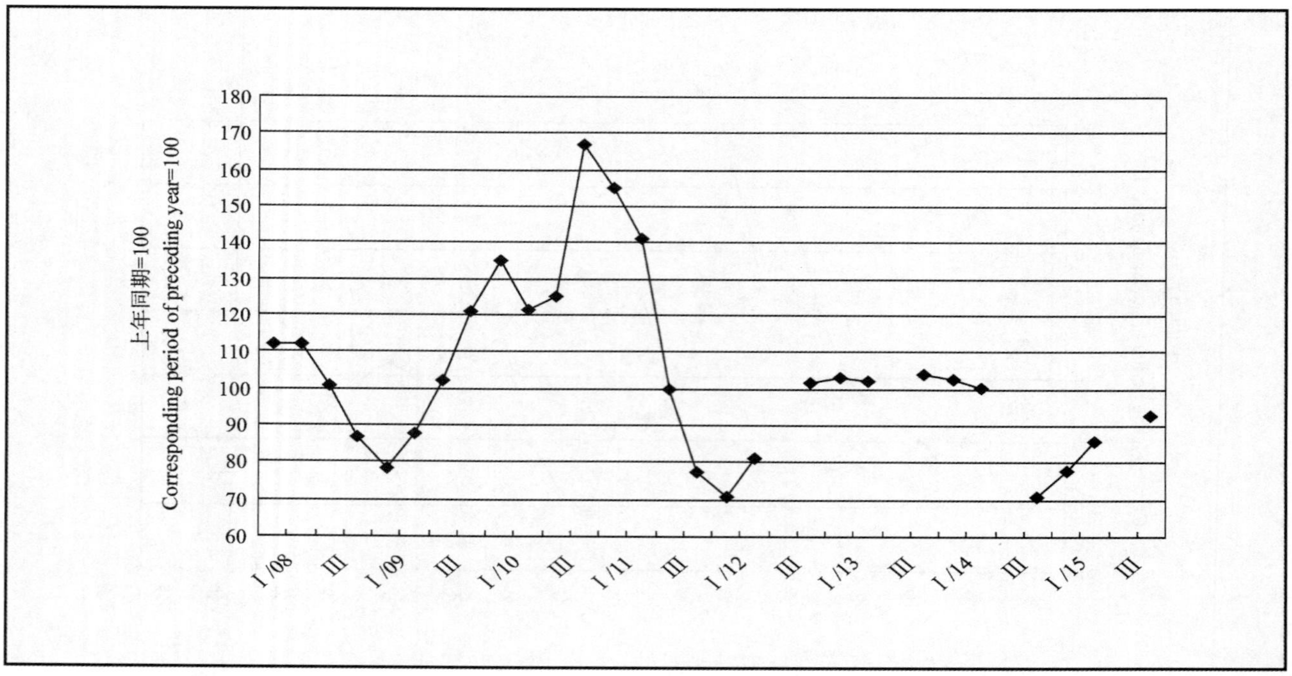

图 20　2008—2015 年棉花季度生产者价格指数
Quarterly Indices of Producer Prices of Cotton (2008—2015)

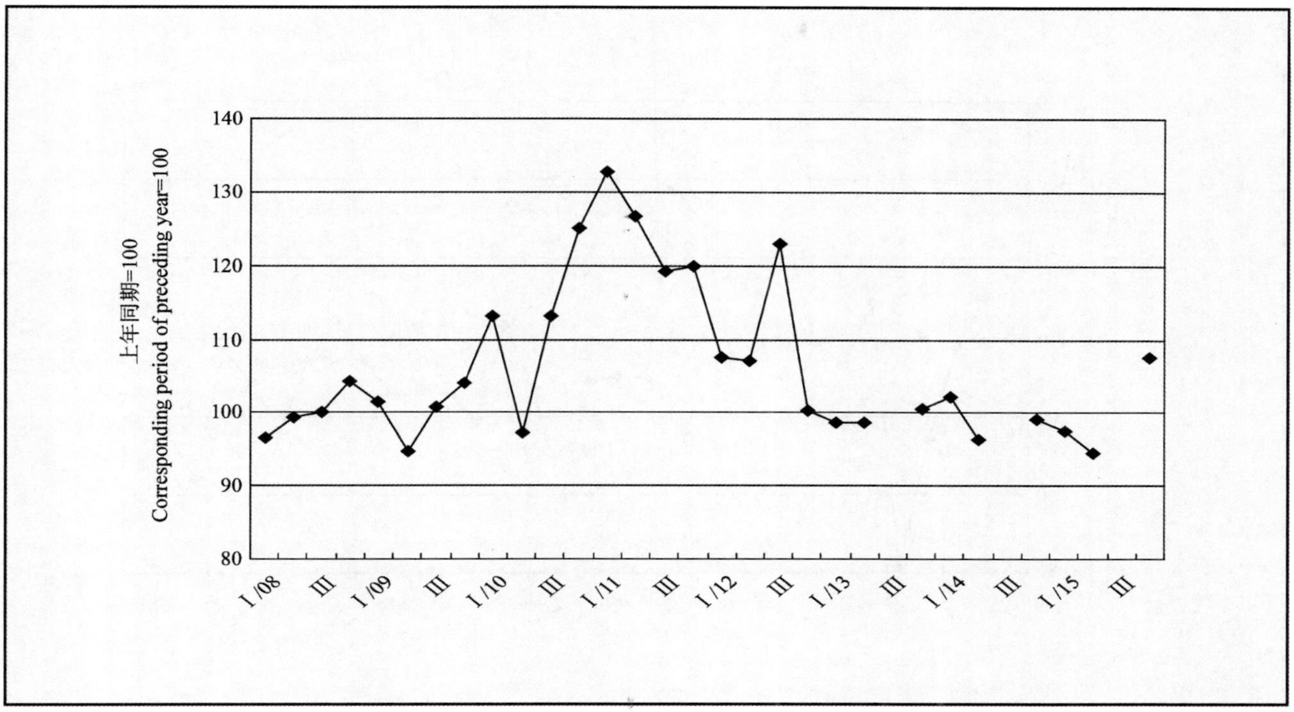

图 21　2008—2015 年糖料季度生产者价格指数
Quarterly Indices of Producer Prices of Sugar Crops (2008—2015)

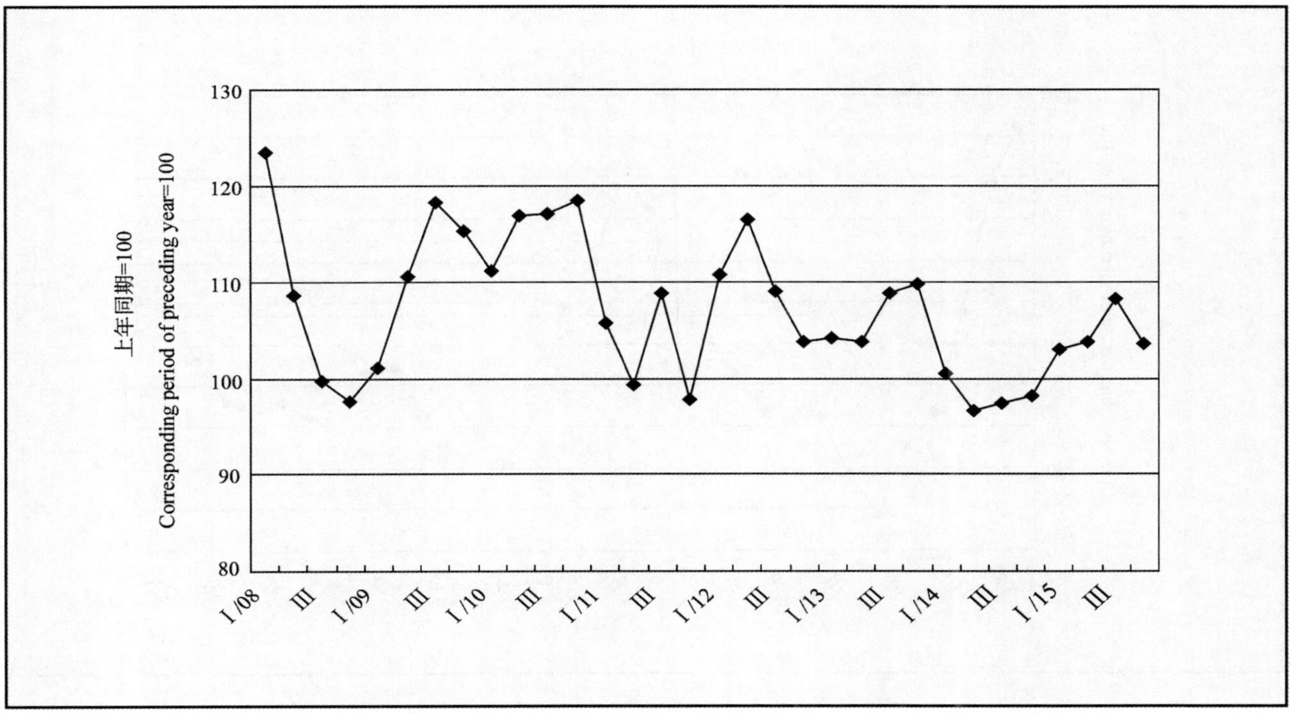

图 22　2008—2015 年蔬菜季度生产者价格指数
Quarterly Indices of Producer Prices of Vegetables (2008—2015)

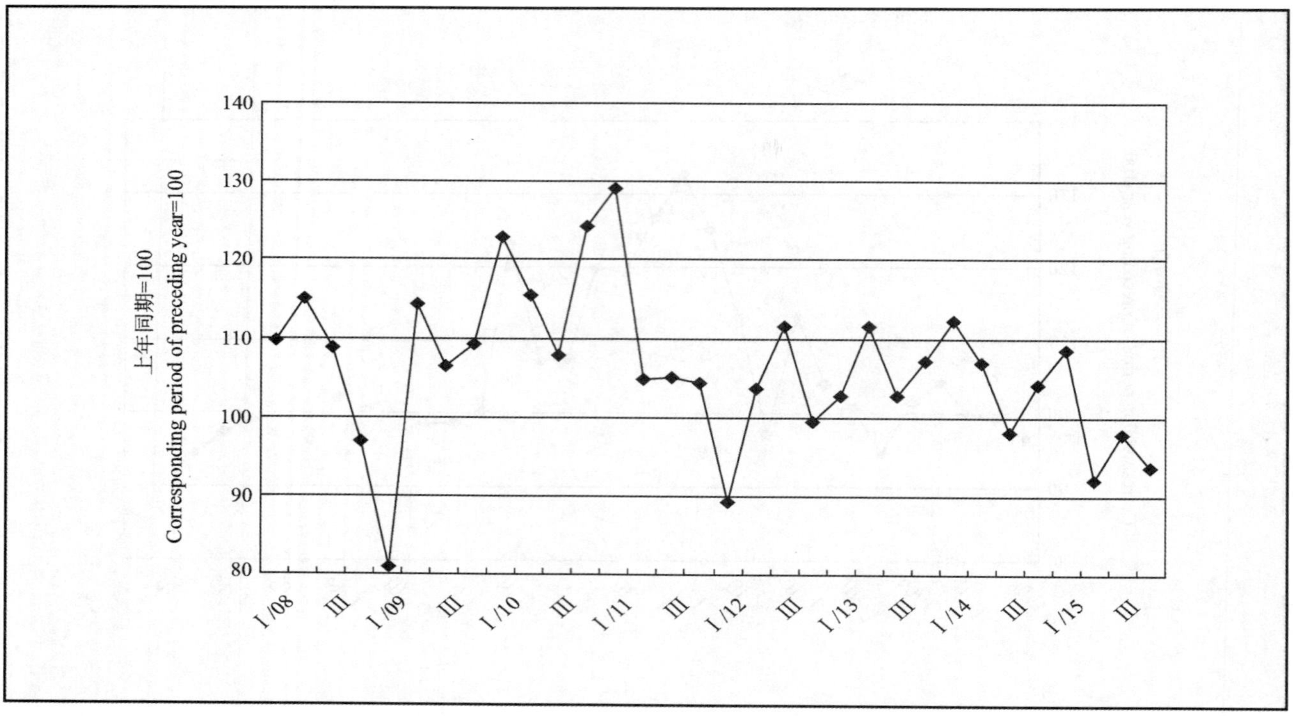

图 23　2008—2015 年水果季度生产者价格指数
Quarterly Indices of Producer Prices of Fruits
(2008—2015)

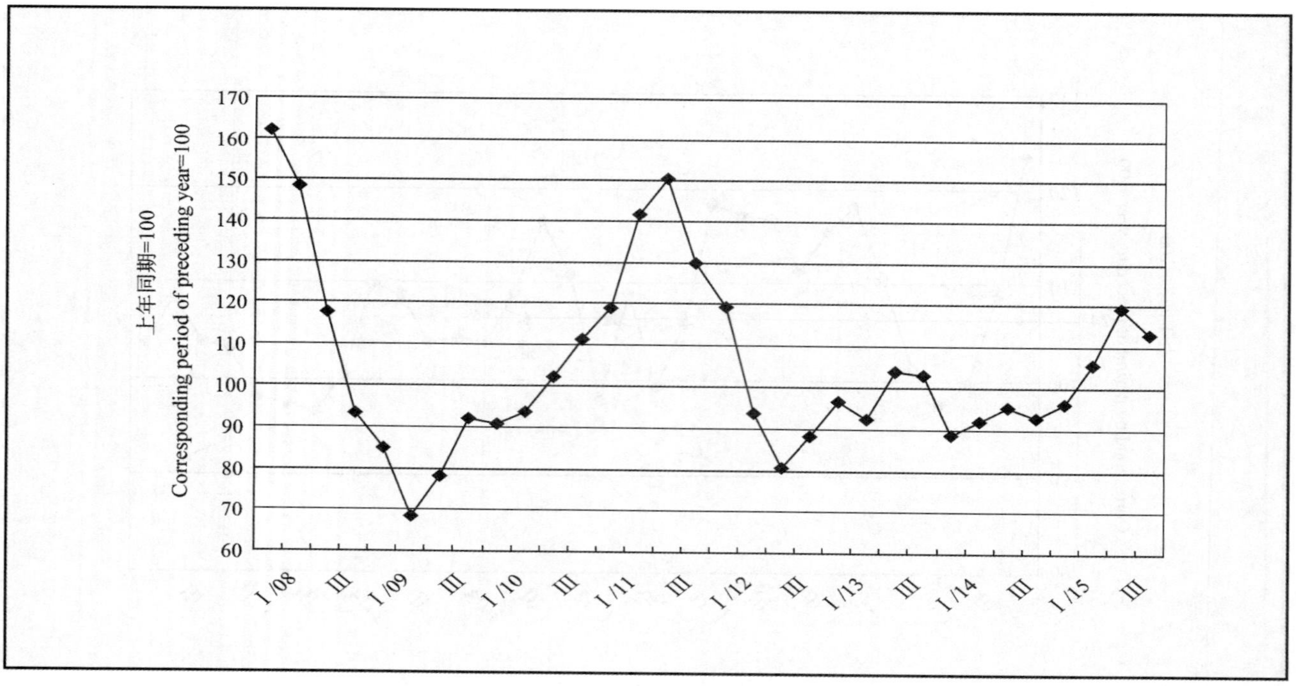

图 24　2008—2015 年活猪季度生产者价格指数
Quarterly Indices of Producer Prices of Hog
(2008—2015)

1-2 农产品集贸市场价格走势图

Chart of Prices of Agricultural Products at the Rural Market Fairs

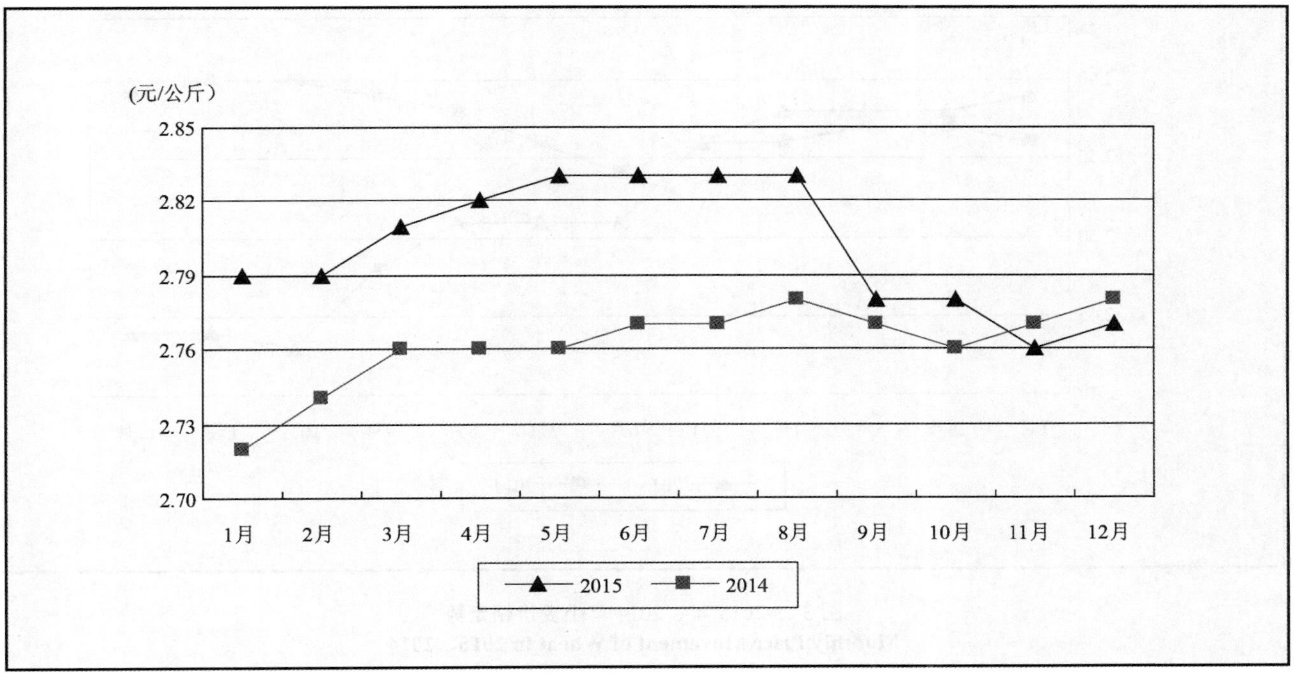

图 1　2015 年、2014 年籼稻价格走势

Monthly Price Movement of Long—grain Nonglutinous Rice in 2015、2014

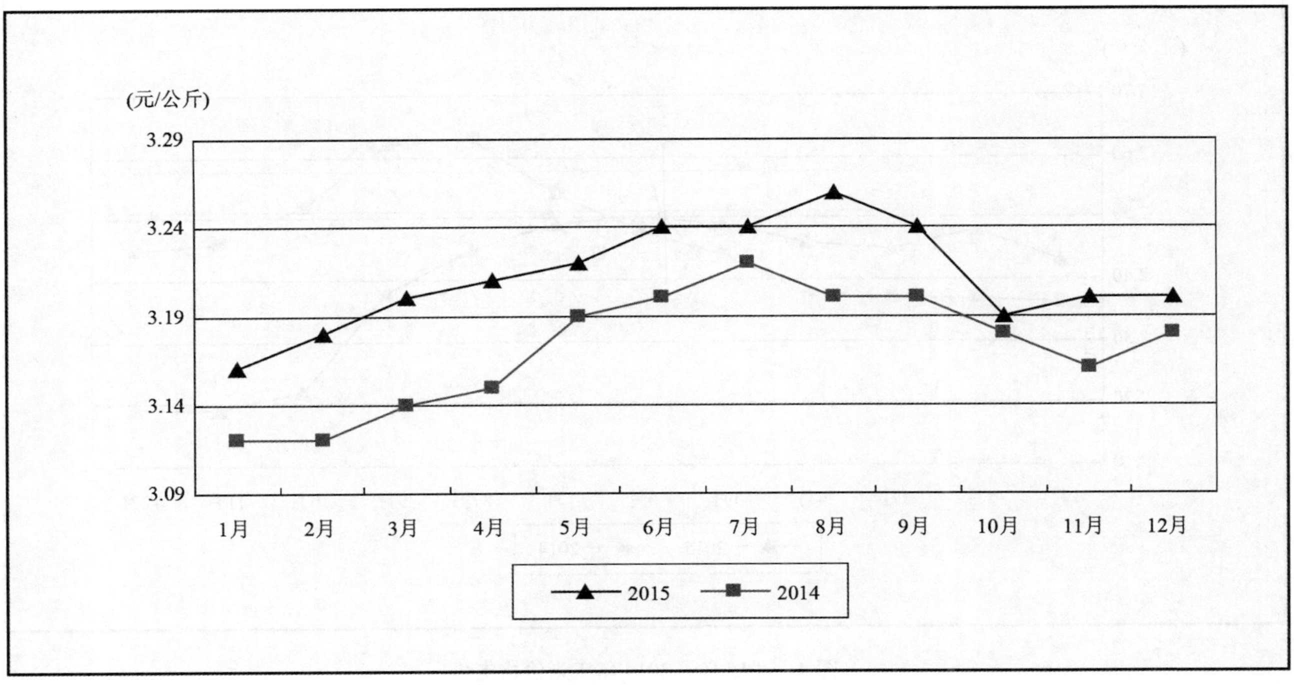

图 2　2015 年、2014 年粳稻价格走势

Monthly Price Movement of Medium to Short—grain Nonglutinous Rice in 2015、2014

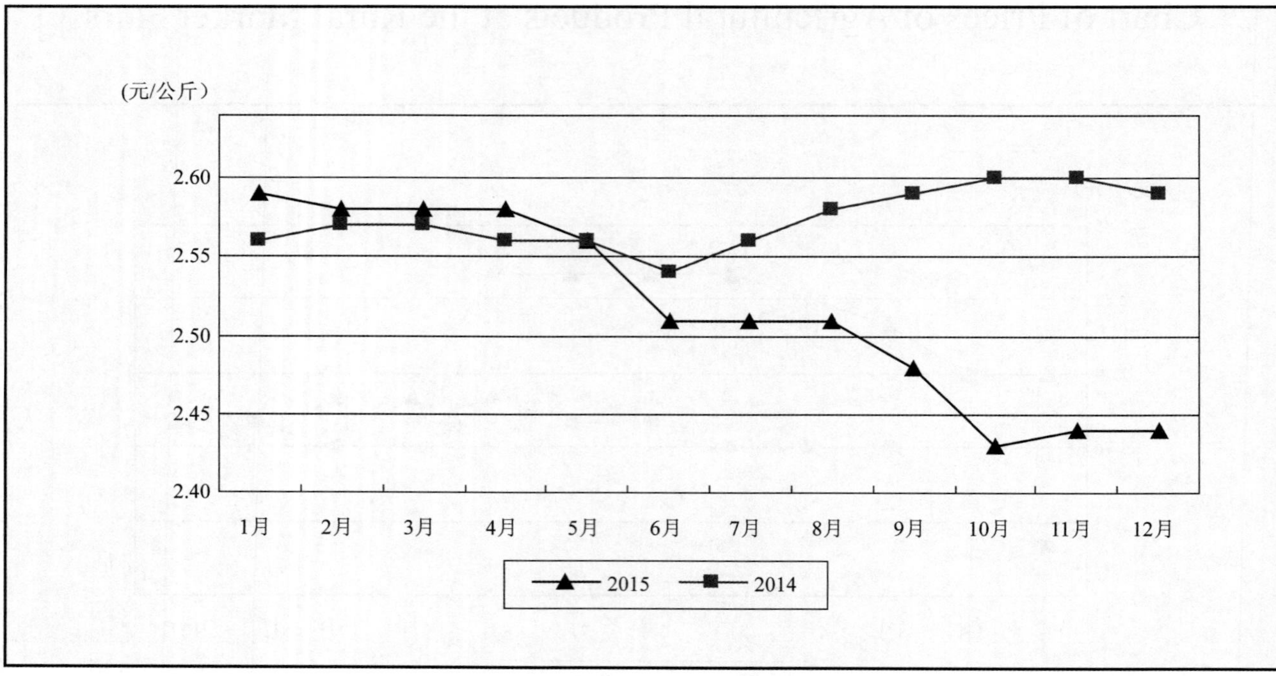

图 3　2015 年、2014 年小麦价格走势
Monthly Price Movement of Wheat in 2015、2014

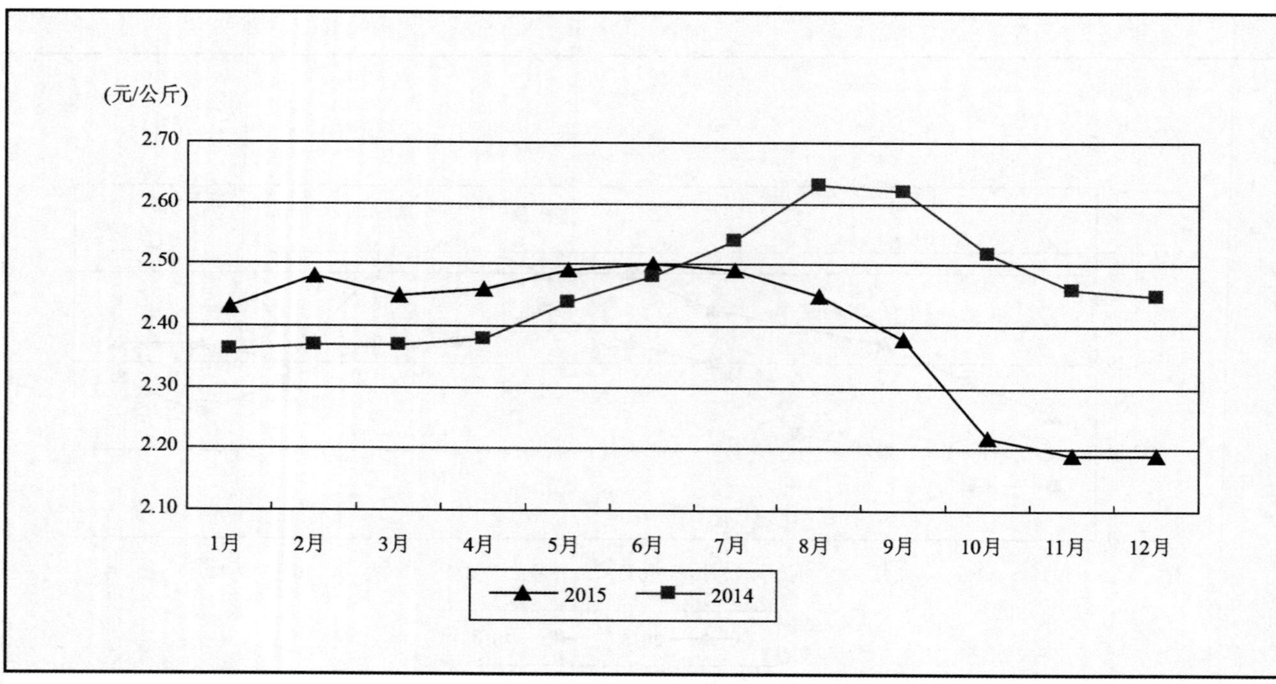

图 4　2015 年、2014 年玉米价格走势
Monthly Price Movement of Corn in 2015、2014

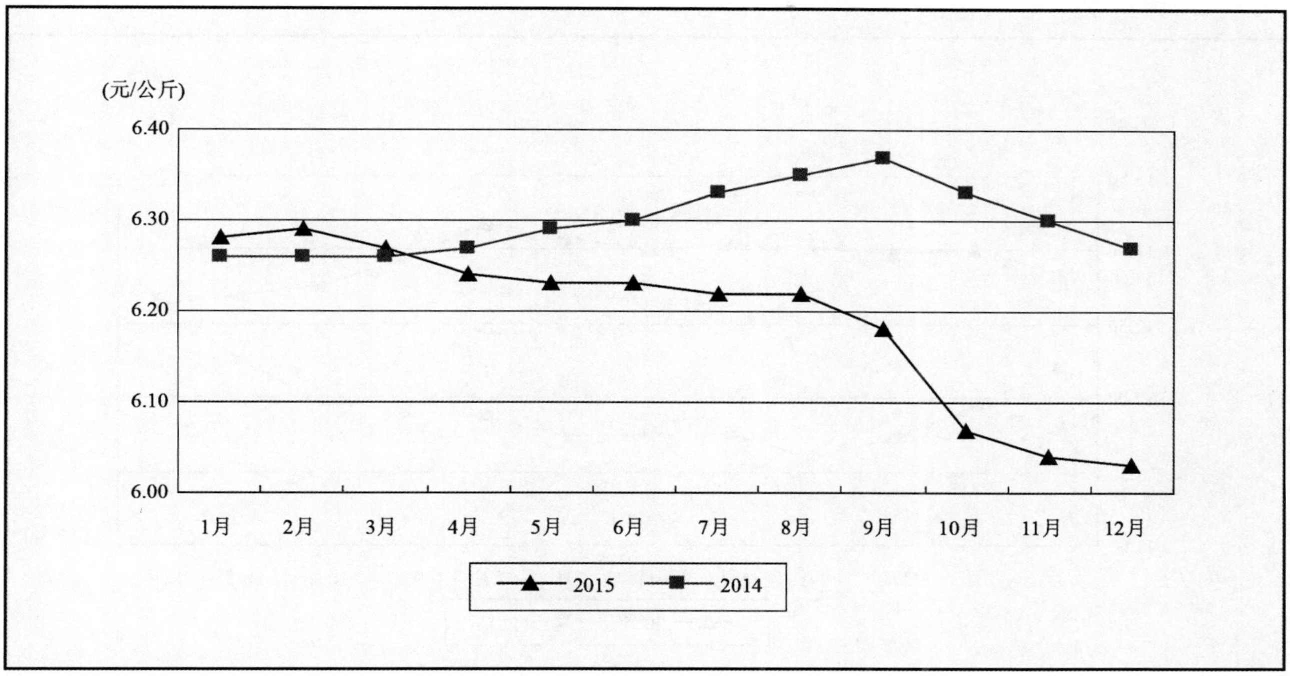

图 5　2015 年、2014 年大豆价格走势
Monthly Price Movement of Soybean in 2015、2014

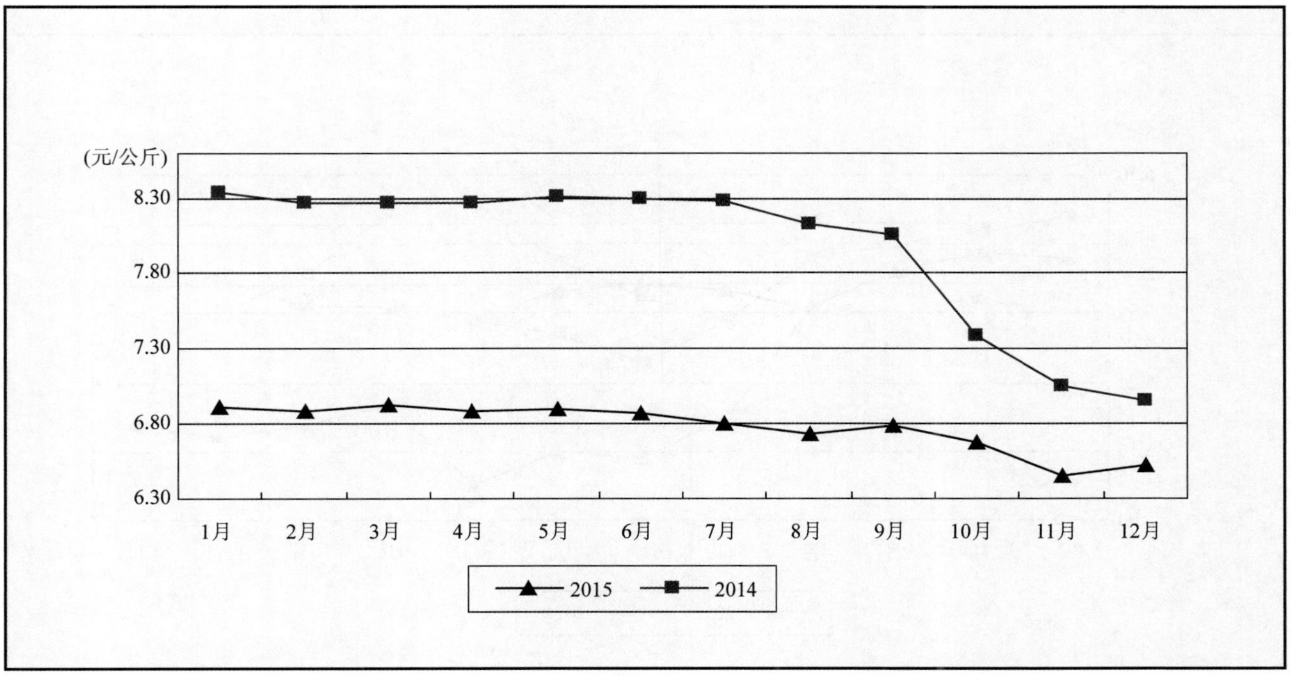

图 6　2015 年、2014 年棉花（籽棉）价格走势
Monthly Price Movement of Cotton(Unginned) in 2015、2014

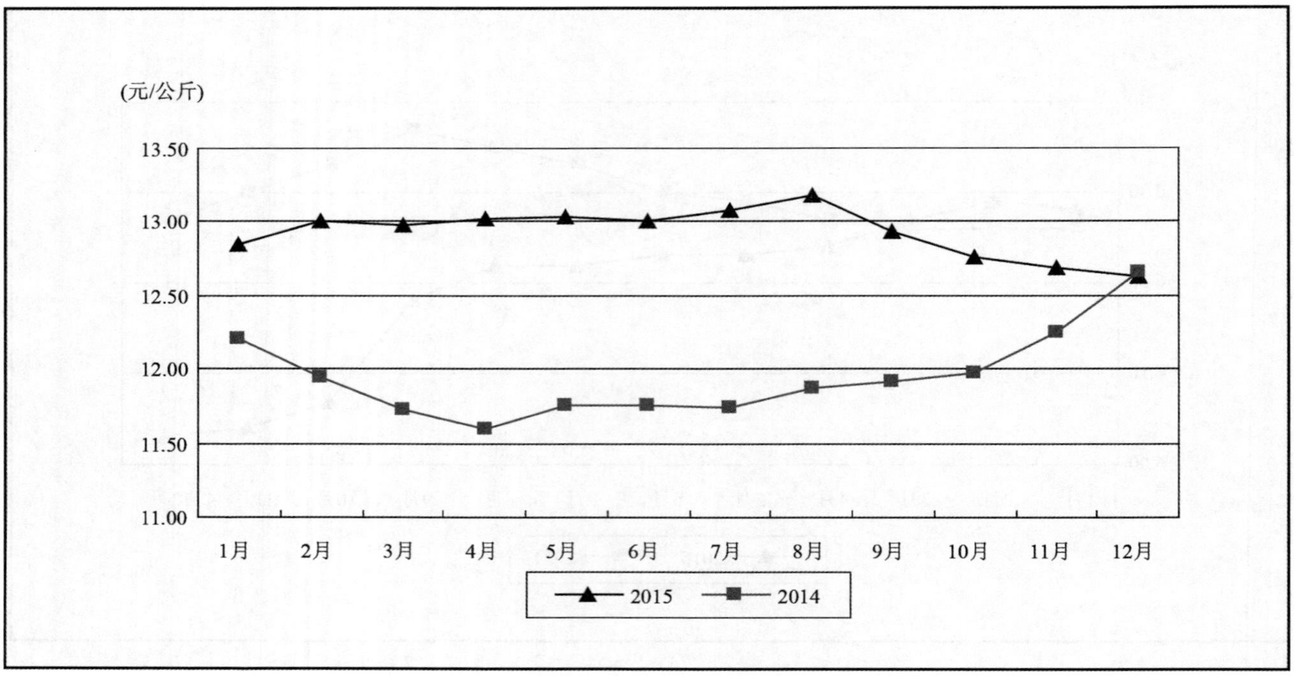

图 7　2015 年、2014 年花生仁价格走势
Monthly Price Movement of Peanut Kenel in 2015、2014

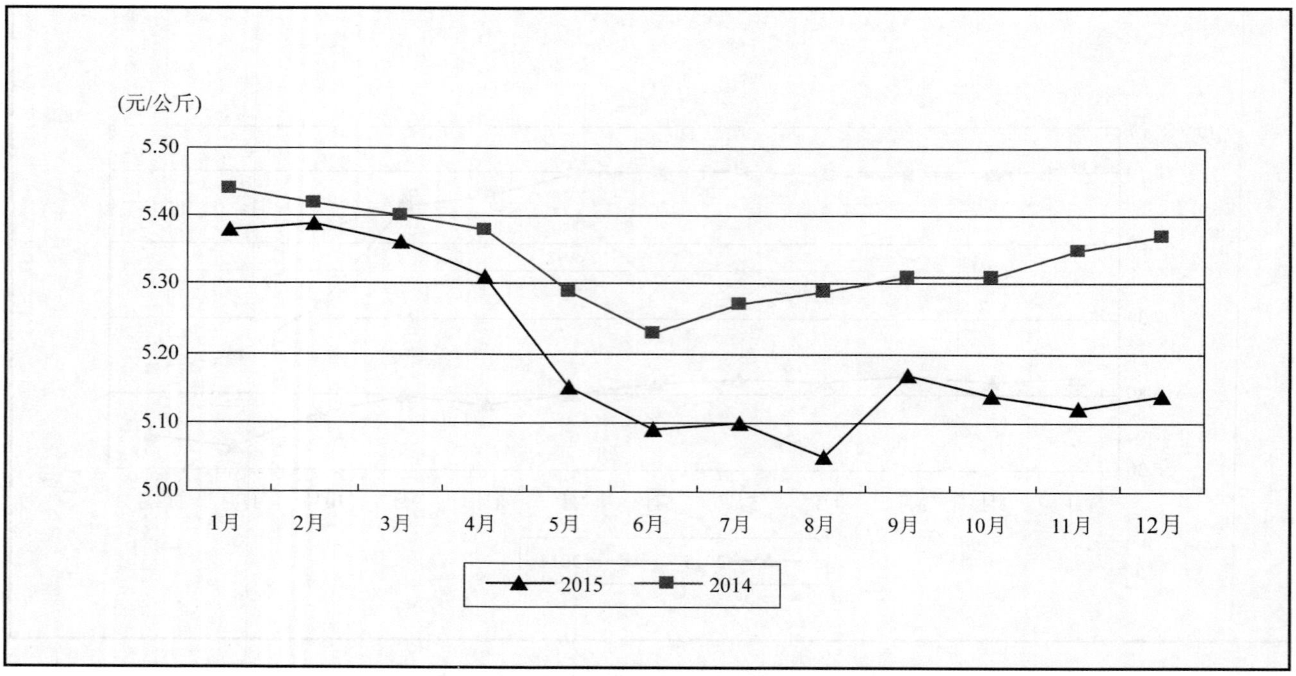

图 8　2015 年、2014 年油菜籽价格走势
Monthly Price Movement of Rapeseeds in 2015、2014

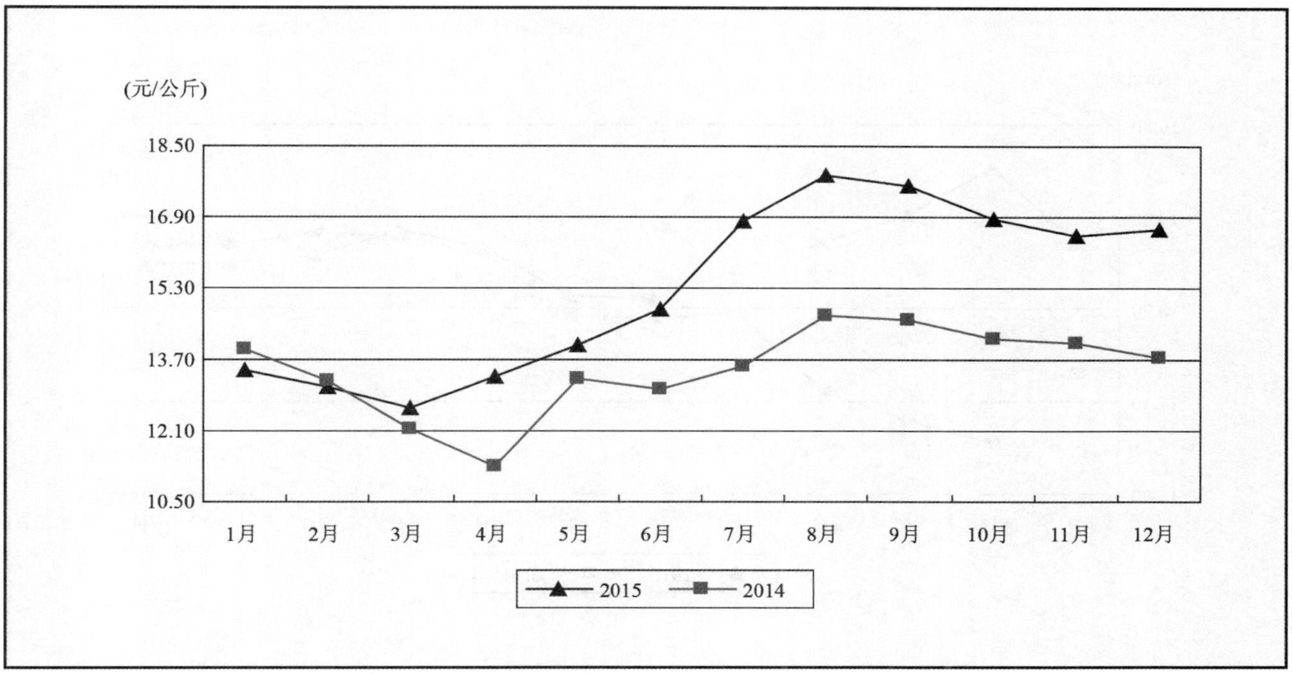

图 10 2015 年、2014 年生猪价格走势
Monthly Price Movement of Hog in 2015、2014

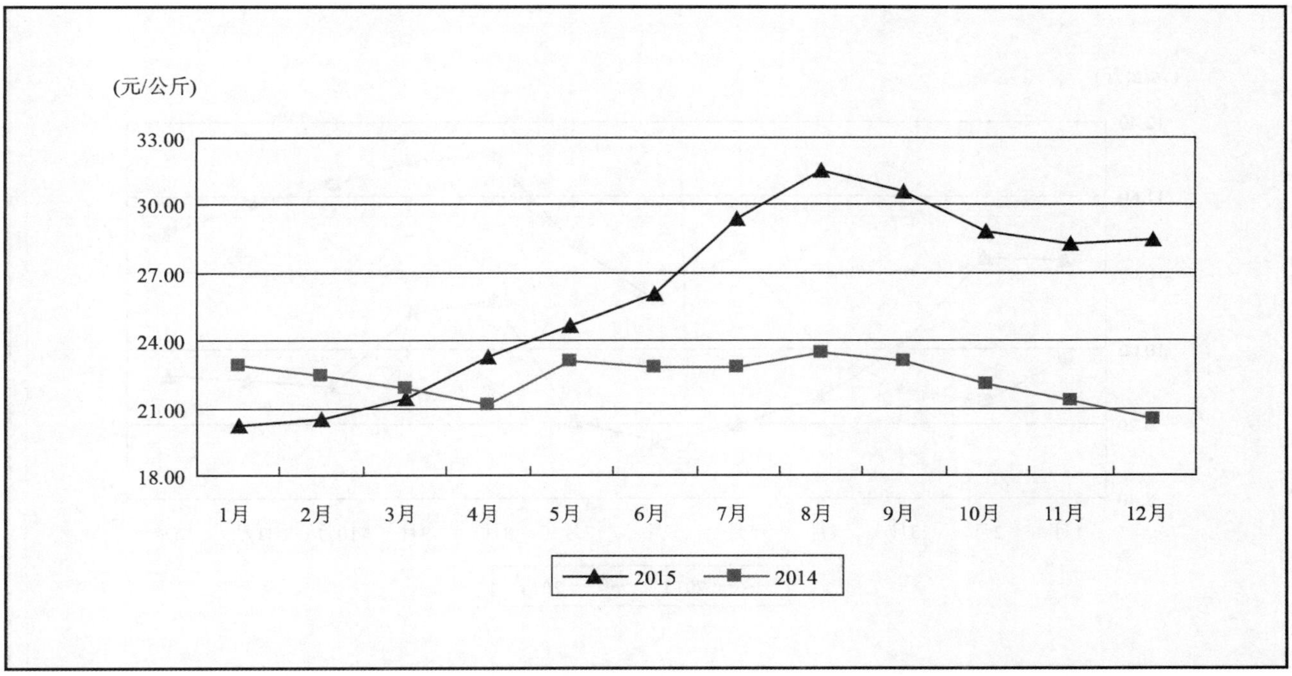

图 11 2015 年、2014 年仔猪价格走势
Monthly Price Movement of Piglet in 2015、2014

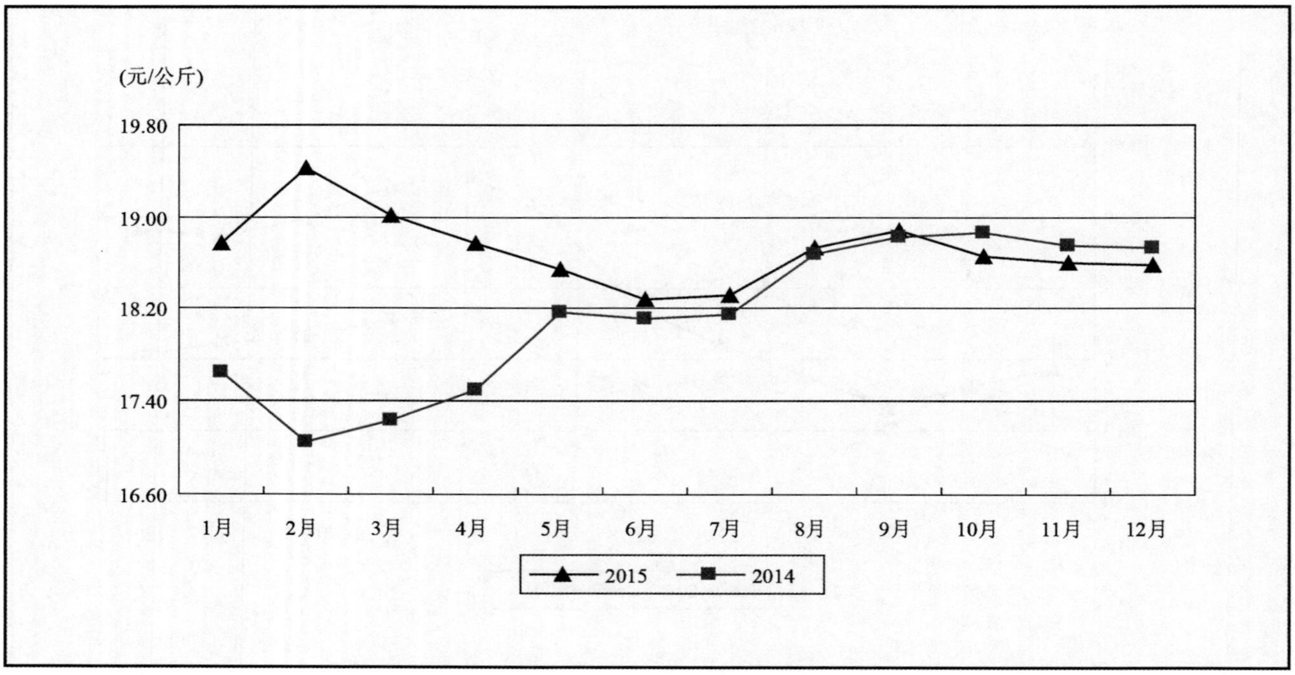

图 12　2015 年、2014 年活鸡价格走势
Monthly Price Movement of Live Chicken in 2015、2014

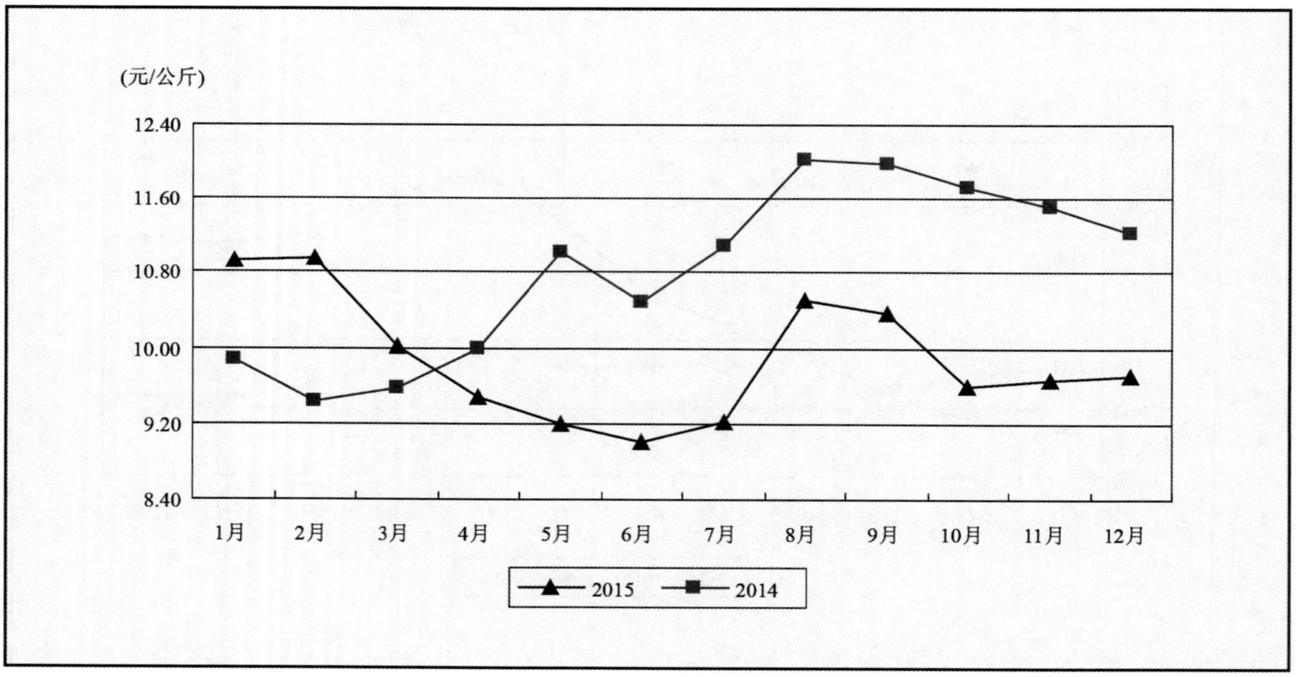

图 13　2015 年、2014 年鸡蛋价格走势
Monthly Price Movement of Egg in 2015、2014

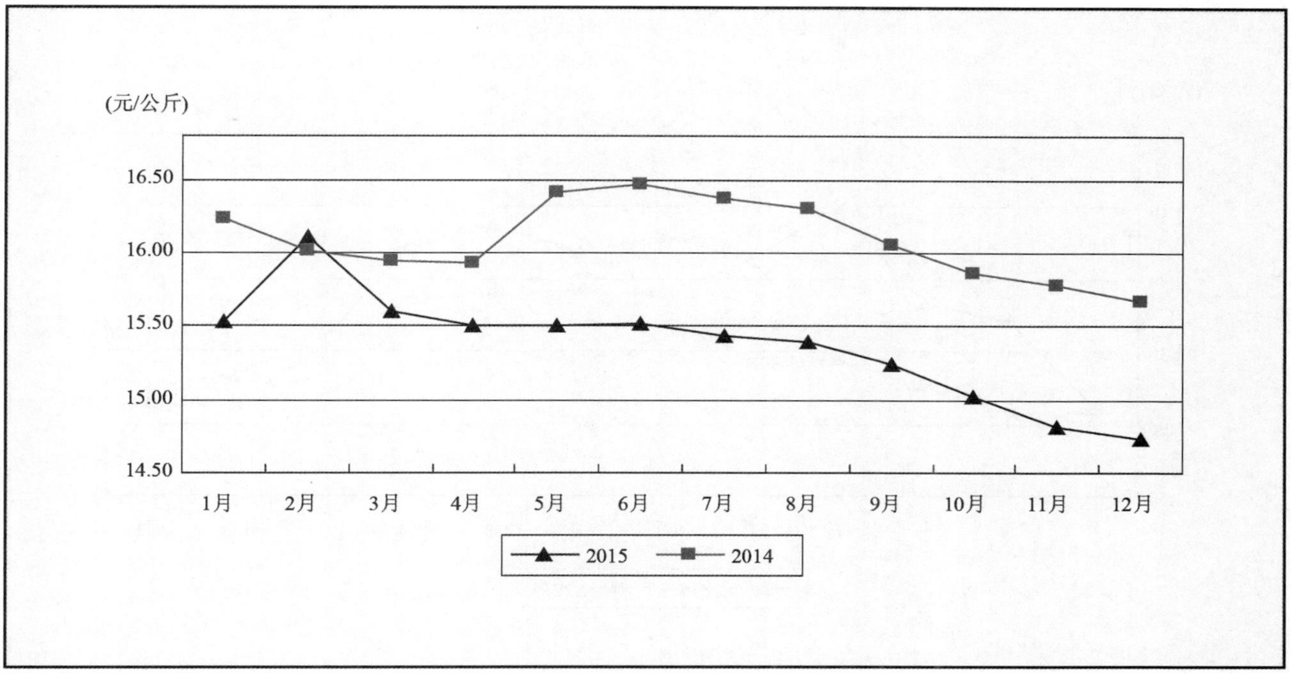

图 14　2015 年、2014 年草鱼价格走势
Monthly Price Movement of Grass Carp in 2015、2014

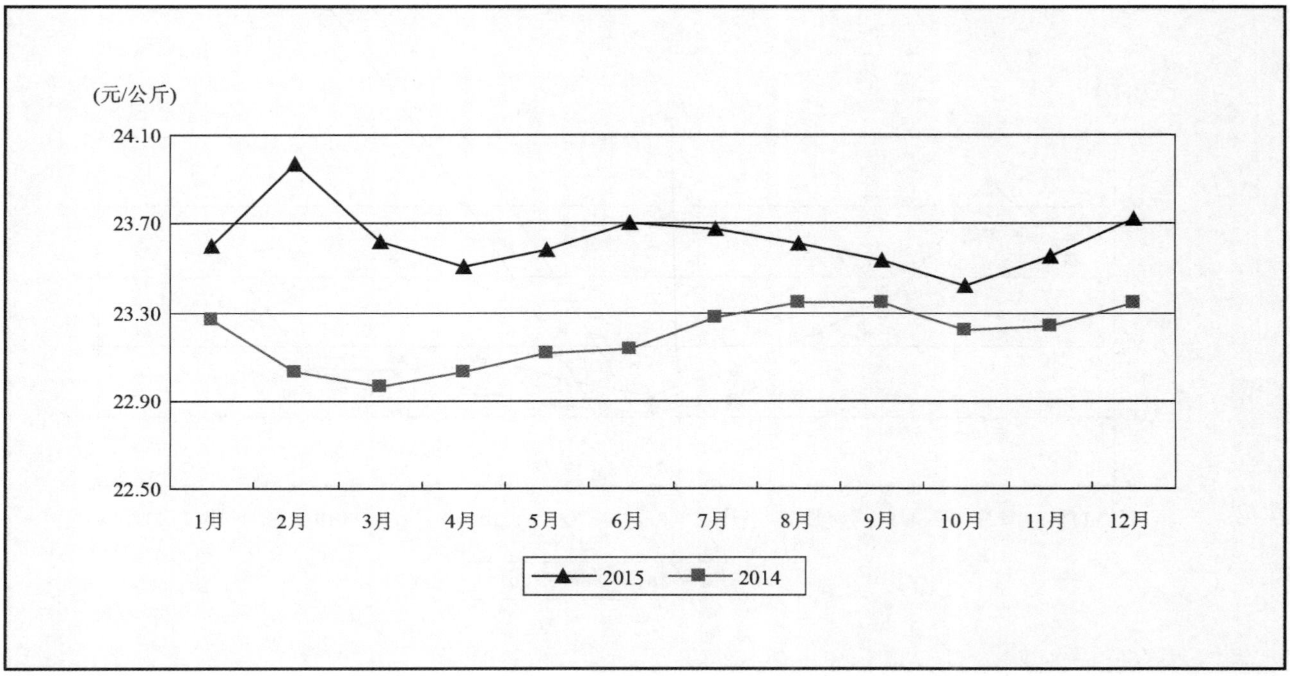

图 15　2015 年、2014 年带鱼价格走势
Monthly Price Movement of Hairtail in 2015、2014

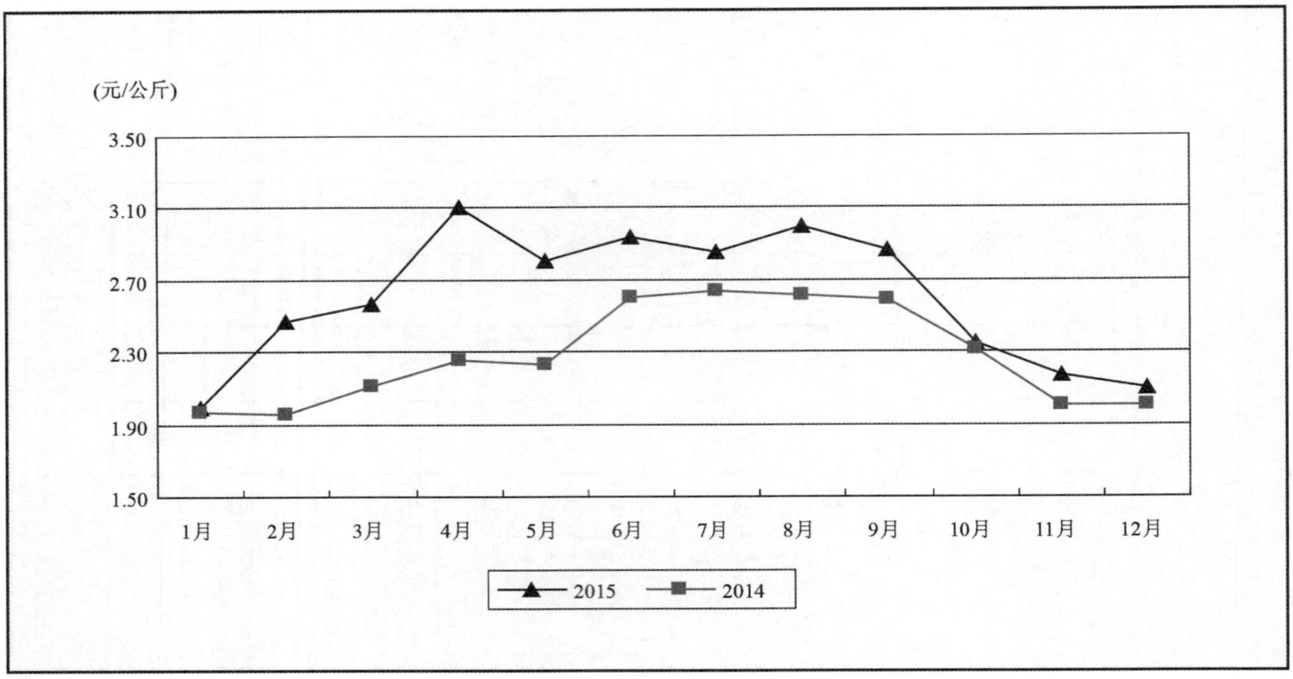

图 16　2015 年、2014 年大白菜价格走势

Monthly Price Movement of Chinese Cabbage in 2015、2014

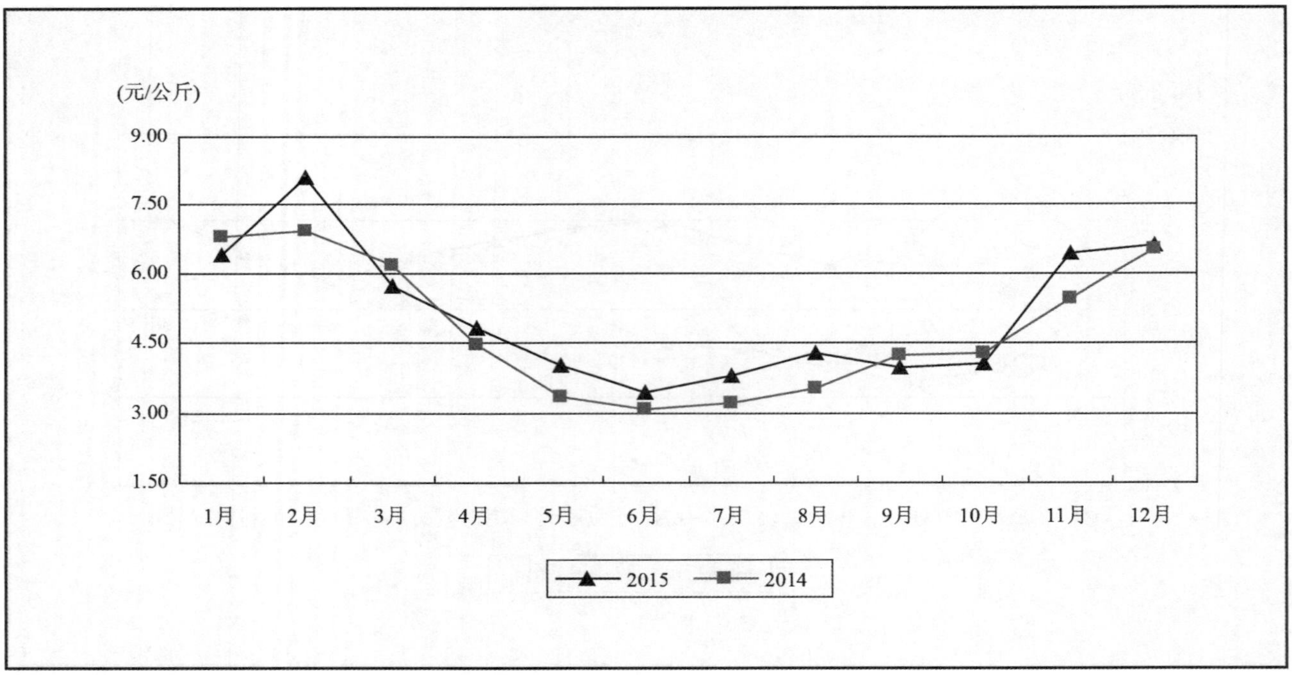

图 17　2015 年、2014 年黄瓜价格走势

Monthly Price Movement of Cucumber in 2015、2014

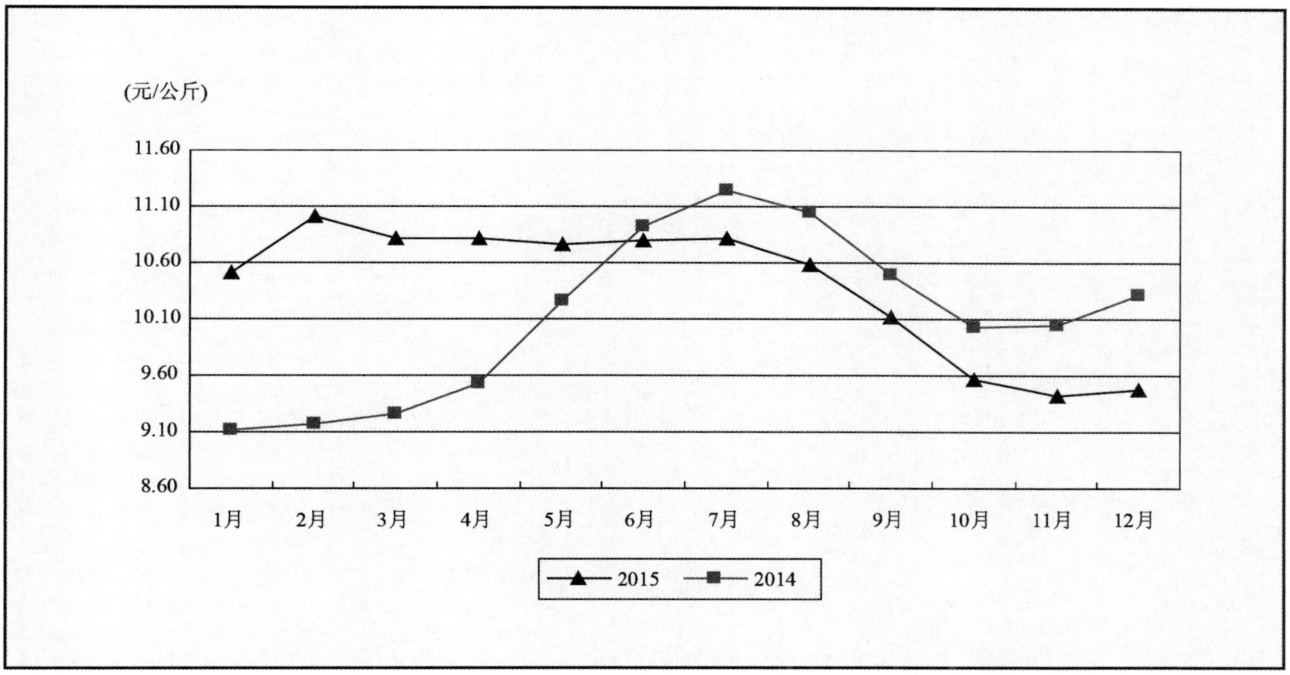

图 18　2015 年、2014 年红富士苹果价格走势
Monthly Price Movement of Hongfushi Apple in 2015、2014

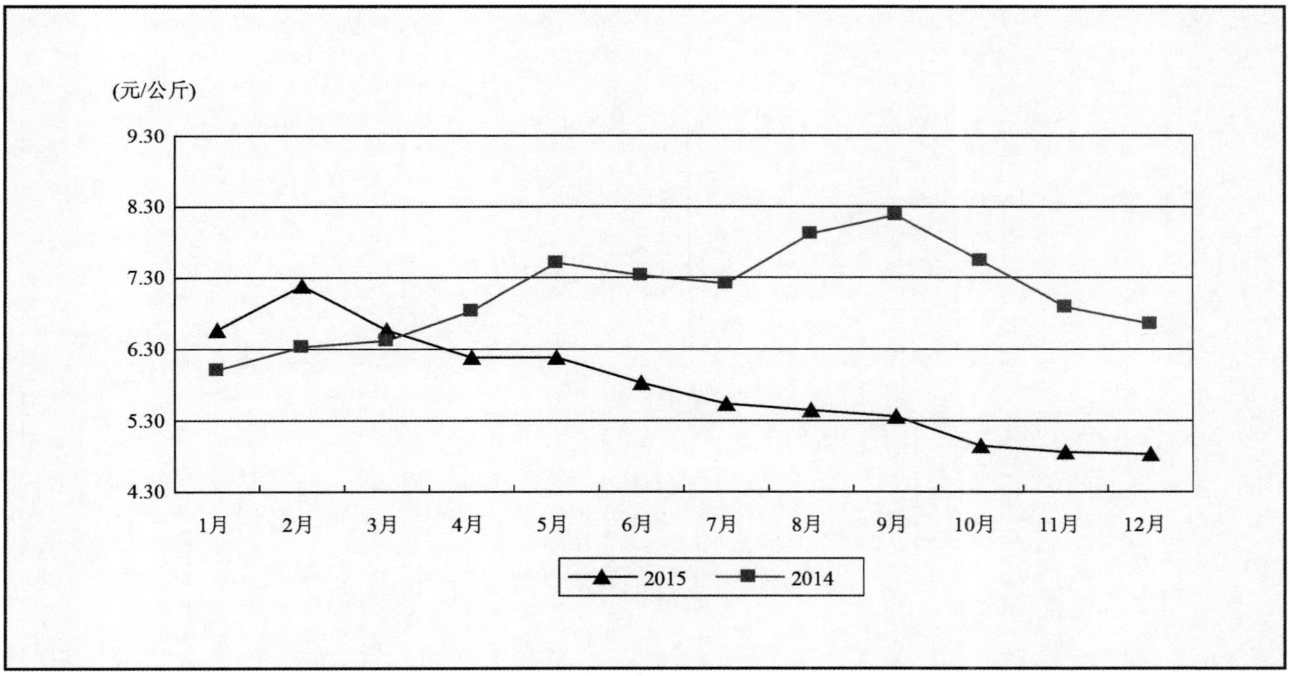

图 19　2015 年、2014 年香蕉价格走势
Monthly Price Movement of Banana in 2015、2014

2

农产品生产者价格指数

Producer Prices Indices of Agricultural Products

2-1 全国农产品生产者价格总指数(上年为100)
Producer Price Indices of Agricultural Products

(上年=100) (preceding year=100)

年 份 Year	总指数 All	种植业产品 Crop Products	#粮食 Grain	林业产品 Forestry Products	畜牧业产品 Livestock Products	渔业产品 Fishery Products
1978	103.90	104.69	100.70	101.00	100.50	102.50
1979	122.10	122.39	130.50	115.00	122.60	118.20
1980	107.10	107.78	107.90	115.80	103.40	101.80
1981	105.90	106.09	109.70	127.00	101.10	100.60
1982	102.20	102.48	103.80	105.90	100.30	101.00
1983	104.40	105.74	110.30	100.20	100.50	103.20
1984	104.00	103.82	112.00	103.30	104.10	109.80
1985	108.60	101.66	101.80	155.50	124.10	151.30
1986	106.40	106.62	109.90	114.90	103.00	110.40
1987	112.00	108.83	108.00	120.30	117.90	122.80
1988	123.00	113.46	114.60	136.70	140.20	134.30
1989	115.00	118.90	126.90	105.20	110.20	99.80
1990	97.40	100.73	93.20	84.50	92.30	98.80
1991	98.00	97.31	93.80	102.40	97.40	104.70
1992	103.40	101.14	105.30	107.30	106.30	108.10
1993	113.40	112.05	116.70	111.10	114.20	122.10
1994	139.90	141.91	146.60	111.80	144.60	122.00
1995	119.90	123.95	129.00	105.10	115.80	112.40
1996	104.20	104.71	105.80	104.40	103.30	103.40
1997	95.50	92.81	90.20	98.90	101.80	91.70
1998	92.00	93.64	96.69	101.10	86.90	93.90
1999	87.80	85.75	87.09	101.40	88.50	92.50
2000	96.40	94.66	90.20	90.00	99.00	100.50
2001	103.10	105.65	107.61	94.15	103.07	98.57
2002	99.70	100.04	96.16	98.31	100.15	95.89
2003	104.37	107.42	104.48	107.01	101.76	100.34
2004	113.09	115.86	126.21	104.62	111.08	110.19
2005	101.39	101.55	99.08	104.79	100.52	104.67
2006	101.20	104.50	102.00	112.78	94.33	103.93
2007	118.49	109.82	110.26	104.37	131.36	108.05
2008	114.06	108.43	109.60	108.47	123.94	111.24
2009	97.60	102.88	103.67	94.88	90.13	99.01
2010	110.94	116.57	113.29	122.78	102.96	107.56
2011	116.45	107.83	109.03	114.92	126.20	110.04
2012	102.74	104.80	104.76	101.23	99.73	106.18
2013	103.22	104.25	103.60	99.09	102.40	104.32
2014	99.83	101.79	102.60	99.44	97.10	103.10
2015	101.67	99.22	98.71	97.88	104.23	102.45

注：2000年以前农产品生产价格总指数为农产品收购价格指数，下同。

Note: The producer price indices of agricultural products prior to 2000 were purchase price indices of agricultural products and the same as below.

2-2 全国农产品生产者价格总指数(以1978年为100)
Producer Price Indices of Agricultural Products

(1978年=100) (1978=100)

年 份 Year	总指数 All	种植业产品 Crop Products	#粮食 Grain	林业产品 Forestry Products	畜牧业产品 Livestock Products	渔业产品 Fishery Products
1978	100.00	100.00	100.00	100.00	100.00	100.00
1979	122.10	122.39	130.50	115.00	122.60	118.20
1980	130.77	131.91	140.81	133.17	126.77	120.33
1981	138.48	139.95	154.47	169.13	128.16	121.05
1982	141.53	143.43	160.34	179.10	128.55	122.26
1983	147.76	151.66	176.85	179.46	129.19	126.17
1984	153.67	157.45	198.07	185.38	134.49	138.54
1985	166.88	160.07	201.64	288.27	166.90	209.61
1986	177.56	170.67	221.60	331.23	171.91	231.41
1987	198.87	185.74	239.33	398.46	202.68	284.17
1988	244.61	210.74	274.27	544.70	284.15	381.64
1989	281.31	250.56	348.05	573.03	313.14	380.87
1990	273.99	252.39	324.39	484.21	289.02	376.30
1991	268.51	245.61	304.27	495.83	281.51	393.99
1992	277.64	248.40	320.40	532.02	299.24	425.90
1993	314.85	278.33	373.91	591.08	341.74	520.03
1994	440.47	394.97	548.15	660.83	494.15	634.43
1995	528.12	489.56	707.11	694.53	572.23	713.10
1996	550.30	512.61	748.12	725.09	591.11	737.35
1997	525.54	475.75	674.80	717.11	601.75	676.15
1998	483.50	445.50	652.50	725.00	522.92	634.90
1999	424.51	382.02	568.29	735.15	462.79	587.28
2000	409.23	361.61	512.60	661.63	458.16	590.22
2001	421.91	382.03	551.60	622.93	472.22	581.78
2002	420.65	382.19	530.42	612.40	472.93	557.87
2003	439.03	410.55	554.19	655.33	481.26	559.77
2004	496.50	475.66	699.44	685.61	534.58	616.81
2005	503.40	483.03	693.00	718.45	537.36	645.61
2006	509.44	504.77	706.86	810.26	506.89	670.98
2007	603.64	554.34	779.39	845.67	665.85	725.00
2008	688.53	601.07	854.21	917.30	825.26	806.49
2009	672.01	618.38	885.56	870.34	743.80	798.50
2010	745.52	720.85	1003.24	1068.60	765.82	858.87
2011	868.16	777.27	1093.83	1228.08	966.45	945.08
2012	891.99	814.59	1145.90	1243.19	963.83	1003.51
2013	920.72	849.21	1187.15	1231.88	986.96	1046.86
2014	919.15	864.41	1218.02	1224.98	958.34	1079.31
2015	934.50	857.67	1202.31	1199.01	998.88	1105.76

2-3 全国农产品生产者价格总指数(以1995年为100)
Producer Price Indices of Agricultural Products

(1995年=100) (1995=100)

年份 Year	总指数 All	种植业产品 Crop Products	#粮食 Grain	林业产品 Forestry Products	畜牧业产品 Livestock Products	渔业产品 Fishery Products
1978	18.94	20.43	14.14	14.40	17.48	14.02
1979	23.12	25.00	18.46	16.56	21.43	16.58
1980	24.76	26.95	19.91	19.17	22.15	16.87
1981	26.22	28.59	21.84	24.35	22.40	16.98
1982	26.80	29.30	22.68	25.79	22.46	17.14
1983	27.98	30.98	25.01	25.84	22.58	17.69
1984	29.10	32.16	28.01	26.69	23.50	19.43
1985	31.60	32.70	28.52	41.51	29.17	29.39
1986	33.62	34.86	31.34	47.69	30.04	32.45
1987	37.66	37.94	33.85	57.37	35.42	39.85
1988	46.32	43.05	38.79	78.43	49.66	53.52
1989	53.27	51.18	49.22	82.51	54.72	53.41
1990	51.88	51.55	45.87	69.72	50.51	52.77
1991	50.84	50.17	43.03	71.39	49.20	55.25
1992	52.57	50.74	45.31	76.60	52.29	59.73
1993	59.62	56.85	52.88	85.11	59.72	72.92
1994	83.40	80.68	77.52	95.15	86.36	88.97
1995	100.00	100.00	100.00	100.00	100.00	100.00
1996	104.20	104.71	105.80	104.40	103.30	103.40
1997	99.51	97.18	95.43	103.25	105.16	94.82
1998	91.55	91.00	92.28	104.39	91.38	89.03
1999	80.38	78.03	80.37	105.85	80.87	82.36
2000	77.49	73.86	72.49	95.26	80.07	82.77
2001	79.89	78.04	78.01	89.69	82.52	81.58
2002	79.65	78.07	75.01	88.18	82.65	78.23
2003	83.13	83.86	78.37	94.36	84.10	78.50
2004	94.01	97.16	98.92	98.72	93.42	86.50
2005	95.32	98.67	98.01	103.44	93.91	90.54
2006	96.46	103.11	99.97	116.66	88.58	94.09
2007	114.30	113.23	110.22	121.76	116.36	101.67
2008	130.37	122.78	120.80	132.08	144.22	113.10
2009	127.24	126.31	125.24	125.31	129.98	111.98
2010	141.17	147.24	141.88	153.86	133.83	120.44
2011	164.39	158.77	154.69	176.82	168.89	132.53
2012	168.90	166.39	162.05	179.00	168.43	140.72
2013	174.34	173.46	167.89	177.37	172.48	146.80
2014	174.04	176.57	172.25	176.38	167.48	151.36
2015	176.95	175.19	170.03	172.64	174.56	155.06

2-4 全国农产品生产者价格总指数(以2000年为100)
Producer Price Indices of Agricultural Products

(2000年=100) (2000=100)

年 份 Year	总指数 All	种植业产品 Crop Products	#粮食 Grain	林业产品 Forestry Products	畜牧业产品 Livestock Products	渔业产品 Fishery Products
1978	24.44	27.65	19.51	15.11	21.83	16.94
1979	29.84	33.85	25.46	17.38	26.76	20.03
1980	31.96	36.48	27.47	20.13	27.67	20.39
1981	33.84	38.70	30.13	25.56	27.97	20.51
1982	34.58	39.66	31.28	27.07	28.06	20.71
1983	36.11	41.94	34.50	27.12	28.20	21.38
1984	37.55	43.54	38.64	28.02	29.35	23.47
1985	40.78	44.27	39.34	43.57	36.43	35.51
1986	43.39	47.20	43.23	50.06	37.52	39.21
1987	48.60	51.36	46.69	60.22	44.24	48.15
1988	59.77	58.28	53.51	82.33	62.02	64.66
1989	68.74	69.29	67.90	86.61	68.35	64.53
1990	66.95	69.80	63.28	73.18	63.08	63.76
1991	65.61	67.92	59.36	74.94	61.44	66.75
1992	67.85	68.69	62.51	80.41	65.31	72.16
1993	76.94	76.97	72.94	89.34	74.59	88.11
1994	107.63	109.23	106.94	99.88	107.86	107.49
1995	129.05	135.39	137.95	104.97	124.90	120.82
1996	134.47	141.76	145.95	109.59	129.02	124.93
1997	128.42	131.57	131.64	108.38	131.34	114.56
1998	118.15	123.20	127.29	109.58	114.14	107.57
1999	103.73	105.65	110.86	111.11	101.01	99.50
2000	100.00	100.00	100.00	100.00	100.00	100.00
2001	103.10	105.65	107.61	94.15	103.07	98.57
2002	102.79	105.69	103.48	92.56	103.22	94.52
2003	107.28	113.53	108.11	99.05	105.04	94.84
2004	121.33	131.54	136.45	103.62	116.68	104.50
2005	123.01	133.58	135.19	108.59	117.29	109.38
2006	124.49	139.59	137.90	122.46	110.64	113.68
2007	147.51	153.30	152.05	127.82	145.33	122.84
2008	168.25	166.22	166.64	138.64	180.12	136.64
2009	164.21	171.01	172.76	131.54	162.35	135.29
2010	182.18	199.35	195.72	161.51	167.15	145.52
2011	212.15	214.95	213.39	185.61	210.94	160.12
2012	217.97	225.27	223.55	187.90	210.37	170.02
2013	224.99	234.84	231.60	186.19	215.42	177.37
2014	224.61	239.05	237.62	185.14	209.17	182.87
2015	228.36	237.18	234.55	181.22	218.02	187.35

2-5 全国农产品生产者价格总指数(以2005年为100)
Producer Price Indices of Agricultural Products

(2005年=100) (2005=100)

年 份 Year	总指数 All	种植业产品 Crop Products	#粮食 Grain	林业产品 Forestry Products	畜牧业产品 Livestock Products	渔业产品 Fishery Products
1978	19.86	20.70	14.43	13.92	18.61	15.49
1979	24.26	25.34	18.83	16.01	22.82	18.31
1980	25.98	27.31	20.32	18.54	23.59	18.64
1981	27.51	28.97	22.29	23.54	23.85	18.75
1982	28.12	29.69	23.14	24.93	23.92	18.94
1983	29.35	31.40	25.52	24.98	24.04	19.54
1984	30.53	32.60	28.58	25.80	25.03	21.46
1985	33.15	33.14	29.10	40.12	31.06	32.47
1986	35.27	35.33	31.98	46.10	31.99	35.84
1987	39.51	38.45	34.54	55.46	37.72	44.02
1988	48.59	43.63	39.58	75.82	52.88	59.11
1989	55.88	51.87	50.22	79.76	58.27	58.99
1990	54.43	52.25	46.81	67.40	53.79	58.29
1991	53.34	50.85	43.91	69.01	52.39	61.03
1992	55.15	51.42	46.23	74.05	55.69	65.97
1993	62.54	57.62	53.95	82.27	63.60	80.55
1994	87.50	81.77	79.10	91.98	91.96	98.27
1995	104.91	101.35	102.04	96.67	106.49	110.45
1996	109.32	106.12	107.95	100.92	110.00	114.21
1997	104.40	98.49	97.37	99.81	111.98	104.73
1998	96.05	92.23	94.16	100.91	97.31	98.34
1999	84.33	79.09	82.00	102.32	86.12	90.97
2000	81.29	74.86	73.97	92.09	85.26	91.42
2001	83.81	79.09	79.60	86.70	87.88	90.11
2002	83.56	79.12	76.54	85.24	88.01	86.41
2003	87.21	84.99	79.97	91.21	89.56	86.70
2004	98.63	98.47	100.93	95.43	99.48	95.54
2005	100.00	100.00	100.00	100.00	100.00	100.00
2006	101.20	104.50	102.00	112.78	94.33	103.93
2007	119.91	114.76	112.47	117.71	123.91	112.30
2008	136.78	124.44	123.26	127.68	153.58	124.92
2009	133.49	128.02	127.79	121.14	138.42	123.68
2010	148.10	149.23	144.77	148.74	142.52	133.03
2011	172.46	160.91	157.84	170.93	179.85	146.39
2012	177.19	168.64	165.35	173.04	179.36	155.44
2013	182.90	175.81	171.31	171.46	183.67	162.15
2014	182.59	178.96	175.76	170.50	178.34	167.18
2015	185.64	177.56	173.49	166.89	185.89	171.27

2-6 全国农产品生产者价格总指数(以2010年为100)
Producer Price Indices of Agricultural Products

(2010年=100) (2010=100)

年份 Year	总指数 All	种植业产品 Crop Products	#粮食 Grain	林业产品 Forestry Products	畜牧业产品 Livestock Products	渔业产品 Fishery Products
1978	13.41	13.87	9.97	9.36	13.06	11.64
1979	16.38	16.98	13.01	10.76	16.01	13.76
1980	17.54	18.30	14.04	12.46	16.55	14.01
1981	18.58	19.42	15.40	15.83	16.74	14.09
1982	18.98	19.90	15.98	16.76	16.79	14.24
1983	19.82	21.04	17.63	16.79	16.87	14.69
1984	20.61	21.84	19.74	17.35	17.56	16.13
1985	22.38	22.21	20.10	26.98	21.79	24.40
1986	23.82	23.68	22.09	31.00	22.45	26.94
1987	26.68	25.77	23.86	37.29	26.47	33.09
1988	32.81	29.24	27.34	50.97	37.10	44.43
1989	37.73	34.76	34.69	53.62	40.89	44.35
1990	36.75	35.01	32.33	45.31	37.74	43.81
1991	36.02	34.07	30.33	46.40	36.76	45.87
1992	37.24	34.46	31.94	49.79	39.08	49.59
1993	42.23	38.61	37.27	55.31	44.62	60.55
1994	59.08	54.79	54.64	61.84	64.53	73.87
1995	70.84	67.91	70.48	64.99	74.72	83.03
1996	73.81	71.11	74.57	67.85	77.19	85.85
1997	70.49	66.00	67.26	67.11	78.58	78.73
1998	64.85	61.80	65.04	67.85	68.28	73.92
1999	56.94	53.00	56.65	68.80	60.43	68.38
2000	54.89	50.16	51.09	61.92	59.83	68.72
2001	56.59	53.00	54.98	58.29	61.66	67.74
2002	56.42	53.02	52.87	57.31	61.76	64.95
2003	58.89	56.95	55.24	61.33	62.84	65.17
2004	66.60	65.99	69.72	64.16	69.80	71.82
2005	67.52	67.01	69.08	67.23	70.17	75.17
2006	68.33	70.02	70.46	75.82	66.19	78.12
2007	80.97	76.90	77.69	79.14	86.95	84.41
2008	92.36	83.38	85.14	85.84	107.76	93.90
2009	90.14	85.79	88.27	81.45	97.13	92.97
2010	100.00	100.00	100.00	100.00	100.00	100.00
2011	116.45	107.83	109.03	114.92	126.20	110.04
2012	119.65	113.00	114.22	116.34	125.86	116.84
2013	123.50	117.81	118.33	115.28	128.88	121.89
2014	123.29	119.92	121.41	114.63	125.14	125.67
2015	125.35	118.98	119.84	112.20	130.43	128.75

2-7 全国主要农产品生产者价格指数
Producer Price Indices of Main Agricultural Products

(上年=100) (preceding year=100)

农产品名称	Categories of agricultural products	2002	2005	2010	2012	2013	2014	2015
生产价格总指数	**All**	**99.70**	**101.39**	**110.94**	**102.74**	**103.22**	**99.83**	**101.67**
种植业产品	Crop Products	100.04	101.55	116.57	104.80	104.25	101.79	99.22
粮食	Grain	96.16	99.08	113.29	104.76	103.60	102.60	98.71
谷物	Cereal (unprocessed food grains)	95.83	99.23	112.79	104.81	103.12	102.67	98.67
小麦	Wheat	98.14	96.41	107.86	102.86	106.73	105.09	99.23
稻谷	Paddy	97.17	101.57	112.82	104.09	102.23	102.18	101.57
玉米	Maize (corn)	91.50	97.97	116.07	106.60	100.20	101.74	96.46
豆类	Beans	98.11	95.70	110.43	103.01	105.66	102.39	98.93
大豆	Soybeans	98.95	94.24	107.85	105.68	105.74	101.75	99.03
薯类	Potato	93.71	106.14	130.24	102.90	111.50	102.71	99.31
油料	Oil-bearing crops	104.82	91.33	112.05	105.18	102.38	99.85	100.84
棉花	Cotton (unginned cotton)	103.35	111.82	157.66	98.09	103.85	87.08	87.52
糖料	Sugar crops	86.01	111.57	106.03	105.00	98.85	99.74	98.75
烟叶	Tobacco	132.78	103.26	105.79	111.74	110.66	104.82	100.55
蔬菜	Vegetable	95.06	107.22	116.80	109.94	106.85	98.48	104.55
水果	fruits	109.91	107.41	118.85	103.86	106.24	106.40	99.65
茶叶	Tea		110.22	120.38	108.78	100.47	105.49	98.66
林业产品	Forestry products	98.31	104.79	122.78	101.23	99.09	99.44	97.88
木材	Felling and transport of wood		103.17	103.19	104.24	97.78	104.68	101.16
竹材	Felling and transport of bamboo		103.67	108.03	103.84	101.86	100.23	97.31
胶脂和果实类	Products of natural and artificial forest	110.48	105.76	132.04	82.96	89.03	85.09	86.85
畜牧业产品	Livestock products	100.15	100.52	102.96	99.73	102.40	97.10	104.23
猪(毛重)	Hog (gross weight)	97.96	97.58	98.33	95.92	99.28	92.18	108.85
牛(毛重)	Live cattle (gross weight)	91.44	101.66	104.70	116.79	113.08	104.41	99.08
羊(毛重)	Live sheep		101.70	108.67	107.85	109.13	100.83	89.40
肉禽	Poultry	106.09	105.61	106.99	103.85	103.21	104.36	101.27
禽蛋	Eggs	102.80	106.38	107.51	100.47	105.80	105.69	96.85
奶类	Milk products	99.71	99.62	115.25	103.86	110.96	107.92	92.22
毛绒类	Hair and down products	80.11	106.51	128.86	100.42	103.35	98.44	98.10
渔业产品	Fishery products	95.89	104.67	107.56	106.18	104.32	103.10	102.45
海水养殖产品	Marine aquacultural products				101.01	100.73	101.94	101.00
海水捕捞产品	Marine fishing products				110.90	107.67	103.14	105.97
淡水养殖产品	Freshwater aquacultural products				106.75	104.65	103.82	102.05
淡水捕捞产品	Freshwater fishing products				107.18	103.48	101.46	

2-8 全国主要农产品分季度生产者价格指数

(上年同期=100)

年 Year	季 Quarter	生产价格总指数 Producer Price Index of Agricultural Products	种植业产品 Planting Products	粮食 Grain	谷物 Cereal	小麦 Wheat	稻谷 Rice	玉米 Corn	豆类 Beans	大豆 Soy Bean
2013	I	101.9	102.2	102.1	101.0	107.1	105.5	97.9	108.3	108.7
	II	101.1	103.7	103.3	102.4	107.3	101.8	101.0	106.9	107.3
	III	104.3	104.7	104.1	103.9	106.6	100.4	102.0	106.1	106.5
	IV	104.2	104.1	102.5	101.9	107.4	101.5	99.8	103.3	103.0
2014	I	98.8	102.6	101.6	101.4	108.4	100.8	100.8	102.0	102.3
	II	100.3	100.7	101.3	101.1	105.8	102.3	99.1	101.8	100.6
	III	100.3	101.4	103.9	104.0	104.3	103.2	103.9	104.1	103.3
	IV	98.4	99.0	102.3	102.6	102.2	102.3	103.0	101.9	100.8
2015	I	99.3	100.4	101.7	101.8	103.7	102.4	101.3	101.5	100.8
	II	101.5	100.5	101.4	101.6	101.4	102.6	101.3	101.6	102.2
	III	104.1	100.0	98.1	97.9	96.8	101.5	96.1	99.6	99.6
	IV	101.2	96.3	94.3	94.3	94.2	99.4	87.1	93.5	94.0

2-8 续表

年 Year	季 Quarter	林业产品 Forest Products	木材 Timber	竹材 Bamboo	胶脂和果实类林产品 Rubber, Resin, Fruits and Nuts	畜牧业产品 Livestock	猪(毛重) Hogs (Gross Weight)	牛(毛重) Cattle (Gross Weight)	羊(毛重) Sheep (Gross Weight)	家禽(毛重) Poultry (Gross Weight)
2013	I	99.9	96.3	103.7	94.0	101.5	96.9	116.3	109.0	107.5
	II	95.3	92.9	97.9	83.8	98.5	92.7	121.4	112.5	96.5
	III	99.4	98.6	102.2	86.8	104.7	104.1	109.1	109.0	102.0
	IV	102.8	104.6	100.9	95.1	104.7	103.2	112.1	110.0	104.7
2014	I	99.5	104.8	99.4	90.9	94.0	88.9	104.2	110.8	100.7
	II	99.4	105.8	101.4	86.7	98.5	92.0	107.6	102.4	106.8
	III	103.2	108.2	100.9	85.9	98.8	95.3	105.0	96.6	106.5
	IV	97.9	104.0	100.3	74.1	97.0	92.9	101.4	93.5	103.9
2015	I	97.6	101.6	95.7	89.0	97.6	96.4	99.8	90.4	103.2
	II	96.5	99.6	98.7	90.5	102.2	105.9	99.7	90.7	99.6
	III	100.6	105.9	98.5	84.0	109.4	119.4	98.9	86.3	99.5
	IV	94.7	94.2	95.8	87.8	106.2	112.9	98.6	90.6	103.0

Producer Price Indices of Agricultural Products by Quarter

(the same period of preceding year=100)

薯类 Tubers	油料 Oil-bearing Crops	棉花 Cotton	糖料 Sugar Crops	烟叶 Tobacco	蔬菜 Vegetables	水果 Fruits	茶叶 Tea	年 Year	季 Quarter
113.1	103.5	103.1	98.8	104.5	104.1	102.8	99.5	2013	I
112.3	102.2	102.3	98.7	110.8	103.8	111.4	101.4		II
110.1	103.9			105.3	108.9	102.6	102.5		III
112.3	100.1	104.0	100.4	108.2	109.8	107.2	104.9		IV
109.3	96.7	102.5	102.1	109.3	100.6	112.2	107.4	2014	I
106.1	98.5	100.3	96.3	110.9	96.6	106.9	106.8		II
97.5	100.1			101.0	97.4	98.1	103.5		III
96.8	102.2	70.7	99.1	101.4	98.2	104.2	102.7		IV
98.5	103.4	77.8	97.5	100.3	103.0	108.5	100.0	2015	I
93.9	100.3	85.9	94.5	99.3	103.8	92.1	99.4		II
105.2	98.4			100.8	108.4	97.9	98.3		III
98.6	100.9	92.7	107.5	102.3	103.6	93.8	95.9		IV

continued

禽蛋 Poultry Eggs	奶类 Milk	毛绒类 Wool	渔业产品 Fishery Products	海水养殖产品 Marine Aquacultural Products	海水捕捞产品 Marine Fishing Products	淡水养殖产品 Freshwater Aquacultural Products	淡水捕捞产品 Freshwater Fishing Products	年 Year	季 Quarter
110.8	107.7	100.1	103.4	96.4	109.4	104.0	104.6	2013	I
106.2	108.1	110.4	104.4	100.0	111.0	103.2	105.6		II
104.6	111.2	98.8	103.5	102.3	104.2	104.0	101.3		III
101.7	114.3	97.4	103.4	95.7	104.5	106.8	101.9		IV
98.6	118.4	103.1	103.3	99.6	104.5	104.8	101.0	2014	I
107.9	115.3	94.2	105.6	104.9	106.3	105.8	104.2		II
110.7	103.7	90.7	100.1	98.3	98.6	102.1	96.1		III
110.4	96.8	98.3	101.0	104.1	100.1	99.5	106.1		IV
104.1	90.3	106.9	103.0	99.0	108.6	102.3		2015	I
95.0	91.8	95.0	104.3	103.0	107.2	104.3			II
96.5	92.6	105.5	101.3	105.4	103.1	99.2			III
93.0	94.4	90.4	102.1	100.2	104.6	102.4			IV

2-9 全国分品种农产品生产者价格指数
Producer Price Indices of Agricultural Products by Category

(上年=100) (preceding year=100)

农产品名称	Categories of agricultural products	2010	2011	2012	2013	2014	2015
总指数	**All**	**110.94**	**116.45**	**102.74**	**103.22**	**99.83**	**101.67**
一、农业产品	I. Crop products	116.57	107.83	104.80	104.25	101.79	99.22
粮食	Grain	113.29	109.03	104.76	103.60	102.60	98.71
谷物	Cereal (unprocessed food grains)	112.79	109.68	104.81	103.12	102.67	98.67
稻谷	Paddy	112.82	113.28	104.09	102.23	102.18	101.57
早籼稻	Early long grained nonglutinous rice	106.49	117.02	105.91	101.89	102.52	98.88
晚籼稻	Late long grained nonglutinous rice	109.10	115.27	106.69	101.82	102.17	102.00
中籼稻	Medium long grained nonglutinous rice		115.66	102.84	100.74	101.86	101.83
粳稻	Round- grained rice	116.98	108.82	102.79	102.83	102.05	102.64
小麦	Wheat	107.86	105.18	102.86	106.73	105.09	99.23
硬质小麦	Hard-grained wheat	107.34	105.75	103.15	107.44	103.77	100.00
软质小麦	Soft-grained wheat	109.92	107.58	101.00	103.24	103.11	97.83
其他小麦	Mixed wheat	109.10	103.92	102.73	105.29		98.68
玉米	Maize (corn)	116.07	109.89	106.60	100.20	101.74	96.46
白玉米	White maize	110.75	105.39	103.96	103.31	101.59	96.76
黄玉米	Yellow maize	116.16	110.22	106.71	99.88	101.75	96.44
薯类	Potato	130.24	104.51	102.90	111.50	102.71	99.31
马铃薯	White potato	137.85	99.73	108.29	116.48	102.04	96.74
甘薯	Sweet potato	114.65	117.96	101.68	101.20	104.90	103.28
油料	Oil-bearing crops	112.05	112.08	105.18	102.38	99.85	100.84
花生	Peanut	117.90	114.35	108.08	98.88	96.22	101.95
油菜籽	Rapeseeds	109.48	108.31	105.17	104.60	101.33	99.58
葵花籽	Sunflower		115.13	103.16	102.01		102.58
芝麻	Sesame	109.54	99.39	101.21	105.42	104.18	100.07
豆类	Beans	110.43	104.98	103.01	105.66	102.39	98.93
大豆	Soybeans	107.85	106.34	105.68	105.74	101.75	99.03
绿豆	Mung beans	138.97	111.35	83.42	105.18	106.35	98.33
红小豆	Red beans	116.56	99.46	96.27	104.18	104.02	97.57
棉花	Cotton	157.66	79.52	98.09	103.85	87.08	87.52
籽棉	Unginned cotton		79.39	98.08	103.85	87.08	87.52
生麻	Fiber crops	115.78	108.11	103.15	92.82	110.32	105.11
生亚麻	Flax		105.98	103.57			103.41
生苎麻	Ramie	111.18	107.83	102.36	92.82	110.32	106.81
生黄红麻	Jute and blueish dogbane	121.17	109.53	102.11	84.27	100.00	137.27
糖料	Sugar crops	106.03	125.46	105.00	98.85	99.74	98.75
甘蔗	Sugarcane	106.02	127.47	105.66	97.96	99.90	98.57
甜菜	Beet	112.50	122.42	101.31	102.08	97.59	102.00

2-9 续表 1 continued 1

农产品名称	Categories of agricultural products	2010	2011	2012	2013	2014	2015
未加工烟草	Tobacco	105.79	111.47	111.74	110.66	104.82	100.55
未去梗烤烟叶	Flue-cured tobacco	105.93	112.44	114.75	108.78	104.24	103.34
未去梗晒烟叶	Sun-cured tobacco	100.59	111.37	109.09	112.53	105.39	97.75
蔬菜及食用菌	Vegetable and mushroom		103.93	108.44	105.77	98.80	103.65
蔬菜	Vegetable	116.80	103.36	109.94	106.85	98.48	104.55
叶菜类蔬菜	Leaf vegetable	112.52	103.70	111.57	108.27	97.41	105.54
芹菜	Celery	111.02	102.14	109.83	107.80	94.57	105.14
油菜	Rape	111.12	105.40	108.68	108.90	98.37	106.00
菠菜	Spinach	112.66	107.57	117.11	106.83	100.33	104.66
白菜类蔬菜	Cabbage vegetable		97.81	107.18	109.60	98.21	103.96
大白菜	Chinese cabbage	122.79	89.52	106.84	110.42	95.67	103.70
甘蓝类蔬菜	Wild cabbage vegetable		101.64	109.34	98.16	98.98	104.74
结球甘蓝	Wild cabbage		96.13	121.66	102.26	90.98	106.94
花椰菜	Cauliflower	110.71	101.29	109.21	97.45	100.36	104.36
根茎类蔬菜	Root and tuber vegetable	114.74	104.57	106.74	105.91	102.29	98.48
白萝卜	White radish	115.75	104.91	108.16	102.01	96.91	102.14
红萝卜	Red radish		100.96	105.19	107.26	101.56	96.83
胡萝卜	Carrot	112.01	102.52	107.12	109.36	102.06	98.51
水萝卜	Turnip radish		101.87	102.59	108.96	97.02	102.20
生姜	Ginger	136.08	101.79	78.88	114.93	133.95	87.50
瓜菜类蔬菜	Gourd vegetable	109.78	105.31	109.44	106.24	96.90	106.70
黄瓜	Cucumber	108.61	107.26	108.80	107.17	96.91	105.23
冬瓜	White gourd	113.90	100.42	111.80	104.64	97.48	111.98
西葫芦	Summer squash	104.92	100.86	129.93	98.98	99.00	97.37
苦瓜	Balsam pear		102.69	107.78	108.89	103.00	98.72
南瓜	Pumpkin		107.04	107.83	103.51		104.31
豆类蔬菜	Garden beans	116.74	110.53	106.43	108.71	102.85	103.65
扁豆	Dolichos beans		109.90	102.26	105.61		98.20
豇豆	Cowpeas	117.44	110.22	107.15	110.88	102.53	105.66
四季豆	Kidney beans	115.78	107.42	108.54	108.48	101.67	102.38
茄果类蔬菜	Eggplant, tomato and chili, etc.	111.49	107.87	111.39	105.17	100.48	102.35
茄子	Eggplant	117.77	102.78	112.20	107.22	95.71	102.56
青椒	Sweetbell	109.77	108.86	110.89	104.09	98.57	103.00
辣椒	Chili	115.97	107.15	102.75	103.85	100.74	103.47
西红柿	Tomato	108.38	108.34	110.30	104.49	104.64	101.56
莴苣及菊苣类蔬菜	Lettuce and chickory vegetable		103.70	114.71	107.85	97.44	105.00
生菜	Lettuce		102.50	115.42	107.99	95.02	107.54
莴笋	Asparagus lattuce	106.69	109.36	112.52	106.50	101.32	102.76

2-9 续表 2 continued 2

农产品名称	Categories of agricultural products	2010	2011	2012	2013	2014	2015
葱蒜类蔬菜	Onion and garlic	142.16	98.34	108.10	101.22	101.75	105.97
洋葱	Onion		94.31	100.58	103.02	99.00	102.67
大葱	Scallion	110.89	101.61	113.20	104.75	96.80	100.90
大蒜	Garlic		96.38	113.28	99.55	101.07	108.71
蒜苗	Garlic sprout		104.82	103.28	107.40		106.21
蒜苔	Garlic stalk	128.82	105.05	102.69	104.75	101.67	104.93
蒜头	Garlic head	160.15	102.85	105.89	93.71	104.76	109.13
韭菜	Fragrant-flowered garlic		110.28	107.79	103.25		105.51
水生蔬菜	Water vegetable	113.37	106.40	106.24	106.80	99.10	103.99
莲藕	Lotus root	111.04	106.38	102.11	109.76	99.45	103.74
荸荠	Water chestnut	119.09	109.21	106.66	106.51		106.07
茭白	Wild ruice stem	115.29	105.86	109.93	105.96	98.49	103.93
食用菌	Mushroom	111.37	107.53	98.38	99.37	100.71	98.33
平菇	Oyster mushroom	104.40	108.08	105.71	101.89	102.33	101.01
金针菇	Golden mushroom	96.09	109.66	96.93	98.43	100.54	97.57
香菇	Mushroom (dried)	112.16	103.58	98.33	110.59	105.97	96.31
黑木耳	Black edible fungus (dried)	108.91	107.53	106.54	103.78	94.38	100.86
白木耳	Tremella (dried)	107.87	106.11	105.56	100.00	83.33	
花卉	Flower	97.51	107.72	103.39	105.60	106.85	99.21
盆栽花	Potted plant						
美人蕉	Canna		102.88	101.96	100.62	97.84	112.50
水仙花	Narcissus	84.76	118.16	107.48	105.59	104.81	101.09
盆栽菊花	Chrysanthemum		107.94	106.18	103.85	103.35	92.54
鲜切花及花蕾	Fresh flower	97.51	107.28	102.81	105.60	106.85	99.21
康乃馨	Carnation	105.15	103.49	105.49	108.06	107.14	103.33
满天星	June snow (serissa)	99.04	122.89	103.43	98.98	103.60	119.87
勿忘我	Forgetmenot	96.22	127.62	91.90	102.04	100.00	100.00
玫瑰	Rugosa rose	101.39	113.04	105.21	107.97	111.02	91.10
百合花	Lily	90.25	101.53	97.54	102.73	102.63	98.01
非洲菊	Flameray gerbera	106.00	97.59	113.60	100.00	100.00	96.77
水果及坚果	Fruits and nuts		106.80	103.45	106.17	106.19	99.37
水果(园林水果)	Garden fruits	118.85	106.17	103.86	106.24	106.40	99.65
苹果	Apple	131.34	113.63	99.28	101.99	108.53	94.07
红富士苹果	Hongfushi apple	129.28	114.31	98.59	102.87	108.43	93.10
国光苹果	Guoguang apple	129.66	105.99	107.76	105.25	115.81	81.46
秦冠苹果	Qinguan apple	141.82	115.36	89.33	96.53	108.63	98.60
香蕉苹果	Banana apple	111.61	103.11	112.54	111.11	104.00	100.00
梨	Pear	114.35	105.56	102.66	109.53	123.33	100.52
雪花梨	Snowflake pear	114.92	104.50	104.38	107.16	116.24	93.14
鸭梨	Ya-pear	111.60	112.04	98.19	106.69	121.13	107.28
酥梨	Soft-pear	121.22	114.29	89.66	114.73	128.36	90.63
香梨	Bergamot pear	125.47	117.45	103.80	96.69		95.21

2-9 续表 3 continued 3

农产品名称 Categories of agricultural products		2010	2011	2012	2013	2014	2015
柑橘类水果	Citrus	121.19	103.97	101.50	110.11	106.79	106.64
柑橘	Mandarin orange	118.39	104.31	97.79	112.15	107.56	105.84
橙	Orange	118.39	108.28	102.15	106.83	108.54	105.42
柚类	Shaddock	129.35	113.19	103.32	102.24	99.70	113.33
葡萄	Grape	113.39	107.80	99.63	109.08	109.40	99.58
巨峰葡萄	Jufeng grape		111.84	99.39	109.08	109.40	99.58
玫瑰香葡萄	Muscat grape		106.54	107.87	116.51		102.03
热带水果	Tropical and subtropics area fruits	111.23	100.55	103.76	107.50	109.27	89.72
香蕉	Banana	113.87	102.22	92.22	111.34	119.38	74.85
菠萝	Pineapple		121.88	100.39	102.62		108.95
龙眼	Longan	114.72	86.72	102.10	124.30		105.53
荔枝	Litchi	104.78	112.55	112.49	96.14		107.97
瓜类水果	Melon	105.65	103.65	113.08	104.21	102.71	104.46
西瓜	Watermelon	105.18	103.63	113.06	104.21	102.71	104.46
哈密瓜	Hami melon		104.72	117.91	79.09	100.00	117.56
甜瓜	Muskmelon	108.33					
其他水果	Other fruits		104.06	106.19	107.29		93.37
枣	Chinese date	125.27	91.11	103.71	103.83	102.00	95.81
柿子	Persimmon	106.17	107.86	106.09	104.53	103.00	86.64
桃	Peach	110.81	105.70	111.21	108.20	102.00	91.72
杏	Apricot	110.10	103.45	102.69	109.80	107.00	92.95
杨梅	Red bayberry	106.41	111.05	114.82	102.13		105.99
草莓	Strawberry	114.74	111.44	103.19	110.78	105.00	97.04
猕猴桃	Kiwifruit	105.82	105.90	117.55	102.13		93.91
食用坚果	Nuts		102.40	115.66	104.42	101.12	92.62
核桃	Walnut	118.93	96.25	108.51	107.19	100.13	90.49
山核桃	Kiskatom		97.66	127.25	103.99		106.84
栗子	Chestnuts		104.68	130.65	98.09	103.23	96.04
板栗	Chinese chestnut		108.09	135.32	98.09	103.23	96.04
茶及饮料原料	Tea and other beverages		113.22	108.53	99.99	105.25	98.66
茶叶	Tea		113.34	108.78	100.47	105.49	98.66
红茶	Black tea	131.24	110.65	113.02	90.67	108.74	97.52
绿茶	Green tea	121.76	114.51	107.89	101.08	104.60	98.54
清茶	Light tea		113.22	106.28	101.13	109.67	99.92
铁观音	Tieguanyin tea		105.60	105.32	105.05		103.96
乌龙茶	Oolong tea	103.00	111.87	109.35	101.13	109.67	99.92
香料原料	Perfume crops		106.48	97.35	102.24	110.07	117.17
花椒	Chinese prickly ash		106.46	97.46	104.70	110.07	120.97
八椒	Anise	118.93	100.00		92.38		101.98
桂皮	Cassia bark	121.92	109.75	94.04	97.97	139.84	
中草药材	Chinese medicinal materials	113.91	121.43	105.13	104.44	100.00	98.15
人参	Ginseng		131.52	97.24	108.13		105.77
枸杞	Fruit of chinese wolfberry		114.12	80.11	118.8	115.08	107.37
板蓝根	Root of common baphicacanthus		98.43	123.88			127.60

2-9 续表 4 continued 4

农产品名称	Categories of agricultural products	2010	2011	2012	2013	2014	2015
二、林业产品	II.Forestry products	122.78	114.92	101.23	99.09	99.44	97.88
木材采伐产品	Felling and transport of wood	103.19	109.78	104.24	97.78	104.68	101.16
原木	Log	103.19	109.59	104.15	97.78	104.68	101.16
红松原木	Korean pine	94.99	111.09	117.62	92.14	111.32	98.70
落叶松原木	Larch	104.50	115.29	101.93	91.63		98.59
马尾松原木	Masson pine	105.65	107.14	101.85	101.92	100.08	97.48
云南松原木	Yunnan pine	114.78	112.06	113.27	101.74	103.63	98.64
竹材采伐产品	Felling and transport of bamboo	108.03	112.02	103.84	101.86	100.23	97.31
竹材	Bamboo		112.01	103.68	101.86	100.23	97.31
毛竹	Mao bamboo	108.03	110.04	103.80	99.95	100.55	97.52
撑蒿竹	Hao bamboo	107.02	111.58	102.26	103.76	99.90	97.09
林产品	Industrial materials	132.04	120.18	82.96	89.03	85.09	86.85
天然橡胶	Rubber	146.11	132.58	76.23	86.71	81.86	87.30
天然橡胶乳	Latex rubber		128.86	77.11	89.21	82.07	86.84
天然树脂、树胶	Resin and gum		107.52	43.79	102.42	100.64	85.60
天然生漆	Raw lacquer	104.54	106.44	116.23	101.86	100.12	80.00
天然松脂	Rosin	160.12	97.99	74.93	114.52	111.94	91.49
非直接食用果类	Not directly consumed products of forest		103.61	87.36	92.06	99.08	97.87
油桐籽	Seeds of tung oil tree	131.50	102.56	94.77	92.06	99.08	97.87
三、饲养动物及其产品	III.Livestock products	102.96	126.20	99.73	102.40	97.10	104.23
活牲畜	Livestock raising		132.52	98.79	101.32	93.98	106.48
猪	Hog (gross weight)	98.33	136.98	95.92	99.28	92.18	108.85
牛	Live cattle (gross weight)	104.70	108.05	116.79	113.08	104.41	99.08
羊	Live sheep	108.67	115.74	107.85	109.13	100.83	89.40
绵羊	Sheep		116.67	108.10	108.77	97.11	84.97
山羊	Goat		116.09	111.73	108.54	103.15	92.48
活家禽	Poultry (gross weight)	106.99	111.99	103.85	103.21	104.36	101.27
活鸡	Chicken	106.74	112.55	103.39	102.16	104.90	99.38
活鸭	Duck	108.49	112.05	104.88	104.15	104.10	104.34
活鹅	Goose	110.09	110.20	104.02	106.12	102.57	104.64
畜禽产品	Livestock and poultry products		111.59	101.16	106.95	106.19	95.82
生奶	Milk products	115.25	108.07	103.86	110.96	107.92	92.22
生牛奶	Cow milk	115.25	108.08	103.86	110.96	107.92	92.22
生羊奶	Sheep milk	118.39	108.97	107.26	93.26	110.00	100.00
禽蛋	Eggs	107.51	112.63	100.47	105.80	105.69	96.85
鸡蛋	Chicken's eggs	107.60	113.18	100.52	104.55	107.88	95.78
鸭蛋	Duck's eggs	105.38	111.42	100.47	108.85	105.21	99.44
鹅蛋	Goose's eggs	106.64				104.15	
天然蜂蜜	Honey	107.59	112.29	106.72	104.48		100.83
桑蚕茧	Silkworm cocoon	141.34	117.05	100.38	110.01		92.38

2-9 续表 5 continued 5

农产品名称 Categories of agricultural products		2010	2011	2012	2013	2014	2015
动物毛类	Hair and down products	128.86	117.08	100.42	103.35	98.44	98.10
绵羊毛	Sheep's wool		101.80	88.64	99.27	101.29	99.08
细羊毛	Superfine wool		113.81	96.38	92.44	107.55	104.52
半细羊毛	Fine wool		109.14	98.60	101.90	95.50	94.09
山羊毛	Goat's wool	109.74	109.98	99.63	106.42	88.75	97.05
山羊绒	Cashmere	133.56	116.65	88.93	107.61	102.99	77.98
兔毛	Rabbit hair		126.69	107.63	111.28	99.56	96.22
四、渔业产品	IV.Fishery products	107.56	110.04	106.18	104.32	103.10	102.45
海水养殖产品	Marine aquacultural products		111.47	101.01	100.73	101.94	101.00
海水养殖鱼	Marine aquacultural fish		111.61	96.69	96.11	107.55	97.97
海水养殖鲈鱼	Perch		110.28	100.17	101.98	102.16	95.25
海水养殖石斑鱼	Grouper		110.79	94.80	87.42	109.36	89.75
海水养殖大黄鱼	Large yellow croaker		114.74	93.45	98.93	111.15	108.92
海水养殖虾	Marine aquacultural shrimp		109.29	101.74	107.04	103.09	107.99
海水养殖中国对虾	Chinese prawn		108.22	101.30	107.04	103.09	107.99
海水养殖南美白对虾	Penaeus vannamei boone		108.93	102.62	113.99		97.26
海水养殖蟹	Marine aquacultural crab		108.14	104.75	103.74	94.71	108.33
海水养殖梭子蟹	Swimming crab		107.85	100.46	103.74	94.71	108.33
海水养殖青蟹	Green crab		107.91	104.27	108.19		101.96
海水养殖贝类	Marine aquacultural shellfish		116.25	95.45	106.04	93.81	103.87
海水养殖牡蛎	Oyster		108.97	105.58	106.64	102.52	102.74
海水养殖扇贝	Scallop		121.75	114.62	105.44	85.06	105.01
海水养殖藻类	Marine aquacultural seaweeds		107.69	111.54	107.33	87.77	88.23
海水养殖海带	Kelp		110.87	113.75	94.10	75.75	80.98
海水养殖紫菜	Laver		107.51	107.30	133.79	111.82	102.72
海水捕捞产品	Marine fishing products		111.23	110.90	107.67	103.14	105.97
海水捕捞鲜鱼	Marine fishing fish		111.39	114.71	109.80	103.80	103.78
大黄鱼	Large yellow croaker	109.00	106.42	110.30	107.44	100.95	103.13
小黄鱼	Small yellow croaker	111.21	114.09	129.72	116.28	105.71	105.41
带鱼	Hairtail	116.92	113.86	110.23	105.67	104.73	102.79
海水捕捞虾	Marine fishing shrimp		110.64	106.15	110.65	105.89	108.34
龙虾	Lobster		100.14	138.89	99.34	105.77	101.60
斑节对虾	Penaeus monodon		108.48	113.55	108.79	102.98	101.92
中国对虾	Chinese prawn		110.24	108.71	109.23	106.34	107.58
海水捕捞蟹	Marine fishing crab		113.62	106.11	94.88	95.08	107.82
梭子蟹	Swimming crab		111.84	105.41	94.88	95.08	107.82
青蟹	Green crab		106.08	101.62	103.33	101.14	102.82
海水捕捞贝类	Marine fishing shellfish		101.49	107.49	101.57	110.06	113.56
贻贝	Mussel		116.50		99.08		100.00
蛤	Clam		102.22	111.10	101.57	110.06	113.56
海水捕捞软体水生动物	Marine fishing aquatic animals		117.48	104.23	104.92	92.11	102.59
墨鱼	Inkfish		117.94	102.19	91.56	98.39	97.48
鱿鱼	Squid		117.62	104.57	104.92	92.11	102.59

2-9 续表 6 continued 6

农产品名称	Categories of agricultural products	2010	2011	2012	2013	2014	2015
淡水养殖产品	Freshwater aquacultural products		109.48	106.75	104.65	103.82	102.05
养殖淡水鱼	Freshwater aquacultural fish		108.56	106.68	103.16	100.11	101.45
养殖淡水鳟鱼	Rainbow trout		110.81	97.72	88.73	95.98	101.08
养殖淡水鳗鲡	Eel		120.16	106.24	95.25		87.77
养殖淡水鲤鱼	Carp		111.32	105.14	100.78	103.94	104.99
养殖淡水草鱼	Grass carp		107.31	106.62	105.10	99.77	101.00
养殖淡水鳙鱼(胖头鱼)	Variegated carp		108.79	108.90	104.08		98.72
养殖淡水鲟鱼	Sturgeon		96.31	94.25	97.20		97.32
养殖淡水罗非鱼	Tilapia		111.34	96.99	106.04	103.00	94.16
养殖淡水青鱼	Black carp		110.86	109.28	103.62		102.21
养殖淡水鲢鱼	Silver carp		108.65	107.24	101.56	98.58	100.25
养殖淡水鲫鱼	Crucian carp		108.75	108.81	106.07	102.00	100.30
养殖淡水鳊鲂	Bream		106.51	105.56	103.63		98.26
养殖淡水鲶鱼	Oriental sheatfish		107.47	108.75	104.28	103.50	100.07
养殖淡水鮰鱼	Longsnout catfish		111.36	101.62	93.56		102.73
养殖淡水银鱼	Whitebait		133.80	144.21	93.03		108.54
养殖淡水黄鳝	Ricefield eel		110.77	110.66	106.52		103.11
养殖淡水鳜鱼	Mandarin fish		107.57	110.01	106.08		101.90
养殖淡水鲈鱼	Bass		104.30	108.77	103.60		103.42
养殖淡水乌鳢	Snakehead mullet		111.36	106.18	101.95		103.24
养殖淡水泥鳅	Loach		109.87	107.99	105.59		100.54
淡水养殖虾	Freshwater aquacultural shrimp		112.27	108.75	108.23	109.67	105.51
淡水养殖罗氏沼虾	M. Rosenbergii		113.09	107.96	110.55	112.11	106.02
淡水养殖青虾	Freshwater shirimp		114.52	109.98	105.90	107.23	104.99
淡水养殖克氏原螯虾	Procambarus clarkia giraed		133.09	95.54	115.93		100.37
淡水养殖南美白对虾	Penaeus vannamei boone		111.48	98.74	112.04		99.26
淡水养殖蟹	Freshwater aquacultural crab		106.21	101.34	105.74	111.42	99.11
淡水养殖活河蟹	Live river crab		107.09	101.65	105.74	111.42	99.11
淡水养殖贝类	Freshwater aquacultural shellfish		112.68	93.53	99.16	112.50	
淡水养殖河蚌	Freshwater mussel		114.40	123.14		112.50	
淡水养殖螺	Spiral shell		107.26	98.81	99.16		102.4
淡水捕捞产品	Freshwater fishing products		103.67	107.18	103.48	101.46	98.37
捕捞淡水鱼	Freshwater fishing fish		104.14	107.17	103.48		98.37
草鱼	Grass carp		108.07	106.64	105.07		101.13
鲢鱼	Silver carp		105.79	103.44	105.16		101.06
鲤鱼	Carp		107.37	106.76	105.16		100.76
鲫鱼	Crucian carp		108.51	105.82	106.06		107.69

2-10 全国农产品生产者价格指数(第一季度)
Producer Price Indices of Agricultural Products in the First Quarter

(上年同期=100) (the same period of preceding year=100)

农产品名称	Categories of agricultural products	2010	2011	2012	2013	2014	2015
合 计	**All**	**106.74**	**115.63**	**109.16**	**101.91**	**98.76**	**99.25**
一、农业产品	I. Crop products	113.74	116.49	102.94	102.21	102.62	100.36
粮食	Grain	111.50	112.12	105.57	102.10	101.60	101.70
谷物	Cereal (unprocessed food grains)	112.16	112.23	106.74	100.95	101.39	101.81
稻谷	Paddy	108.93	115.79	105.38	105.48	100.82	102.36
早籼稻	Early long grained nonglutinous rice	102.12	107.85	109.73	102.83	104.98	96.71
晚籼稻	Late long grained nonglutinous rice	103.60	116.25	111.41	103.36	100.36	103.79
中籼稻	Medium long grained nonglutinous rice		114.25	111.78	101.48	101.11	104.43
粳稻	Round- grained rice	113.82	116.35	101.47	107.09	100.68	101.95
小麦	Wheat	109.44	107.20	102.45	107.05	108.40	103.70
硬质小麦	Hard-grained wheat	108.48	105.52	101.74	108.13	104.35	104.26
软质小麦	Soft-grained wheat	105.72	109.54	104.61	103.76	107.14	98.70
其他小麦	Mixed wheat	107.83	108.60	102.75	106.60	113.47	104.27
玉米	Maize (corn)	117.93	111.02	108.02	97.91	100.84	101.29
白玉米	White maize	115.33	107.11	106.41	107.73	100.00	99.11
黄玉米	Yellow maize	118.04	111.29	108.13	97.22	100.90	101.44
薯类	Potato	119.35	121.10	88.61	113.12	109.33	98.53
马铃薯	White potato	124.52	128.89	73.53	124.31	109.76	94.26
甘薯	Sweet potato	108.76	110.92	110.12	100.66	110.40	102.96
油料	Oil-bearing crops	107.65	111.18	108.20	103.45	96.69	103.37
花生	Peanut	123.18	110.69	113.99	103.80	87.33	105.98
油菜籽	Rapeseeds	100.54	112.89	101.20	104.64	102.41	102.44
葵花籽	Sunflower		109.48	103.71	101.75	109.92	97.63
芝麻	Sesame	100.91	113.93	97.02	103.18	106.58	107.70
豆类	Beans	104.92	109.64	100.38	108.26	102.00	101.50
大豆	Soybeans	103.93	108.54	103.62	108.69	102.34	100.76
绿豆	Mung beans	115.11	117.55	77.10	105.19	99.55	106.83
红小豆	Red beans	104.37	115.43	94.54	101.83	104.01	96.79
棉花	Cotton	134.84	155.05	70.92	103.14	102.52	77.78
籽棉	Unginned cotton		155.05	70.92	103.14	102.52	77.78
生麻	Fiber crops	105.06	106.81	105.05	100.19	103.16	110.21
生亚麻	Flax		101.25				
生苎麻	Ramie	110.09	112.36	105.05	100.19	103.16	110.21
生黄红麻	Jute and blueish dogbane	99.16	138.55	92.66	82.34	100.00	
糖料	Sugar crops	113.10	132.86	107.44	98.77	102.14	97.54
甘蔗	Sugarcane	113.11	134.53	107.58	97.73	102.27	97.38
甜菜	Beet	101.80	105.84	105.13	115.56	100.00	100.00

2-10 续表 1 continued 1

农产品名称	Categories of agricultural products	2010	2011	2012	2013	2014	2015
未加工烟草	Tobacco	108.42	102.97	114.16	104.53	109.30	100.30
未去梗烤烟叶	Flue-cured tobacco	108.58	104.90	117.37	103.38	104.73	102.78
未去梗晒烟叶	Sun-cured tobacco	102.30	101.01	110.89	105.70	113.94	97.77
蔬菜及食用菌	Vegetable and mushroom		107.92	108.26	102.59	102.43	101.74
蔬菜	Vegetable	111.21	105.87	110.88	104.13	100.63	102.97
叶菜类蔬菜	Leaf vegetable	111.26	103.20	116.47	105.34	99.06	103.83
芹菜	Celery	108.89	106.12	107.03	108.82	95.96	101.89
油菜	Rape	109.80	99.76	120.77	103.73	102.15	104.23
菠菜	Spinach	115.37	110.13	121.82	103.51	93.97	106.87
白菜类蔬菜	Cabbage vegetable		106.85	101.35	112.59	96.68	102.34
大白菜	Chinese cabbage	120.56	104.55	97.62	113.39	96.77	101.71
甘蓝类蔬菜	Wild cabbage vegetable		102.14	106.98	85.32	107.39	100.50
结球甘蓝	Wild cabbage		102.15	116.90	97.59	94.16	103.37
花椰菜	Cauliflower	103.41	102.14	105.27	83.20	109.67	100.00
根茎类蔬菜	Root and tuber vegetable	114.48	111.02	100.88	110.67	105.01	100.12
白萝卜	White radish	115.09	109.50	107.08	113.39	101.90	99.31
红萝卜	Red radish		112.73	100.91	109.64	103.16	102.82
胡萝卜	Carrot	112.20	109.13	97.99	112.04	108.58	94.67
水萝卜	Turnip radish		121.03	64.62	111.94	101.90	108.09
生姜	Ginger		109.09	73.32	106.47	121.11	100.88
瓜菜类蔬菜	Gourd vegetable	104.50	107.72	116.93	99.68	99.82	107.19
黄瓜	Cucumber	102.45	107.68	119.68	101.88	97.06	104.69
冬瓜	White gourd	111.16	108.65	107.32	94.15	107.55	115.79
西葫芦	Summer squash	124.60	101.41	132.66	95.83	98.69	93.91
苦瓜	Balsam pear	95.28	120.90	109.58	113.30	107.09	85.35
南瓜	Pumpkin	102.28	107.52	107.25	96.83	114.81	98.28
豆类蔬菜	Garden beans	115.06	115.68	112.67	91.13	110.59	105.80
扁豆	Dolichos beans		125.45	105.03	95.67	106.91	97.07
豇豆	Cowpeas	114.02	116.38	115.05	80.17	111.69	110.78
四季豆	Kidney beans	116.49	107.41	118.03	110.02	107.85	99.49
茄果类蔬菜	Eggplant, tomato and chili, etc.	102.46	110.44	115.74	96.85	111.76	99.03
茄子	Eggplant	102.32	102.22	126.88	96.86	104.64	103.14
青椒	Sweetbell	88.44	121.68	114.80	93.92	110.50	100.18
辣椒	Chili	96.93	123.38	108.57	92.69	110.92	101.06
西红柿	Tomato	112.33	107.86	110.38	99.43	117.89	94.78
莴苣及菊苣类蔬菜	Lettuce and chickory vegetable		104.44	117.58	101.98	95.36	103.76
生菜	Lettuce		101.47	126.05	103.90	93.24	104.27
莴笋	Asparagus lattuce	101.87	112.02	113.05	100.00	101.29	104.05

2-10 续表 2 continued 2

农产品名称	Categories of agricultural products	2010	2011	2012	2013	2014	2015
葱蒜类蔬菜	Onion and garlic	129.25	108.08	102.78	106.03	102.29	100.64
洋葱	Onion	117.79	102.79	82.89	119.87	107.07	101.20
大葱	Scallion	111.30	103.08	122.57	110.85	100.31	85.10
大蒜	Garlic		106.24	94.28	106.45	98.48	107.44
蒜苗	Garlic sprout	128.04	107.50	99.96	113.32	93.98	110.64
蒜苔	Garlic stalk	131.26	108.49	97.24	102.06	102.95	99.28
蒜头	Garlic head	136.77	113.15	78.43	103.07	107.64	99.29
韭菜	Fragrant-flowered garlic	108.81	114.34	108.25	101.98	108.45	106.98
水生蔬菜	Water vegetable	104.65	107.99	105.38	92.46	104.06	101.46
莲藕	Lotus root	110.27	108.40	99.55	112.29	101.70	103.89
荸荠	Water chestnut	129.22	106.19	107.89	107.85	100.26	109.67
茭白	Wild ruice stem	100.00		106.90	85.71	105.00	100.21
食用菌	Mushroom	113.96	120.18	92.54	93.31	113.23	94.33
平菇	Oyster mushroom	97.79	109.89	105.39	98.79	104.80	102.40
金针菇	Golden mushroom	87.88	123.23	91.58	89.91	117.93	90.05
香菇	Mushroom (dried)	106.82	108.15	93.63	113.11	110.89	102.52
黑木耳	Black edible fungus (dried)	104.27	107.71	100.34	103.61	96.38	101.22
白木耳	Tremella (dried)	110.14				83.33	
花卉	Flower		107.41	101.51	104.47	116.76	88.36
盆栽花	Potted plant						
美人蕉	Canna		114.29	103.04	100.90	100.00	100.00
水仙花	Narcissus		123.53	113.43	104.57	109.71	96.25
盆栽菊花	Chrysanthemum		114.83	109.21	109.98	103.23	101.49
鲜切花及花蕾	Fresh flower	94.75	107.41	101.51	104.47	116.76	88.36
康乃馨	Carnation	89.45	102.43	112.75	105.13	111.59	70.83
满天星	June snow (serissa)	88.82	100.00	107.49	101.78	100.00	100.20
勿忘我	Forgetmenot	95.95		52.75	105.26	100.00	
玫瑰	Rugosa rose	93.78	114.6	97.63	109.47	125.40	84.98
百合花	Lily	94.86	102.75	96.55	96.49	113.30	106.97
非洲菊	Flameray gerbera	106.54	96.79	131.41	90.32	112.73	81.67
水果及坚果	Fruits and nuts	120.80	128.76	89.45	102.98	112.03	108.32
水果(园林水果)	Garden fruits	122.97	129.02	89.38	102.80	112.16	108.46
苹果	Apple	111.09	134.50	104.11	99.53	108.16	107.47
红富士苹果	Hongfushi apple	116.55	133.04	103.63	102.09	108.67	106.11
国光苹果	Guoguang apple	98.06	130.71	116.47	110.06	122.40	
秦冠苹果	Qinguan apple	124.11	146.16	106.35	78.60	102.58	110.26
香蕉苹果	Banana apple	86.96	103.56	106.22	108.54	103.49	
梨	Pear	139.35	125.92	93.10	107.27	149.13	99.05
雪花梨	Snowflake pear	142.59	123.52	104.51	100.00	121.41	100.00
鸭梨	Ya-pear	130.24	116.25	91.93	99.15	143.06	111.85
酥梨	Soft-pear	111.16	135.85	91.27	116.97	162.17	86.48
香梨	Bergamot pear				102.56	106.67	

2-10 续表 3 continued 3

农产品名称	Categories of agricultural products	2010	2011	2012	2013	2014	2015
柑橘类水果	Citrus	120.17	129.62	79.09	103.88	111.37	112.03
柑橘	Mandarin orange	136.24	130.59	77.59	103.56	113.41	111.85
橙	Orange	109.55	131.95	81.33	106.23	102.37	116.63
柚类	Shaddock	133.58	119.83	89.71	104.63	101.65	109.91
葡萄	Grape	114.46	101.34		101.93	116.24	102.13
巨峰葡萄	Jufeng grape		101.34		101.93	116.24	102.13
玫瑰香葡萄	Muscat grape						96.55
热带水果	Tropical and subtropics area fruits	100.37	124.44	94.58	96.91	118.59	104.00
香蕉	Banana	109.02	124.14	95.69	96.69	119.17	103.48
菠萝	Pineapple	149.18	128.30	80.49	98.56	111.64	110.00
龙眼	Longan				111.11	112.55	111.11
荔枝	Litchi						
瓜类水果	Melon	97.51	108.61	106.66	114.72	118.87	109.06
西瓜	Watermelon	94.02	108.61	106.66	114.72	118.87	109.06
哈密瓜	Hami melon			100.00		112.58	118.29
甜瓜	Muskmelon	150.00					
其他水果	Other fruits		126.27	89.86	103.21	100.78	97.04
枣	Chinese date	111.87	144.97	69.99	103.27	100.27	102.28
柿子	Persimmon	107.57	108.69	110.56	93.40	100.00	
桃	Peach	100.00	114.29		113.89	108.44	100.00
杏	Apricot						
杨梅	Red bayberry						
草莓	Strawberry	106.63	113.17	104.24	105.41	100.91	91.22
猕猴桃	Yangtao	97.10				85.00	86.94
食用坚果	Nuts	86.37	110.13	94.92	115.30	102.47	98.31
核桃	Walnut	111.58	108.63	93.80	115.90	103.32	97.09
山核桃	Kiskatom		104.78	107.57	119.65	102.62	100.00
栗子	Chestnuts		118.26	104.18	121.41	92.85	112.08
板栗	Chinese chestnut	85.48	118.26	104.18	121.41	92.85	112.08
茶及饮料原料	Tea and other beverages	103.89	108.97	112.14	96.15	105.87	99.98
茶叶	Tea	103.67	109.50	112.70	99.46	107.44	99.98
红茶	Black tea	106.67	111.58	110.67	93.89	111.51	102.15
绿茶	Green tea	104.28	109.54	115.16	99.66	105.67	100.21
清茶	Light tea		108.42	99.43	100.60	115.90	97.75
铁观音	Tieguanyin tea		100.50	104.14	103.16	99.90	100.09
乌龙茶	Oolong tea	96.56	108.42	99.43	100.60	115.90	97.75
香料原料	Perfume crops		116.27	99.34	99.56	105.55	124.36
花椒	Chinese prickly ash	92.28	116.27	99.34	99.56	105.55	124.36
八椒	Anise	96.01					
桂皮	Cassia bark						
中草药材	Chinese medicinal materials	161.24	148.11	109.53	99.66	103.06	101.28
人参	Ginseng			132.37	102.04	100.00	106.24
枸杞	Fruit of chinese wolfberry		142.41	71.77	97.33	121.96	105.48
板蓝根	Root of common baphicacanthus	96.47	122.47			110.00	139.29

2-10 续表 4 continued 4

农产品名称	Categories of agricultural products	2010	2011	2012	2013	2014	2015
二、林业产品	II.Forestry products	108.25	113.21	107.28	99.88	99.45	97.55
木材采伐产品	Felling and transport of wood	100.18	105.84	109.96	96.34	104.83	101.58
原木	Log	100.18	105.84	109.96	96.34	104.83	101.58
红松原木	Korean pine	92.65	109.09	107.62	79.10	112.72	101.67
落叶松原木	Larch	99.30	117.23	114.31	86.55	105.09	100.80
马尾松原木	Masson pine	103.47	105.53	104.44	103.60	100.48	98.78
云南松原木	Yunnan pine	116.79	107.11	123.70	97.75	118.58	100.03
竹材采伐产品	Felling and transport of bamboo	105.34	108.26	104.70	103.74	99.39	95.71
竹材	Bamboo		108.26	104.70	103.74	99.39	95.71
毛竹	Mao bamboo	105.34	104.89	107.26	100.45	100.38	99.18
撑蒿竹	Hao bamboo	113.66	111.64	102.13	107.04	98.39	92.22
林产品	Industrial materials	112.04	133.10	98.75	94.03	90.86	89.01
天然橡胶	Rubber	130.41	137.21	95.45	86.97	86.90	87.72
天然橡胶乳	Latex rubber		137.21	95.45	86.97	86.90	87.72
天然树脂、树胶	Resin and gum			101.19	100.02		88.89
天然生漆	Raw lacquer			101.19	100.00		88.89
天然松脂	Rosin		177.46	52.45	108.96	116.71	93.47
非直接食用果类	Not directly consumed products of forest		102.41	96.08	79.90	120.39	100.00
油桐籽	Seeds of tung oil tree	163.23	102.41	96.08	79.90	120.39	100.00
三、饲养动物及其产品	III.Livestock products	97.37	116.01	115.04	101.46	94.04	97.57
活牲畜	Livestock raising	104.63	117.23	118.50	99.27	91.55	96.30
猪	Hog (gross weight)	90.77	118.63	119.17	96.92	88.88	96.42
牛	Live cattle (gross weight)	104.09	105.31	115.86	116.27	104.19	99.84
羊	Live sheep	105.81	113.68	113.00	109.03	110.82	90.39
绵羊	Sheep		112.55	115.05	107.30	107.87	86.43
山羊	Goat		114.03	114.16	108.82	108.96	93.34
活家禽	Poultry (gross weight)	104.82	111.12	106.59	107.53	100.72	103.21
活鸡	Chicken	104.68	111.29	106.44	107.60	99.74	103.46
活鸭	Duck	104.91	112.57	107.55	107.83	103.23	102.35
活鹅	Goose	109.70	107.86	105.79	106.65	101.72	103.30
畜禽产品	Livestock and poultry products		112.72	100.56	109.99	103.85	100.44
生奶	Milk products	112.48	112.54	103.69	107.65	118.37	90.25
禽蛋	Eggs	106.84	112.79	99.43	110.84	98.61	104.12
鸡蛋	Chicken's eggs	107.07	113.09	99.09	111.39	97.87	104.51
鸭蛋	Duck's eggs	104.96	111.44	100.94	108.38	101.92	102.38
鹅蛋	Goose's eggs	100.08			107.61		
天然蜂蜜	Honey	107.72	112.61	112.86	105.57	105.09	101.32
蚕茧	Silkworm cocoon	139.68			87.96	101.10	
桑蚕茧	Bombyx mori cocoon				87.96	101.10	

2-10 续表 5 continued 5

农产品名称	Categories of agricultural products	2010	2011	2012	2013	2014	2015
动物毛类	Hair and down products	100.00	117.14	105.42	100.10	103.10	106.94
绵羊毛	Sheep's wool		110.51	105.26		107.65	109.09
细羊毛	Superfine wool		114.29	105.26		109.60	109.09
半细羊毛	Fine wool		109.81				
山羊毛	Goat's wool	100.00	122.86	96.99			
山羊绒	Cashmere		122.86	96.99	100.00	104.00	84.62
兔毛	Rabbit hair	117.66	131.78	105.91		101.48	100.47
四、渔业产品	IV.Fishery products	106.88	109.75	111.48	103.40	103.28	103.04
海水养殖产品	Marine aquacultural products		111.07	109.75	96.37	99.61	99.01
海水养殖鱼	Marine aquacultural fish		110.41	105.94	93.10	100.14	100.65
海水养殖鲈鱼	Perch		106.27	104.48	99.05	93.46	97.61
海水养殖石斑鱼	Grouper		107.82	110.24	89.65	96.98	91.55
海水养殖大黄鱼	Large yellow croaker		117.17	103.09	90.60	109.99	112.83
海水养殖虾	Marine aquacultural shrimp		110.37	101.69	98.64	102.31	110.03
海水养殖中国对虾	Chinese prawn		110.37	101.69	98.64	102.31	110.03
海水养殖南美白对虾	Penaeus vannamei boone		108.45	104.26	110.29	107.15	99.98
海水养殖蟹	Marine aquacultural crab		107.26	99.70	105.81	96.56	100.05
海水养殖梭子蟹	Swimming crab		107.26	99.70	105.81	96.56	100.05
海水养殖青蟹	Green crab		113.22	109.67	104.15	97.72	102.23
海水养殖贝类	Marine aquacultural shellfish		115.07	125.16	101.68	98.55	97.06
海水养殖牡蛎	Oyster		112.05	112.48	107.19	103.52	99.83
海水养殖扇贝	Scallop		118.11	137.91	96.15	93.55	94.27
海水养殖藻类	Marine aquacultural seaweeds		107.92	113.03	106.31	99.40	76.95
海水养殖海带	Kelp		107.55	116.79	103.47	89.40	62.79
海水养殖紫菜	Laver		108.64	105.77	111.80	118.73	104.33
海水捕捞产品	Marine fishing products		111.62	122.21	109.42	104.45	108.64
海水捕捞鲜鱼	Marine fishing fish		113.81	128.60	107.55	106.50	104.42
大黄鱼	Large yellow croaker	99.57	110.69	144.74	100.37	102.86	105.68
小黄鱼	Small yellow croaker	116.38	115.05	125.47	116.36	108.83	106.39
带鱼	Hairtail	115.31	115.68	115.58	105.93	107.81	101.18
海水捕捞虾	Marine fishing shrimp		101.85	117.12	116.06	109.23	117.72
龙虾	Lobster		100.00				
斑节对虾	Penaeus monodon		104.41	122.46	106.41	98.98	104.24
中国对虾	Chinese prawn		100.46	138.12	112.73	104.94	115.10
海水捕捞蟹	Marine fishing crab		118.12	113.92	107.27	92.76	109.23
梭子蟹	Swimming crab		118.12	113.92	107.27	92.76	109.23
青蟹	Green crab		114.53	115.55	105.78	94.77	104.44
海水捕捞贝类	Marine fishing shellfish				100.00	112.98	109.42
贻贝	Mussel						
蛤	Clam				100.00	112.98	109.42
海水捕捞软体水生动物	Marine fishing aquatic animals		121.25	107.55	112.33	81.10	105.44
墨鱼	Inkfish		116.65	115.88	87.64	101.36	104.82
鱿鱼	Squid		121.25	107.55	112.33	81.10	105.44

2-10　续表 6　　　　continued 6

农产品名称	Categories of agricultural products	2010	2011	2012	2013	2014	2015
淡水养殖产品	Freshwater aquacultural products		109.45	107.40	103.95	104.75	102.32
养殖淡水鱼	Freshwater aquacultural fish		104.94	107.46	104.00	101.33	101.74
养殖淡水鳟鱼	Rainbow trout		121.27	109.23	86.23	93.70	102.86
养殖淡水鳗鲡	Eel		124.93	118.31	101.96	97.16	93.68
养殖淡水鲤鱼	Carp		104.84	106.82	101.53	100.00	104.49
养殖淡水草鱼	Grass carp		105.36	106.83	103.95	101.82	103.88
养殖淡水鳙鱼(胖头鱼)	Variegated carp		105.59	112.71	107.85	102.06	101.04
养殖淡水鲟鱼	Sturgeon		100.99	96.63	99.24	101.59	101.33
养殖淡水罗非鱼	Tilapia		111.47	103.01	106.26	106.44	99.61
养殖淡水青鱼	Black carp		110.74	109.90	106.25	100.33	100.74
养殖淡水鲢鱼	Silver carp		104.35	108.74	105.31	101.23	97.13
养殖淡水鲫鱼	Crucian carp		105.43	109.72	108.27	104.05	98.27
养殖淡水鳊鲂	Bream		102.60	106.44	102.67	101.07	100.88
养殖淡水鲶鱼	Oriental sheatfish		103.74	104.60	104.68	106.33	105.39
养殖淡水鮰鱼	Longsnout catfish		124.14	114.32	83.87	106.27	101.29
养殖淡水银鱼	Whitebait			120.00			
养殖淡水黄鳝	Ricefield eel		97.58	113.01	108.58	102.64	104.64
养殖淡水鳜鱼	Mandarin fish		111.25	111.55	107.08	99.08	105.12
养殖淡水鲈鱼	Bass		103.59	108.61	110.47	106.12	112.16
养殖淡水乌鳢	Snakehead mullet		110.23	101.38	114.57	101.61	104.54
养殖淡水泥鳅	Loach		100.00	114.40	121.04	106.71	100.66
淡水养殖虾	Freshwater aquacultural shrimp		122.78	111.85	107.51	114.63	111.78
淡水养殖罗氏沼虾	M. Rosenbergii		130.36	109.46	108.63	121.07	112.31
淡水养殖青虾	Freshwater shirimp		115.17	114.25	106.39	108.15	111.24
淡水养殖克氏原螯虾	Procambarus clarkia giraed		104.35			119.04	87.82
淡水养殖南美白对虾	Penaeus vannamei boone		121.40	114.49	98.92	117.99	100.99
淡水养殖蟹	Freshwater aquacultural crab		113.43	100.76	98.64	108.05	91.85
淡水养殖活河蟹	Live river crab		113.43	100.76	98.64	108.05	91.85
淡水养殖贝类	Freshwater aquacultural shellfish		100.00	105.97	107.34		
淡水养殖河蚌	Freshwater mussel		100.00	105.97			
淡水养殖螺	Spiral shell		113.72	95.13	107.34	100.00	104.63
淡水捕捞产品	Freshwater fishing products		99.49	113.39	104.63	100.98	
捕捞淡水鱼	Freshwater fishing fish		99.49	113.40	104.64	100.98	104.60
草鱼	Grass carp		107.00	105.64	108.39	103.66	100.45
鲢鱼	Silver carp		105.71	106.03	104.50	95.60	110.57
鲤鱼	Carp			108.88	104.10	107.16	106.66
鲫鱼	Crucian carp		104.80	109.95	106.32	102.22	106.19

2-11 全国农产品生产者价格指数(第二季度)
Producer Price Indices of Agricultural Products in the Second Quarter

(上年同期=100) (the same period of preceding year=100)

农产品名称	Categories of agricultural products	2010	2011	2012	2013	2014	2015
合 计	**All**	**108.95**	**118.03**	**102.96**	**101.07**	**100.27**	**101.46**
一、农业产品	I. Crop products	114.89	108.60	107.02	103.69	100.72	100.51
粮食	Grain	114.12	109.57	105.0781	103.25	101.32	101.37
谷物	Cereal (unprocessed food grains)	113.44	110.35	105.89	102.38	101.09	101.57
稻谷	Paddy	111.76	112.68	105.77	101.83	102.31	102.62
早籼稻	Early long grained nonglutinous rice	103.97	113.24	108.16	101.13	100.37	98.59
晚籼稻	Late long grained nonglutinous rice	106.98	118.09	108.54	98.91	101.42	102.32
中籼稻	Medium long grained nonglutinous rice		115.45	108.75	100.37	101.87	102.84
粳稻	Round- grained rice	116.95	108.90	103.43	103.90	103.13	103.23
小麦	Wheat	107.39	106.40	101.22	107.34	105.84	101.36
硬质小麦	Hard-grained wheat	107.09	105.74	100.65	109.00	102.65	100.41
软质小麦	Soft-grained wheat	109.00	108.15	102.07	103.21	97.83	100.44
其他小麦	Mixed wheat	106.67	106.74	101.68	106.39	111.54	102.71
玉米	Maize (corn)	119.36	110.67	107.36	101.00	99.13	101.31
白玉米	White maize	114.19	105.02	111.51	108.85	99.15	100.45
黄玉米	Yellow maize	119.37	111.07	107.07	100.45	99.13	101.37
薯类	Potato	136.98	104.09	92.23	112.30	106.11	93.91
马铃薯	White potato	150.08	97.72	88.50	115.93	106.25	90.22
甘薯	Sweet potato	110.13	126.20	108.09	98.98	107.11	104.85
油料	Oil-bearing crops	112.43	114.26	107.57	102.19	98.45	100.25
花生	Peanut	120.12	114.45	111.43	98.79	93.82	100.44
油菜籽	Rapeseeds	109.50	115.23	105.91	104.58	100.78	100.00
葵花籽	Sunflower		103.06	100.81	100.52	107.51	100.95
芝麻	Sesame	101.45	108.84	96.21	103.55	100.48	102.23
豆类	Beans	110.33	105.77	102.57	106.90	101.82	101.62
大豆	Soybeans	106.95	106.04	105.08	107.28	100.58	102.24
绿豆	Mung beans	155.41	103.51	81.69	103.79	112.13	96.48
红小豆	Red beans	108.44	99.98	86.20	106.36	108.91	98.88
棉花	Cotton	121.52	140.95	81.07	102.26	100.28	85.90
籽棉	Unginned cotton		140.95	81.07	102.26	100.28	85.90
生麻	Fiber crops	116.49	113.26	102.47	93.83	107.84	108.51
生亚麻	Flax						
生苎麻	Ramie	116.49	113.26	102.47	93.83	107.84	108.51
生黄红麻	Jute and blueish dogbane		90.00				
糖料	Sugar crops	97.19	126.65	107.07	98.72	96.30	94.52
甘蔗	Sugarcane	97.19	126.69	107.12	98.63	96.33	94.52
甜菜	Beet	100.00	121.21	98.92	112.70	92.22	

2-11 续表 1 continued 1

农产品名称	Categories of agricultural products	2010	2011	2012	2013	2014	2015
未加工烟草	Tobacco	103.53	105.03	98.49	110.79	110.92	99.30
未去梗烤烟叶	Flue-cured tobacco	103.70	114.02	99.66	105.05	112.42	102.84
未去梗晒烟叶	Sun-cured tobacco	97.08	96.04	97.31	116.53	109.41	95.75
蔬菜及食用菌	Vegetable and mushroom		100.17	115.12	103.68	96.61	103.54
蔬菜	Vegetable	116.91	99.47	116.35	103.83	96.62	103.75
叶菜类蔬菜	Leaf vegetable	109.26	98.22	117.20	106.24	94.76	103.47
芹菜	Celery	103.42	96.01	129.03	98.10	95.75	104.81
油菜	Rape	112.29	99.43	110.13	110.38	94.51	103.08
菠菜	Spinach	108.92	98.66	117.34	109.09	93.41	101.82
白菜类蔬菜	Cabbage vegetable		95.53	121.02	106.81	95.98	104.82
大白菜	Chinese cabbage	119.20	91.92	120.85	108.24	94.89	103.09
甘蓝类蔬菜	Wild cabbage vegetable		101.60	121.54	96.55	100.81	109.40
结球甘蓝	Wild cabbage		77.82	148.19	97.97	88.89	111.43
花椰菜	Cauliflower	112.85	105.69	116.96	96.31	102.86	109.05
根茎类蔬菜	Root and tuber vegetable	108.05	101.31	110.72	105.63	107.11	96.51
白萝卜	White radish	107.75	99.37	116.95	99.45	101.12	101.49
红萝卜	Red radish		100.61	110.14	110.62	105.26	95.67
胡萝卜	Carrot	107.26	101.58	112.67	113.06	106.75	89.08
水萝卜	Turnip radish		97.27	115.85	103.90	102.55	106.28
生姜	Ginger	146.33	102.43	78.04	99.44	147.04	88.19
瓜菜类蔬菜	Gourd vegetable	109.39	100.78	111.84	100.58	95.37	104.43
黄瓜	Cucumber	108.20	105.94	108.83	104.41	95.22	102.60
冬瓜	White gourd	115.51	88.18	117.66	90.61	96.83	110.29
西葫芦	Summer squash	95.43	88.32	130.91	96.06	87.20	98.01
苦瓜	Balsam pear	110.29	101.79	108.70	104.90	96.92	103.69
南瓜	Pumpkin	107.05	106.51	115.57	97.97	98.44	102.12
豆类蔬菜	Garden beans	115.06	107.35	109.05	107.86	100.42	102.32
扁豆	Dolichos beans		96.52	106.91	112.77	99.33	95.80
豇豆	Cowpeas	114.02	107.41	109.93	111.18	99.58	102.12
四季豆	Kidney beans	116.49	105.67	108.91	106.99	100.00	103.51
茄果类蔬菜	Eggplant, tomato and chili, etc.	108.12	105.39	113.45	100.15	97.43	100.95
茄子	Eggplant	114.30	102.19	114.91	105.20	90.26	100.58
青椒	Sweetbell	110.43	105.62	112.51	99.30	90.59	104.09
辣椒	Chili	109.50	101.73	119.44	98.90	96.39	106.98
西红柿	Tomato	103.91	109.07	110.46	97.13	105.54	97.90
莴苣及菊苣类蔬菜	Lettuce and chickory vegetable		99.88	118.48	101.26	91.84	105.70
生菜	Lettuce		97.99	114.97	101.48	85.76	105.51
莴笋	Asparagus lattuce	106.88	103.44	121.26	99.48	97.38	106.09

2-11 续表 2 continued 2

农产品名称	Categories of agricultural products	2010	2011	2012	2013	2014	2015
葱蒜类蔬菜	Onion and garlic	160.00	101.44	105.52	98.45	99.88	101.68
洋葱	Onion	80.83	102.73	86.89	110.45	78.98	103.79
大葱	Scallion	105.01	101.04	106.72	98.75	98.18	93.84
大蒜	Garlic		97.35	100.40	99.42	97.84	106.63
蒜苗	Garlic sprout	122.09	106.59	101.36	104.97	96.12	103.95
蒜苔	Garlic stalk	130.79	104.98	103.18	105.88	99.64	103.99
蒜头	Garlic head	193.31	107.73	115.62	93.24	96.32	101.25
韭菜	Fragrant-flowered garlic	109.86	105.58	108.76	97.74	107.20	101.58
水生蔬菜	Water vegetable	109.22	110.47	110.56	107.59	101.58	106.39
莲藕	Lotus root	107.44	108.19	105.16	115.37	100.78	111.57
荸荠	Water chestnut	98.96	113.09	104.52	104.43	115.55	108.08
茭白	Wild ruice stem	110.69	110.90	112.63	105.61	100.63	104.76
食用菌	Mushroom	108.91	111.04	96.05	101.31	96.44	100.41
平菇	Oyster mushroom	106.74	112.86	102.32	101.54	105.17	101.81
金针菇	Golden mushroom	104.25	109.36	96.01	100.00	93.57	100.72
香菇	Mushroom (dried)	112.69	110.58	90.47	114.72	106.06	97.72
黑木耳	Black edible fungus (dried)	102.98	108.39	104.61	103.22	92.61	102.13
白木耳	Tremella (dried)	104.42					
花卉	Flower		110.00	97.81	106.29	108.09	94.66
盆栽花	Potted plant						
美人蕉	Canna		106.17	99.99	109.73	97.12	100.00
水仙花	Narcissus		107.14	102.54	106.99	106.25	108.58
盆栽菊花	Chrysanthemum		105.41	104.23	100.00	103.41	100.58
鲜切花及花蕾	Fresh flower		110.00	97.81	106.29	108.09	94.66
康乃馨	Carnation	90.79	121.36	98.53	111.76	103.77	111.29
满天星	June snow (serissa)	89.12	153.91	104.44	112.10	115.33	100.00
勿忘我	Forgetmenot	84.92	133.33	100.00	100.00	100.00	
玫瑰	Rugosa rose	105.89	103.44	96.13	102.34	116.79	92.23
百合花	Lily	85.86	100.41	98.15	107.08	97.16	84.89
非洲菊	Flameray gerbera	106.53	99.38	112.42	104.00	119.23	85.29
水果及坚果	Fruits and nuts	114.96	104.90	103.70	111.36	106.81	92.10
水果(园林水果)	Garden fruits	115.49	104.84	103.73	111.44	106.86	92.07
苹果	Apple	110.54	105.29	100.43	92.94	113.47	89.95
红富士苹果	Hongfushi apple	104.17	104.09	101.96	94.07	110.91	89.95
国光苹果	Guoguang apple	104.97	107.22	105.68	110.63	108.11	
秦冠苹果	Qinguan apple	126.93	115.20	87.25	82.19	135.29	
香蕉苹果	Banana apple		102.30	112.76	106.85	106.79	
梨	Pear	119.19	137.83	71.39	118.33	147.89	94.57
雪花梨	Snowflake pear	120.26	181.53	78.27	113.29	130.56	
鸭梨	Ya-pear	115.38	145.41	81.34	109.09	136.29	125.00
酥梨	Soft-pear	118.21	130.04	66.34	122.87	154.73	81.31
香梨	Bergamot pear						

2-11 续表 3 continued 3

农产品名称	Categories of agricultural products	2010	2011	2012	2013	2014	2015
柑橘类水果	Citrus	121.06	117.13	71.18	128.07	109.96	109.30
柑橘	Mandarin orange	178.57	116.43	70.62	126.44	110.24	110.12
橙	Orange	125.90	126.39	75.73	149.53	109.22	98.22
柚类	Shaddock	199.10	118.20	85.12	131.36	95.76	
葡萄	Grape	109.27	100.00	117.73	110.32	111.11	97.81
巨峰葡萄	Jufeng grape		100.00	117.73	110.32	111.11	97.81
玫瑰香葡萄	Muscat grape			116.67			
热带水果	Tropical and subtropics area fruits		107.62	101.43	105.90	120.77	90.22
香蕉	Banana	115.49	101.11	91.09	117.79	124.41	73.13
菠萝	Pineapple	135.79	110.37	118.29	94.34	128.88	110.43
龙眼	Longan		112.36	101.80	90.00	105.56	105.59
荔枝	Litchi	110.15	121.63	110.79	87.20	103.07	113.41
瓜类水果	Melon	109.34	99.43	110.80	114.62	101.10	89.84
西瓜	Watermelon	109.27	99.43	110.80	114.62	101.10	89.84
哈密瓜	Hami melon		67.97	112.83		93.43	109.32
甜瓜	Muskmelon	105.78					
其他水果	Other fruits		109.95	103.13	107.90	103.87	93.44
枣	Chinese date	102.70	130.81	79.32	97.53	98.57	96.23
柿子	Persimmon	107.22			110.00	100.56	
桃	Peach	111.71	106.55	108.55	110.16	104.94	91.94
杏	Apricot	108.71	104.33	100.48	115.05	104.70	89.17
杨梅	Red bayberry	105.53	102.15	105.47	101.69	98.32	106.34
草莓	Strawberry	117.50	113.68	99.00	104.07	102.81	96.37
猕猴桃	Yangtao						
食用坚果	Nuts	89.46	117.38	98.50	96.29	98.06	97.05
核桃	Walnut	102.19	102.73	92.38	100.38	98.53	93.60
山核桃	Kiskatom		112.00				100.00
栗子	Chestnuts						
板栗	Chinese chestnut		105.25	81.71	100.00		100.57
茶及饮料原料	Tea and other beverages	124.42	116.59	109.32	101.30	106.80	99.36
茶叶	Tea	124.10	116.65	109.75	101.44	106.80	99.36
红茶	Black tea	134.31	110.78	112.92	97.43	106.33	100.80
绿茶	Green tea	126.12	116.18	109.16	100.87	105.46	98.64
清茶	Light tea		122.32	112.01	106.91	115.55	103.25
铁观音	Tieguanyin tea		103.24	106.78	107.45	99.95	107.93
乌龙茶	Oolong tea	100.56	122.32	112.01	106.91	115.55	103.25
香料原料	Perfume crops		107.03	97.67	107.50	109.18	138.70
花椒	Chinese prickly ash	100.31	107.03	97.67	107.50	109.18	138.70
八椒	Anise	107.80					
桂皮	Cassia bark	112.39	106.71	94.04	93.76	107.25	
中草药材	Chinese medicinal materials	141.39	117.34	118.98	106.04	96.15	92.63
人参	Ginseng			100.00	110.93	100.00	97.48
枸杞	Fruit of chinese wolfberry	151.43	122.74	76.30		113.57	112.79
板蓝根	Root of common baphicacanthus	112.41	89.76				

2-11 续表 4 continued 4

农产品名称	Categories of agricultural products	2010	2011	2012	2013	2014	2015
二、林业产品	II.Forestry products	122.11	118.43	100.19	95.25	99.40	96.45
木材采伐产品	Felling and transport of wood	107.41	110.13	103.55	92.89	105.80	99.59
原木	Log	107.41	110.13	103.55	92.89	105.80	99.59
红松原木	Korean pine	110.61	113.68	122.18	89.29	116.53	96.35
落叶松原木	Larch	107.11	113.94	106.33	82.58	99.57	98.79
马尾松原木	Masson pine	107.57	110.40	102.81	101.04	101.48	97.42
云南松原木	Yunnan pine	100.01	111.91	99.49	102.49	98.77	101.65
竹材采伐产品	Felling and transport of bamboo	108.87	111.18	101.64	97.88	101.37	98.71
竹材	Bamboo		111.18	101.64	97.88	101.37	98.71
毛竹	Mao bamboo	108.87	115.89	104.37	100.53	101.84	97.42
撑蒿竹	Hao bamboo	101.84	106.46	98.91	95.22	100.90	100.00
林产品	Industrial materials	129.07	146.51	84.94	83.84	86.67	90.45
天然橡胶	Rubber	156.71	146.81	84.65	82.68	85.36	90.41
天然橡胶乳	Latex rubber		146.81	86.66	84.63	86.58	89.99
天然树脂、树胶	Resin and gum			90.03	105.64	108.98	90.22
天然生漆	Raw lacquer			100.00	105.26	100.66	
天然松脂	Rosin		130.67	68.08	106.46	127.27	90.22
非直接食用果类	Not directly consumed products of forest		97.16	84.57	71.23	94.04	100.00
油桐籽	Seeds of tung oil tree	113.57	97.16	84.57	71.23	94.04	100.00
三、饲养动物及其产品	III.Livestock products	99.59	129.01	98.06	98.48	98.47	102.20
活牲畜	Livestock raising	108.55	136.09	96.98	96.86	94.24	104.61
猪	Hog (gross weight)	93.97	141.48	93.68	92.73	92.02	105.88
牛	Live cattle (gross weight)	103.01	106.16	115.06	121.39	107.57	99.69
羊	Live sheep	108.54	112.29	112.02	112.48	102.35	90.66
绵羊	Sheep		113.43	111.69	108.13	98.44	82.40
山羊	Goat		114.69	113.49	108.53	103.95	93.91
活家禽	Poultry (gross weight)	103.74	112.78	102.08	96.52	106.82	99.55
活鸡	Chicken	103.57	113.24	101.75	94.81	106.52	97.96
活鸭	Duck	103.98	112.39	102.50	97.10	108.61	103.32
活鹅	Goose	109.34	111.61	102.72	102.02	105.58	100.41
畜禽产品	Livestock and poultry products		112.35	99.40	106.58	109.48	94.33
生奶	Milk products	116.83	108.64	102.87	108.05	115.28	91.80
禽蛋	Eggs	104.50	113.38	98.44	106.17	107.88	95.03
鸡蛋	Chicken's eggs	104.44	114.36	97.54	104.30	108.89	92.46
鸭蛋	Duck's eggs	105.01	111.60	100.08	109.56	106.06	99.70
鹅蛋	Goose's eggs	106.17			103.00		
天然蜂蜜	Honey	106.35	114.64	105.07	112.65	108.03	101.60
蚕茧	Silkworm cocoon	159.98			113.60	94.41	95.71
桑蚕茧	Bombyx mori cocoon		131.36	84.66	113.60	94.41	95.71

2-11 续表 5 continued 5

农产品名称	Categories of agricultural products	2010	2011	2012	2013	2014	2015
动物毛类	Hair and down products	126.03	119.10	107.97	110.37	94.21	94.98
绵羊毛	Sheep's wool	107.28	113.23	116.53	110.94	100.07	93.49
细羊毛	Superfine wool		103.16	126.15	86.32	98.34	89.38
半细羊毛	Fine wool		115.79	106.91	114.29	95.36	92.38
山羊毛	Goat's wool	103.33	121.17	84.91	107.40	70.18	95.78
山羊绒	Cashmere	131.56	127.71	81.52	107.23	111.69	79.14
兔毛	Rabbit hair	131.53	134.64	105.34	111.62	100.64	98.63
四、渔业产品	IV.Fishery products	108.36	109.83	108.36	104.36	105.62	104.32
海水养殖产品	Marine aquacultural products		112.58	101.41	100.00	104.91	102.99
海水养殖鱼	Marine aquacultural fish		114.26	93.73	96.54	113.98	96.14
海水养殖鲈鱼	Perch		116.05	96.46	86.65	115.46	89.68
海水养殖石斑鱼	Grouper		111.09	97.26	95.33	112.43	89.96
海水养殖大黄鱼	Large yellow croaker		115.64	87.45	107.67	114.05	108.82
海水养殖虾	Marine aquacultural shrimp		107.89	100.15	110.08	106.98	109.27
海水养殖中国对虾	Chinese prawn		107.89	100.15	110.08	106.98	109.27
海水养殖南美白对虾	Penaeus vannamei boone		112.58	104.65	100.81	104.97	100.34
海水养殖蟹	Marine aquacultural crab		110.53	128.09	106.34	103.83	99.85
海水养殖梭子蟹	Swimming crab		110.53	128.09	106.34	103.83	99.85
海水养殖青蟹	Green crab		110.53	103.63	111.61	108.00	103.48
海水养殖贝类	Marine aquacultural shellfish		113.55	102.31	101.28	92.46	122.89
海水养殖牡蛎	Oyster		110.72	97.12	103.25	99.20	102.03
海水养殖扇贝	Scallop		116.37	107.49	99.31	85.71	143.75
海水养殖藻类	Marine aquacultural seaweeds		106.95	109.05	100.64	69.62	84.17
海水养殖海带	Kelp		108.92	114.32	98.68	50.88	75.14
海水养殖紫菜	Laver		102.97	98.41	104.6	107.46	102.39
海水捕捞产品	Marine fishing products		109.15	108.53	111.00	106.34	107.17
海水捕捞鲜鱼	Marine fishing fish		107.88	108.51	119.53	104.04	106.12
大黄鱼	Large yellow croaker	115.79	102.38	93.44	127.15	99.36	111.13
小黄鱼	Small yellow croaker	103.80	105.10	118.94	119.93	105.42	102.86
带鱼	Hairtail	128.43	116.13	113.14	111.52	107.34	104.37
海水捕捞虾	Marine fishing shrimp		109.83	104.68	103.52	112.21	104.13
龙虾	Lobster			138.89		106.19	
斑节对虾	Penaeus monodon		110.83	115.13	116.44	110.69	101.90
中国对虾	Chinese prawn		106.13	109.35	101.27	110.28	100.60
海水捕捞蟹	Marine fishing crab		115.63	123.03	100.00	105.27	105.27
梭子蟹	Swimming crab		115.63	123.03	100.00	105.27	105.27
青蟹	Green crab		105.28	101.75	101.04	104.93	102.79
海水捕捞贝类	Marine fishing shellfish		102.22	107.06	109.32	110.98	127.38
贻贝	Mussel		116.50				
蛤	Clam		102.22	107.06	109.32	110.98	127.38
海水捕捞软体水生动物	Marine fishing aquatic animals		115.24	107.17	94.93	98.92	104.32
墨鱼	Inkfish		115.39	97.46	86.68	103.10	96.09
鱿鱼	Squid		115.24	107.17	94.93	98.92	104.32

2-11 续表 6 continued 6

农产品名称	Categories of agricultural products	2010	2011	2012	2013	2014	2015
淡水养殖产品	Freshwater aquacultural products		109.13	111.18	103.21	105.81	104.33
养殖淡水鱼	Freshwater aquacultural fish		106.83	110.72	102.42	102.25	105.19
养殖淡水鳟鱼	Rainbow trout		119.47	95.31	98.30	102.27	100.33
养殖淡水鳗鲡	Eel		122.09	114.25	75.60	83.13	79.75
养殖淡水鲤鱼	Carp		111.02	110.39	101.43	106.28	109.26
养殖淡水草鱼	Grass carp		106.09	111.33	104.10	102.24	104.28
养殖淡水鳙鱼(胖头鱼)	Variegated carp		109.99	110.15	102.05	100.75	98.98
养殖淡水鲟鱼	Sturgeon		94.87	95.28	92.30	106.34	95.41
养殖淡水罗非鱼	Tilapia		117.40	97.34	105.54	107.60	90.90
养殖淡水青鱼	Black carp		105.58	109.11	102.54	102.12	103.38
养殖淡水鲢鱼	Silver carp		105.85	109.98	100.38	100.25	104.54
养殖淡水鲫鱼	Crucian carp		106.63	113.20	104.80	103.39	101.86
养殖淡水鳊鲂	Bream		101.26	111.90	105.08	100.85	97.42
养殖淡水鲶鱼	Oriental sheatfish		107.16	109.72	100.90	103.36	94.43
养殖淡水鮰鱼	Longsnout catfish		114.52	109.31	95.62	106.65	101.71
养殖淡水银鱼	Whitebait			149.41		108.00	111.07
养殖淡水黄鳝	Ricefield eel		110.45	108.54	108.77	101.40	101.82
养殖淡水鳜鱼	Mandarin fish		103.74	120.24	103.44	101.19	103.17
养殖淡水鲈鱼	Bass		108.56	114.59	99.66	101.07	93.46
养殖淡水乌鳢	Snakehead mullet		109.83	124.62	105.01	95.53	105.22
养殖淡水泥鳅	Loach		108.57	106.26	106.07	119.96	102.92
淡水养殖虾	Freshwater aquacultural shrimp		117.91	111.23	105.86	107.85	102.22
淡水养殖罗氏沼虾	M. Rosenbergii		125.20	114.07	99.65	110.54	100.75
淡水养殖青虾	Freshwater shirimp		110.61	108.38	112.07	105.16	103.7
淡水养殖克氏原螯虾	Procambarus clarkia giraed		126.97	91.44	117.50	107.19	106.61
淡水养殖南美白对虾	Penaeus vannamei boone		111.02	104.01	106.01	110.71	103.41
淡水养殖蟹	Freshwater aquacultural crab		105.89	113.58	103.85	154.48	100.00
淡水养殖活河蟹	Live river crab		105.89	113.58	103.85	154.48	100.00
淡水养殖贝类	Freshwater aquacultural shellfish		108.90	169.08	97.64	98.00	
淡水养殖河蚌	Freshwater mussel		108.90	169.08			
淡水养殖螺	Spiral shell		100.12	108.70	97.64	98.00	100.00
淡水捕捞产品	Freshwater fishing products		107.04	111.89	105.62	104.19	
捕捞淡水鱼	Freshwater fishing fish		107.04	111.88	105.63	104.19	98.67
草鱼	Grass carp		111.10	114.06	104.86	104.16	106.42
鲢鱼	Silver carp		110.01	106.57	106.28	105.97	97.19
鲤鱼	Carp		98.86	106.10	105.08	102.18	110.03
鲫鱼	Crucian carp		108.72	108.46	111.34	97.74	98.27

2-12 全国农产品生产者价格指数(第三季度)
Producer Price Indices of Agricultural Products in the Third Quarter

(上年同期=100) (the same period of preceding year=100)

农产品名称	Categories of agricultural products	2010	2011	2012	2013	2014	2015
合　计	**All**	**110.57**	**120.52**	**100.10**	**104.33**	**100.27**	**104.09**
一、农业产品	I. Crop products	113.71	108.96	106.20	104.66	101.44	99.96
粮食	Grain	112.72	108.43	103.83	104.09	103.90	98.08
谷物	Cereal (unprocessed food grains)	112.07	108.54	104.01	103.86	103.97	97.87
稻谷	Paddy	111.91	116.49	105.63	100.41	103.19	101.45
早籼稻	Early long grained nonglutinous rice	105.68	117.08	106.00	100.37	103.37	100.72
晚籼稻	Late long grained nonglutinous rice	109.58	117.39	106.13	99.64	103.56	102.13
中籼稻	Medium long grained nonglutinous rice		118.53	105.40	100.75	101.49	101.53
粳稻	Round-grained rice	115.60	111.04	102.62	101.34	102.01	105.69
小麦	Wheat	107.45	103.76	102.13	106.60	104.34	96.80
硬质小麦	Hard-grained wheat	106.95	106.29	102.19	106.51	105.53	97.89
软质小麦	Soft-grained wheat	109.83	106.28	100.58	104.95	103.54	96.15
其他小麦	Mixed wheat	108.39	100.16	102.45	107.11	103.14	95.67
玉米	Maize (corn)	115.35	109.49	106.20	101.99	103.87	96.05
白玉米	White maize	112.22	105.10	107.98	99.57	103.06	97.90
黄玉米	Yellow maize	115.44	109.80	106.08	102.16	103.93	95.92
薯类	Potato	123.80	103.41	99.84	110.06	97.54	105.23
马铃薯	White potato	128.84	99.32	98.68	112.30	96.26	105.95
甘薯	Sweet potato	113.48	117.82	104.86	101.46	101.98	102.58
油料	Oil-bearing crops	111.08	115.95	104.38	103.91	100.06	98.44
花生	Peanut	117.08	123.08	103.34	101.45	99.85	103.93
油菜籽	Rapeseeds	108.47	114.27	104.79	104.73	100.56	96.78
葵花籽	Sunflower	108.12	119.49	102.15	98.21	89.90	107.12
芝麻	Sesame	109.05	99.73	98.02	107.69	103.72	93.78
豆类	Beans	112.77	107.93	102.04	106.07	104.06	99.55
大豆	Soybeans	108.94	109.28	104.84	106.48	103.32	99.61
绿豆	Mung beans	153.89	101.61	88.99	104.18	107.53	99.26
红小豆	Red beans	140.45	117.88	93.85	105.39	98.56	100.50
棉花	Cotton	125.10		96.44		94.91	
籽棉	Unginned cotton			96.44		94.91	
生麻	Fiber crops	125.06	108.46	104.45	97.38	114.96	110.05
生亚麻	Flax		108.11	103.57			103.41
生苎麻	Ramie	105.21	108.81	105.33	97.38	114.96	116.69
生黄红麻	Jute and blueish dogbane	148.32	110.00				137.27
糖料	Sugar crops	113.14	119.29	123.34		100.00	
甘蔗	Sugarcane	113.14	119.29	123.34		100.00	
甜菜	Beet					100.00	

2-12 续表 1 continued 1

农产品名称	Categories of agricultural products	2010	2011	2012	2013	2014	2015
未加工烟草	Tobacco	103.15	110.63	111.78	105.28	101.03	100.80
未去梗烤烟叶	Flue-cured tobacco	103.34	111.74	114.91	108.93	100.71	104.80
未去梗晒烟叶	Sun-cured tobacco	96.08	109.52	108.65	101.62	101.35	96.80
蔬菜及食用菌	Vegetable and mushroom		108.40	107.92	107.06	97.25	107.10
蔬菜	Vegetable	117.01	108.94	109.09	108.88	97.36	108.36
叶菜类蔬菜	Leaf vegetable	112.77	112.75	110.46	113.37	96.44	110.47
芹菜	Celery	118.19	104.15	106.36	109.67	95.87	110.76
油菜	Rape	113.09	117.35	111.01	117.59	95.61	111.88
菠菜	Spinach	113.42	114.78	118.10	105.14	101.18	104.06
白菜类蔬菜	Cabbage vegetable		110.70	109.88	104.43	101.32	107.05
大白菜	Chinese cabbage	112.27	109.48	111.23	101.53	102.75	106.58
甘蓝类蔬菜	Wild cabbage vegetable		100.74	93.50	107.58	99.39	111.09
结球甘蓝	Wild cabbage		105.89	99.78	99.14	99.23	107.59
花椰菜	Cauliflower	101.77	99.85	92.41	109.04	99.42	111.70
根茎类蔬菜	Root and tuber vegetable	104.25	105.54	108.19	102.96	97.61	101.70
白萝卜	White radish	107.07	105.41	114.80	94.83	91.61	107.74
红萝卜	Red radish		107.81	109.08	108.21	96.44	98.08
胡萝卜	Carrot	97.64	100.98	107.16	103.92	92.06	103.94
水萝卜	Turnip radish		122.38	96.42	112.98	88.34	98.92
生姜	Ginger	135.38	93.22	83.16	115.99	145.98	90.33
瓜菜类蔬菜	Gourd vegetable	108.90	109.72	108.68	110.45	89.83	108.80
黄瓜	Cucumber	107.23	111.10	107.17	110.26	90.64	108.60
冬瓜	White gourd	112.74	105.21	112.00	111.03	87.86	110.17
西葫芦	Summer squash	107.49	114.85	115.18	109.93	87.80	102.87
苦瓜	Balsam pear	115.74	103.13	111.51	108.31	98.18	105.59
南瓜	Pumpkin	110.22	109.61	103.59	106.36	99.47	107.96
豆类蔬菜	Garden beans	117.27	114.28	105.82	109.95	97.92	104.97
扁豆	Dolichos beans		115.69	103.34	111.60	94.84	105.51
豇豆	Cowpeas	118.22	113.75	109.25	112.17	96.18	104.99
四季豆	Kidney beans	115.96	113.15	106.24	108.72	100.62	105.70
茄果类蔬菜	Eggplant, tomato and chili, etc.	112.28	108.38	106.24	109.21	94.26	104.50
茄子	Eggplant	119.56	103.26	111.10	110.22	90.41	103.77
青椒	Sweetbell	114.35	109.39	106.65	109.58	93.93	105.67
辣椒	Chili	121.86	104.06	102.94	108.44	93.68	104.91
西红柿	Tomato	104.86	113.46	103.70	108.61	97.47	104.49
莴苣及菊苣类蔬菜	Lettuce and chickory vegetable		108.97	113.25	112.25	100.62	109.42
生菜	Lettuce		114.10	120.10	114.93	96.80	112.37
莴笋	Asparagus lattuce	109.38	104.12	108.46	111.33	105.43	107.06

2-12 续表 2 continued 2

农产品名称	Categories of agricultural products	2010	2011	2012	2013	2014	2015
葱蒜类蔬菜	Onion and garlic	148.51	87.80	119.25	96.72	102.08	107.78
洋葱	Onion	99.46	89.24	183.48	88.44	89.55	102.37
大葱	Scallion	106.86	108.79	114.69	94.42	99.17	110.19
大蒜	Garlic		57.20	132.01	94.65	99.56	108.57
蒜苗	Garlic sprout	113.62	100.61	96.14	111.28	94.68	107.65
蒜苔	Garlic stalk	117.00	102.72	103.82	108.63	101.01	97.97
蒜头	Garlic head	176.46	94.90	104.40	88.68	108.33	105.66
韭菜	Fragrant-flowered garlic	112.70	111.89	111.67	104.92	106.86	106.27
水生蔬菜	Water vegetable	113.05	108.42	117.80	109.07	96.38	105.31
莲藕	Lotus root	119.28	106.78	107.41	112.21	93.17	101.72
荸荠	Water chestnut	101.98					
茭白	Wild ruice stem	107.90	108.91	120.92	108.13	97.34	106.39
食用菌	Mushroom	107.75	105.34	101.17	96.60	96.60	99.88
平菇	Oyster mushroom	126.10	107.44	101.72	102.50	101.43	101.25
金针菇	Golden mushroom	134.19	103.41	99.76	93.46	95.28	99.77
香菇	Mushroom (dried)	110.79	117.58	100.88	106.92	107.22	91.30
黑木耳	Black edible fungus (dried)	110.69	109.38	111.47	100.35	95.94	100.00
白木耳	Tremella (dried)	106.67	106.11	105.56			
花卉	Flower		111.32	116.71	104.09	105.95	112.14
盆栽花	Potted plant						
美人蕉	Canna		103.08	104.48	93.40	96.45	116.67
水仙花	Narcissus		118.43	99.60	106.44	106.25	106.08
盆栽菊花	Chrysanthemum		106.01	105.60	100.88	110.26	86.62
鲜切花及花蕾	Fresh flower		111.32	116.71	104.09	105.95	112.14
康乃馨	Carnation	111.32	110.83	118.56	105.45	113.95	125.00
满天星	June snow (serissa)	102.90	135.44	101.19	94.24	100.63	100.20
勿忘我	Forgetmenot	92.26	133.33	100.00	100.00	100.00	
玫瑰	Rugosa rose	118.30	94.78	132.09	112.38	104.20	96.36
百合花	Lily	102.94	103.84		104.29	100.00	
非洲菊	Flameray gerbera	105.54	115.32	101.61	96.88	86.67	95.65
水果及坚果	Fruits and nuts	107.63	105.13	111.34	102.65	97.87	97.38
水果(园林水果)	Garden fruits	107.85	105.04	111.41	102.64	97.73	97.88
苹果	Apple	105.12	108.21	119.78	99.01	97.18	91.62
红富士苹果	Hongfushi apple	107.44	105.41	102.41	108.03	100.20	91.60
国光苹果	Guoguang apple	100.00	106.13	111.77	117.57	113.83	
秦冠苹果	Qinguan apple	106.24	109.05	124.98	90.97	94.44	100.00
香蕉苹果	Banana apple	109.38	105.81	108.92	112.17	102.19	100.00
梨	Pear	107.52	102.51	103.81	116.44	107.48	107.74
雪花梨	Snowflake pear	107.44	108.49	112.49	109.14	105.43	89.26
鸭梨	Ya-pear	107.77	100.91	97.88	119.74	108.38	105.79
酥梨	Soft-pear	107.44	104.33	111.20	112.45	106.39	111.26
香梨	Bergamot pear	133.15	106.24	105.62	90.72	95.98	89.82

2-12 续表 3 continued 3

农产品名称	Categories of agricultural products	2010	2011	2012	2013	2014	2015
柑橘类水果	Citrus	114.92	116.52	110.02	95.75	99.52	98.98
柑橘	Mandarin orange	116.38	115.52	104.17	102.82	106.67	98.82
橙	Orange	150.00	121.61	105.63	111.65	109.76	93.82
柚类	Shaddock	105.77	117.34	115.58	88.80	92.61	118.18
葡萄	Grape	108.69	113.43	99.52	108.31	102.77	94.54
巨峰葡萄	Jufeng grape		113.43	99.52	108.31	102.77	94.54
玫瑰香葡萄	Muscat grape		105.02	104.97	119.60	97.88	101.43
热带水果	Tropical and subtropics area fruits		84.61	116.47	109.38	90.45	89.38
香蕉	Banana	108.88	71.74	94.38	112.05	118.24	62.91
菠萝	Pineapple	125.99	129.59	121.95	110.27	122.38	94.01
龙眼	Longan	114.38	74.66	102.30	113.60	83.76	99.32
荔枝	Litchi	104.14	85.69	137.04	105.40	64.15	103.17
瓜类水果	Melon	105.22	105.10	116.92	96.27	94.12	101.96
西瓜	Watermelon	104.75	105.10	116.92	96.27	94.12	101.96
哈密瓜	Hami melon		108.70	118.71	86.94	99.67	100.98
甜瓜	Muskmelon	108.26					
其他水果	Other fruits		102.86	108.05	107.64	99.93	93.04
枣	Chinese date	127.66	90.28	99.19	110.06	93.01	95.70
柿子	Persimmon	104.89	111.52	92.07	113.27	107.72	85.71
桃	Peach	110.96	104.96	111.37	107.80	101.11	92.93
杏	Apricot	110.24	102.05	104.34	105.19	102.37	97.20
杨梅	Red bayberry	110.13	111.33	115.35	102.50	98.76	102.28
草莓	Strawberry	113.63	113.06	90.81	99.92	93.72	70.47
猕猴桃	Yangtao	109.86	107.47	108.93	108.04	110.81	97.25
食用坚果	Nuts	115.55	107.56	109.47	102.85	101.49	83.92
核桃	Walnut	107.26	110.38	98.60	108.52	97.71	84.23
山核桃	Kiskatom		107.75	124.94	88.77	70.32	131.55
栗子	Chestnuts		96.38	136.24	89.70	109.49	80.22
板栗	Chinese chestnut	117.52	96.38	136.24	89.70	109.49	80.22
茶及饮料原料	Tea and other beverages	119.71	113.94	106.42	102.54	103.53	98.32
茶叶	Tea	119.71	113.94	106.42	102.54	103.53	98.32
红茶	Black tea	175.31	110.33	112.30	104.39	96.53	94.59
绿茶	Green tea	119.99	115.09	105.49	104.98	103.59	98.40
清茶	Light tea		108.28	109.65	86.09	106.37	99.58
铁观音	Tieguanyin tea		105.13	104.39	100.32	100.03	112.65
乌龙茶	Oolong tea	98.36	108.28	109.65	86.09	106.37	99.58
香料原料	Perfume crops		104.40	94.32	106.49	111.10	118.27
花椒	Chinese prickly ash	120.73	105.09	94.32	108.71	111.10	118.28
八椒	Anise	112.29	100.00		92.38		118.18
桂皮	Cassia bark	120.63	133.97		98.89	151.43	
中草药材	Chinese medicinal materials	128.93	117.00	109.00	113.97	108.00	95.81
人参	Ginseng	107.14	133.10	97.99	130.61	125.40	
枸杞	Fruit of chinese wolfberry	119.87	113.90	79.26	123.12	118.28	111.16
板蓝根	Root of common baphicacanthus	100.00	114.02	123.88		100.00	

2-12 续表 4 continued 4

农产品名称	Categories of agricultural products	2010	2011	2012	2013	2014	2015
二、林业产品	II.Forestry products	122.73	113.98	102.22	99.44	103.20	100.58
木材采伐产品	Felling and transport of wood	107.47	109.90	109.05	98.59	108.18	105.92
原木	Log	107.47	109.90	109.05	98.59	108.18	105.92
红松原木	Korean pine	109.22	101.91	100.17	87.70	111.67	100.27
落叶松原木	Larch	104.25	112.43	94.75	95.92	104.27	96.97
马尾松原木	Masson pine	107.73	107.18	98.05	106.84	99.24	96.01
云南松原木	Yunnan pine	100.10	113.34	115.42	103.83	101.15	95.86
竹材采伐产品	Felling and transport of bamboo	104.94	110.14	103.87	102.18	100.87	98.53
竹材	Bamboo		110.14	103.87	102.18	100.87	98.53
毛竹	Mao bamboo	104.94	110.14	102.56	99.94	99.67	97.35
撑蒿竹	Hao bamboo	123.26		105.18	104.41	102.07	99.71
林产品	Industrial materials	129.98	132.95	66.40	86.81	85.86	83.95
天然橡胶	Rubber	145.67	133.11	66.40	86.74	85.74	83.92
天然橡胶乳	Latex rubber		139.13	68.09	90.03	85.93	81.95
天然树脂、树胶	Resin and gum		107.52	67.25	103.24	103.47	91.17
天然生漆	Raw lacquer		109.66		100.47	99.60	
天然松脂	Rosin	156.30	103.25	67.25	108.77	111.21	91.17
非直接食用果类	Not directly consumed products of forest		102.82			108.11	
油桐籽	Seeds of tung oil tree		102.82			108.11	
三、饲养动物及其产品	III.Livestock products	105.44	135.27	90.20	104.74	98.77	109.44
活牲畜	Livestock raising	109.71	144.30	85.77	104.96	96.16	114.62
猪	Hog (gross weight)	102.34	150.74	80.83	104.11	95.33	119.41
牛	Live cattle (gross weight)	104.07	109.55	114.44	109.11	104.98	98.87
羊	Live sheep	109.66	116.15	105.84	109.00	96.63	86.25
绵羊	Sheep		117.81	105.59	108.99	94.72	87.56
山羊	Goat		117.45	110.72	108.49	101.84	88.37
活家禽	Poultry (gross weight)	108.68	115.65	101.53	101.97	106.45	99.50
活鸡	Chicken	108.47	117.09	100.80	99.83	110.28	99.49
活鸭	Duck	109.72	113.47	102.28	107.75	101.06	102.00
活鹅	Goose	112.18	113.42	103.08	102.25	100.10	96.60
畜禽产品	Livestock and poultry products		113.09	99.86	105.90	103.67	95.69
生奶	Milk products	116.44	106.87	103.66	111.20	103.65	92.62
禽蛋	Eggs	108.34	114.65	98.91	104.57	110.67	96.47
鸡蛋	Chicken's eggs	108.40	115.31	99.84	102.44	113.41	94.19
鸭蛋	Duck's eggs	105.58	113.64	97.49	107.79	105.56	99.92
鹅蛋	Goose's eggs	109.21			106.08		
天然蜂蜜	Honey	107.19	108.43	106.98	106.05	108.17	101.09
蚕茧	Silkworm cocoon	142.20	117.31	97.54	110.07	95.22	91.13
桑蚕茧	Bombyx mori cocoon	142.20	117.31	97.54	110.07	95.22	91.13

2-12　续表 5　　　　continued 5

农产品名称 Categories of agricultural products		2010	2011	2012	2013	2014	2015
动物毛类	Hair and down products	127.68	116.93	96.52	98.75	90.69	105.50
绵羊毛	Sheep's wool	114.38	113.37	88.21	94.74	85.57	102.08
细羊毛	Superfine wool		117.20	96.33	95.04	84.04	107.08
半细羊毛	Fine wool		108.39	96.77	97.69	91.58	100.43
山羊毛	Goat's wool	121.99	120.93	110.63	101.47	97.80	125.43
山羊绒	Cashmere	129.11	110.68	91.96	111.83	96.75	88.13
兔毛	Rabbit hair	116.05	123.61	107.35	108.06	98.94	95.85
四、渔业产品	IV.Fishery products	108.46	111.88	103.70	103.49	100.13	101.25
海水养殖产品	Marine aquacultural products		112.32	99.23	102.31	98.32	105.43
海水养殖鱼	Marine aquacultural fish		111.16	95.98	101.95	108.69	99.33
海水养殖鲈鱼	Perch		112.06	98.81	109.27	96.02	99.65
海水养殖石斑鱼	Grouper		110.61	90.72	96.83	116.44	90.67
海水养殖大黄鱼	Large yellow croaker		110.81	98.41	99.75	113.61	107.67
海水养殖虾	Marine aquacultural shrimp		109.95	97.17	103.84	104.19	105.64
海水养殖中国对虾	Chinese prawn		109.95	97.17	103.84	104.19	105.64
海水养殖南美白对虾	Penaeus vannamei boone		109.64	100.94	116.41	101.49	89.89
海水养殖蟹	Marine aquacultural crab		111.57	109.00	96.96	90.39	110.11
海水养殖梭子蟹	Swimming crab		111.57	109.00	96.96	90.39	110.11
海水养殖青蟹	Green crab		110.84	102.87	109.07	100.68	100.69
海水养殖贝类	Marine aquacultural shellfish		119.40	91.03	106.41	87.53	111.10
海水养殖牡蛎	Oyster		108.88	113.55	103.82	100.00	97.25
海水养殖扇贝	Scallop		129.97	68.42	109.01	75.00	125.00
海水养殖藻类	Marine aquacultural seaweeds		107.25	107.01	104.86	97.45	99.06
海水养殖海带	Kelp		111.04	109.86	106.42	93.46	98.59
海水养殖紫菜	Laver		99.55	101.23	101.69	105.53	100.00
海水捕捞产品	Marine fishing products		112.64	104.72	104.19	98.64	103.08
海水捕捞鲜鱼	Marine fishing fish		113.08	106.27	105.43	99.20	103.13
大黄鱼	Large yellow croaker	134.41	112.80	107.22	101.22	91.10	104.31
小黄鱼	Small yellow croaker	103.33	116.51	104.69	114.55	103.82	104.49
带鱼	Hairtail	116.70	109.92	106.91	100.53	102.68	100.58
海水捕捞虾	Marine fishing shrimp		110.74	99.36	104.85	102.71	103.97
龙虾	Lobster		108.55		100.00	105.20	
斑节对虾	Penaeus monodon		106.79	108.19	102.85	96.37	101.78
中国对虾	Chinese prawn		109.13	88.69	108.28	105.45	103.70
海水捕捞蟹	Marine fishing crab		112.05	103.45	94.65	83.30	106.81
梭子蟹	Swimming crab		112.05	103.45	94.65	83.30	106.81
青蟹	Green crab		107.34	101.02	103.94	99.90	99.41
海水捕捞贝类	Marine fishing shellfish			111.11			
贻贝	Mussel						
蛤	Clam			111.11			
海水捕捞软体水生动物	Marine fishing aquatic animals		116.33	106.32	104.32	98.39	96.46
墨鱼	Inkfish		130.84	101.62	99.01	89.15	90.91
鱿鱼	Squid		116.33	106.32	104.32	98.39	96.46

2-12 续表 6 continued 6

农产品名称	Categories of agricultural products	2010	2011	2012	2013	2014	2015
淡水养殖产品	Freshwater aquacultural products		112.32	105.64	104.00	102.09	99.21
养殖淡水鱼	Freshwater aquacultural fish		112.54	105.46	103.50	99.67	97.90
养殖淡水鳟鱼	Rainbow trout		109.02	98.55	94.49	91.42	101.31
养殖淡水鳗鲡	Eel		118.62	116.13	89.65	101.04	88.35
养殖淡水鲤鱼	Carp		114.64	104.70	97.58	106.06	100.82
养殖淡水草鱼	Grass carp		111.02	105.10	105.80	99.20	96.50
养殖淡水鳙鱼(胖头鱼)	Variegated carp		112.52	104.73	101.69	102.59	97.02
养殖淡水鲟鱼	Sturgeon		90.92	93.05	91.06	98.40	91.48
养殖淡水罗非鱼	Tilapia		114.31	96.11	105.40	104.49	89.79
养殖淡水青鱼	Black carp		109.18	102.99	105.33	103.98	102.90
养殖淡水鲢鱼	Silver carp		113.77	106.38	103.03	97.16	98.54
养殖淡水鲫鱼	Crucian carp		114.59	105.91	102.78	99.77	100.65
养殖淡水鳊鲂	Bream		113.57	105.45	101.75	99.52	100.62
养殖淡水鲶鱼	Oriental sheatfish		107.98	108.72	100.00	104.64	103.12
养殖淡水鮰鱼	Longsnout catfish		108.19	95.89	95.31	107.03	106.65
养殖淡水银鱼	Whitebait			106.10	89.29	108.18	103.70
养殖淡水黄鳝	Ricefield eel		149.22	111.98	108.51	95.08	100.17
养殖淡水鳜鱼	Mandarin fish		108.28	98.10	104.19	119.32	101.97
养殖淡水鲈鱼	Bass		106.83	101.14	108.04	99.13	103.03
养殖淡水乌鳢	Snakehead mullet		122.04	110.15	94.68	116.65	103.09
养殖淡水泥鳅	Loach		171.08	112.84	97.35	99.91	98.76
淡水养殖虾	Freshwater aquacultural shrimp		112.76	108.14	104.64	108.53	102.54
淡水养殖罗氏沼虾	M. Rosenbergii		110.13	106.80	103.52	109.72	101.86
淡水养殖青虾	Freshwater shirimp		115.39	109.47	105.75	107.33	103.21
淡水养殖克氏原螯虾	Procambarus clarkia giraed		134.55	111.41	117.43	106.85	109.41
淡水养殖南美白对虾	Penaeus vannamei boone		106.61	94.67	117.38	113.36	95.95
淡水养殖蟹	Freshwater aquacultural crab		108.37	97.71	106.25	100.05	98.82
淡水养殖活河蟹	Live river crab		108.37	97.71	106.25	100.05	98.82
淡水养殖贝类	Freshwater aquacultural shellfish		118.29		96.67	112.50	
淡水养殖河蚌	Freshwater mussel		118.29			112.50	
淡水养殖螺	Spiral shell		108.56	109.02	96.67	103.76	
淡水捕捞产品	Freshwater fishing products		103.08	101.24	101.27	96.09	94.65
捕捞淡水鱼	Freshwater fishing fish		103.08	101.23	101.27	96.08	94.65
草鱼	Grass carp		109.98	101.69	102.07	105.27	99.08
鲢鱼	Silver carp		107.84	97.19	104.68	105.14	101.50
鲤鱼	Carp		111.77	110.23	102.00	110.22	99.26
鲫鱼	Crucian carp		110.01	105.83	106.91	109.15	106.67

2-13 全国农产品生产者价格指数(第四季度)
Producer Price Indices of Agricultural Products in the Fourth Quarter

(上年同期=100) (the same period of preceding year=100)

农产品名称	Categories of agricultural products	2010	2011	2012	2013	2014	2015
合 计	**All**	**115.87**	**111.90**	**100.31**	**104.18**	**98.43**	**101.23**
一、农业产品	I. Crop products	119.16	101.87	103.67	104.09	99.01	96.30
粮食	Grain	114.40	107.71	104.1293	102.50	102.30	94.34
谷物	Cereal (unprocessed food grains)	112.90	108.97	103.30	101.87	102.63	94.27
稻谷	Paddy	116.46	110.02	102.92	101.52	102.25	99.36
早籼稻	Early long grained nonglutinous rice	109.96	115.29	102.96	100.77	100.68	99.63
晚籼稻	Late long grained nonglutinous rice	114.14	114.39	102.29	102.94	103.32	100.00
中籼稻	Medium long grained nonglutinous rice		115.79	101.35	100.38	101.85	98.91
粳稻	Round- grained rice	120.28	105.20	103.55	101.03	102.05	98.99
小麦	Wheat	107.29	103.86	104.96	107.38	102.23	94.19
硬质小麦	Hard-grained wheat	106.81	102.89	105.31	108.04	102.65	96.34
软质小麦	Soft-grained wheat	110.97	106.76	101.04	104.21	103.64	95.24
其他小麦	Mixed wheat	103.71	104.29	105.51	107.39		91.40
玉米	Maize (corn)	112.66	109.38	103.12	99.80	103.02	87.09
白玉米	White maize	109.99	104.60	100.96	101.15	102.77	89.76
黄玉米	Yellow maize	112.69	109.71	103.27	99.70	103.04	86.90
薯类	Potato	143.00	104.00	116.69	112.32	96.76	98.57
马铃薯	White potato	154.62	98.99	125.38	115.29	95.05	96.20
甘薯	Sweet potato	119.17	118.45	97.84	107.14	100.60	102.84
油料	Oil-bearing crops	116.51	106.90	104.51	100.12	102.19	100.94
花生	Peanut	117.56	114.21	105.56	95.39	106.16	97.51
油菜籽	Rapeseeds	116.47	106.63	105.99	105.20	101.93	99.55
葵花籽	Sunflower	110.39	101.64	103.22	101.54		104.70
芝麻	Sesame	112.03	95.45	102.85	108.15	106.01	101.83
豆类	Beans	113.46	100.46	105.67	103.32	101.85	93.46
大豆	Soybeans	111.22	104.48	107.88	102.99	100.78	93.98
绿豆	Mung beans	130.84	83.73	96.48	104.69	106.32	91.29
红小豆	Red beans	121.47	99.13	103.80	109.22	105.77	93.95
棉花	Cotton	166.73	77.35	101.50	104.04	70.69	92.67
籽棉	Unginned cotton		77.35	101.50	104.04	70.69	92.67
生麻	Fiber crops	115.90	105.88	102.74	89.41	119.47	91.42
生亚麻	Flax			103.57			
生苎麻	Ramie	107.73	105.88	101.81	89.41	119.47	91.42
生黄红麻	Jute and blueish dogbane	125.47	106.82	123.92	83.44		
糖料	Sugar crops	125.08	119.82	100.36	100.44	99.14	107.50
甘蔗	Sugarcane	125.09	115.45	94.41	101.09	99.73	107.58
甜菜	Beet	116.67	122.79	104.41	100.00	94.38	106.82

2-13 续表 1 continued 1

农产品名称	Categories of agricultural products	2010	2011	2012	2013	2014	2015
未加工烟草	Tobacco	106.10	112.95	111.65	108.24	101.44	102.33
未去梗烤烟叶	Flue-cured tobacco	106.06	113.70	114.37	111.20	102.09	102.85
未去梗晒烟叶	Sun-cured tobacco	107.52	112.19	108.93	105.28	100.79	101.80
蔬菜及食用菌	Vegetable and mushroom		98.21	103.48	106.97	97.93	102.31
蔬菜	Vegetable	118.46	97.84	103.91	109.76	98.18	103.58
叶菜类蔬菜	Leaf vegetable	116.51	102.27	104.84	109.54	99.20	104.16
芹菜	Celery	115.51	97.94	109.69	112.93	90.75	103.61
油菜	Rape	111.04	105.13	100.87	107.84	101.29	104.27
菠菜	Spinach	109.86	101.11	109.28	108.27	111.07	105.01
白菜类蔬菜	Cabbage vegetable		82.72	100.58	113.94	97.55	101.75
大白菜	Chinese cabbage	125.82	72.10	101.22	118.27	95.35	103.67
甘蓝类蔬菜	Wild cabbage vegetable		97.55	105.54	111.46	89.51	99.05
结球甘蓝	Wild cabbage		100.31	105.23	120.00	81.88	106.25
花椰菜	Cauliflower	124.53	97.08	105.59	110.00	90.82	97.81
根茎类蔬菜	Root and tuber vegetable	117.78	101.68	104.26	101.58	99.15	95.17
白萝卜	White radish	116.90	102.76	103.66	109.09	94.19	97.64
红萝卜	Red radish		104.21	107.65	83.56	99.59	93.10
胡萝卜	Carrot	118.52	104.18	105.24	107.46	100.95	107.32
水萝卜	Turnip radish		103.20	71.34	122.35	101.23	94.39
生姜	Ginger	145.64	69.98	85.81	131.53	120.59	64.54
瓜菜类蔬菜	Gourd vegetable	111.61	105.39	104.05	109.48	101.69	107.69
黄瓜	Cucumber	111.03	104.30	103.56	109.86	103.73	106.34
冬瓜	White gourd	111.21	108.27	106.65	108.89	97.28	112.74
西葫芦	Summer squash	118.03	106.38	94.72	106.03		97.89
苦瓜	Balsam pear	111.06	103.59	90.90	115.17		105.79
南瓜	Pumpkin	109.73	106.09	101.28	111.30		110.95
豆类蔬菜	Garden beans	117.38	106.04	96.90	106.47	97.24	102.16
扁豆	Dolichos beans		109.47	98.38	105.67		96.08
豇豆	Cowpeas	117.27	106.68	95.23	104.21	94.57	104.38
四季豆	Kidney beans	117.53	106.35	101.18	110.40	95.55	103.47
茄果类蔬菜	Eggplant, tomato and chili, etc.	116.43	101.43	105.75	110.56	91.88	106.76
茄子	Eggplant	117.64	103.34	101.65	108.91	90.95	103.59
青椒	Sweetbell	109.74	105.42	103.22	108.20	95.40	103.47
辣椒	Chili	117.86	103.47	95.68	112.97	94.65	102.76
西红柿	Tomato	119.20	97.84	113.47	111.73	90.32	111.80
莴苣及菊苣类蔬菜	Lettuce and chickory vegetable		105.07	104.22	109.82	101.33	102.18
生菜	Lettuce		105.37	102.62	111.15	102.72	108.28
莴笋	Asparagus lattuce	112.16	103.74	106.91	104.76	100.00	94.07

2-13 续表 2 continued 2

农产品名称	Categories of agricultural products	2010	2011	2012	2013	2014	2015
葱蒜类蔬菜	Onion and garlic	134.40	95.60	108.61	104.55	102.51	113.18
洋葱	Onion	103.86	68.35	117.34	93.02		103.59
大葱	Scallion	117.81	96.89	106.78	111.92	89.72	117.22
大蒜	Garlic		93.15	112.72	99.21	107.90	111.02
蒜苗	Garlic sprout	114.17	97.37	113.94	95.54		103.05
蒜苔	Garlic stalk	114.96	112.82	100.16	104.72	102.58	121.43
蒜头	Garlic head	147.53	76.76	112.24	101.27	104.21	121.20
韭菜	Fragrant-flowered garlic	112.79	105.29	102.79	107.36		107.43
水生蔬菜	Water vegetable	115.78	102.02	100.12	108.29	97.74	102.12
莲藕	Lotus root	115.00	103.16	105.29	105.42	104.18	97.82
荸荠	Water chestnut			106.92	108.76		96.71
茭白	Wild ruice stem	116.42	101.69	98.16	109.07	95.40	103.74
食用菌	Mushroom	106.67	99.17	102.38	99.79	97.29	99.04
平菇	Oyster mushroom	117.65	105.34	108.91	101.64	98.80	98.55
金针菇	Golden mushroom	107.45	97.74	100.25	101.07	96.11	100.34
香菇	Mushroom (dried)	115.19	94.13	113.35	107.53	101.24	93.43
黑木耳	Black edible fungus (dried)	112.15	105.48	105.97	105.03	93.29	100.47
白木耳	Tremella (dried)	109.57			100.00		
花卉	Flower		104.21	100.93	103.89	101.14	107.27
盆栽花	Potted plant						
美人蕉	Canna		101.91	99.95	94.28	97.46	133.33
水仙花	Narcissus		122.90	100.29	109.87	97.81	100.00
盆栽菊花	Chrysanthemum		109.15	106.60	95.02	96.98	91.77
鲜切花及花蕾	Fresh flower		104.21	100.93	103.89	101.14	107.27
康乃馨	Carnation	135.85	107.19	93.14	106.15	101.72	113.43
满天星	June snow (serissa)	112.04	106.39	100.00	101.29	100.00	150.00
勿忘我	Forgetmenot	106.90	105.56	100.00	102.56	100.00	100.00
玫瑰	Rugosa rose	92.15	109.13	105.54	104.41	101.09	90.89
百合花	Lily	107.11	93.99	105.33	102.04	101.13	97.28
非洲菊	Flameray gerbera	110.85	93.42	108.72	115.79	83.33	111.76
水果及坚果	Fruits and nuts	123.51	103.90	101.00	106.81	104.09	92.93
水果(园林水果)	Garden fruits	124.31	104.42	99.41	107.16	104.18	93.75
苹果	Apple	140.36	109.96	95.62	104.42	114.82	83.47
红富士苹果	Hongfushi apple	135.69	110.20	96.11	104.24	115.15	83.54
国光苹果	Guoguang apple	143.11	101.29	103.65	103.97	117.18	81.46
秦冠苹果	Qinguan apple	150.56	107.53	80.34	109.13	105.70	82.49
香蕉苹果	Banana apple	117.80	102.27	119.54	107.10		
梨	Pear	118.17	105.99	102.64	116.07	107.22	88.20
雪花梨	Snowflake pear	118.17	94.92	101.27	104.01	112.97	87.39
鸭梨	Ya-pear	116.25	107.75	105.47	115.14	109.23	88.24
酥梨	Soft-pear	138.70	104.88	89.52	128.99	93.24	88.59
香梨	Bergamot pear		119.04	90.90	87.97		103.28

2-13 续表 3 continued 3

农产品名称	Categories of agricultural products	2010	2011	2012	2013	2014	2015
柑橘类水果	Citrus	125.63	99.68	101.52	107.61	104.41	105.88
柑橘	Mandarin orange	142.81	101.35	97.20	111.71	97.74	102.11
橙	Orange	122.13	93.64	107.98	102.73	114.10	108.86
柚类	Shaddock	117.61	104.12	103.85	103.50	108.45	111.94
葡萄	Grape	120.09	101.54	98.70	105.99	96.01	96.12
巨峰葡萄	Jufeng grape		101.54	98.70	105.99	96.01	96.12
玫瑰香葡萄	Muscat grape		109.87	97.45	102.30		125.48
热带水果	Tropical and subtropics area fruits		117.13	89.85	116.50	109.47	72.45
香蕉	Banana	121.91	119.54	89.36	113.17	114.39	60.20
菠萝	Pineapple	185.39			108.46		124.91
龙眼	Longan	108.13	82.11	97.00	187.50		101.40
荔枝	Litchi				104.55		
瓜类水果	Melon	114.85	108.95	96.34	105.62	89.58	117.02
西瓜	Watermelon	115.25	108.95	96.34	105.62	89.58	117.02
哈密瓜	Hami melon		85.55	109.94	59.08	99.28	139.20
甜瓜	Muskmelon	113.72					
其他水果	Other fruits		93.30	108.90	108.37		87.27
枣	Chinese date	130.40	87.60	108.68	107.85		85.59
柿子	Persimmon	108.25	103.58	107.31	104.95		88.51
桃	Peach	115.04	106.78	111.07	110.35		88.73
杏	Apricot	127.80			119.87		
杨梅	Red bayberry		129.50				115.74
草莓	Strawberry	104.96	98.35	109.09	121.41		113.66
猕猴桃	Yangtao	104.89	105.85	118.54	99.24		94.62
食用坚果	Nuts	123.80	98.54	117.38	103.18	103.14	84.50
核桃	Walnut		95.46	111.09	107.68	100.04	85.15
山核桃	Kiskatom		95.79	144.96	92.49		101.49
栗子	Chestnuts		103.08	127.76	95.90	107.13	83.12
板栗	Chinese chestnut		103.08	127.76	95.90	107.13	83.12
茶及饮料原料	Tea and other beverages	121.55	112.42	104.75	103.35	102.71	95.86
茶叶	Tea	121.92	112.42	104.75	104.94	102.71	95.86
红茶	Black tea	134.13	110.59	117.01	90.65	105.92	88.52
绿茶	Green tea	124.14	112.28	103.31	105.50	102.77	95.61
清茶	Light tea		114.13	108.23	107.97	100.89	100.85
铁观音	Tieguanyin tea		108.64	106.83	100.06		108.83
乌龙茶	Oolong tea	95.73	114.13	108.23	107.97	100.89	100.85
香料原料	Perfume crops		108.14	99.21	112.61	115.77	101.92
花椒	Light teaChinese prickly ash	133.41	108.14	99.21	112.61	115.77	105.16
八椒	Anise	131.16					91.26
桂皮	Cassia bark					155.56	
中草药材	Chinese medicinal materials	146.63	120.65	99.65	99.59	89.96	97.88
人参	Ginseng		129.92	93.88	101.22		
枸杞	Fruit of chinese wolfberry	151.46	89.61	88.67	112.12	108.90	101.17
板蓝根	Root of common baphicacanthus	103.03	127.50				100.00

2-13 续表 4 continued 4

农产品名称	Categories of agricultural products	2010	2011	2012	2013	2014	2015
二、林业产品	II.Forestry products	129.17	112.87	97.14	102.77	97.87	94.71
木材采伐产品	Felling and transport of wood	107.94	112.83	96.28	104.58	103.97	94.18
原木	Log	107.94	112.83	96.28	104.58	103.97	94.18
红松原木	Korean pine	100.25	115.85	100.65	100.20	103.41	96.50
落叶松原木	Larch	110.99	117.45	95.05	95.52		97.62
马尾松原木	Masson pine	108.38	106.23	102.72	100.09	99.09	97.23
云南松原木	Yunnan pine	120.84	114.07	105.70	103.10	101.25	97.38
竹材采伐产品	Felling and transport of bamboo	108.20	117.60	104.26	100.89	100.25	95.79
竹材	Bamboo		117.60	104.26	100.89	100.25	95.79
毛竹	Mao bamboo	108.20	108.41	101.44	100.61	100.24	96.26
撑蒿竹	Hao bamboo	107.72	126.80	107.08	101.17	100.26	95.31
林产品	Industrial materials	139.24	104.28	79.53	95.12	74.14	87.75
天然橡胶	Rubber	148.27	104.26	78.02	91.17	72.25	86.96
天然橡胶乳	Latex rubber		104.26	78.02	91.17	72.25	86.96
天然树脂、树胶	Resin and gum					91.13	81.95
天然生漆	Raw lacquer		105.55	122.69			72.00
天然松脂	Rosin		90.72	89.01	132.70	91.13	90.95
非直接食用果类	Not directly consumed products of forest		104.41	91.09	125.42	88.47	93.78
油桐籽	Seeds of tung oil tree	112.95	104.41	91.09	125.42	88.47	93.78
三、饲养动物及其产品	III.Livestock products	111.56	121.87	96.31	104.74	96.99	106.15
活牲畜	Livestock raising	111.32	126.72	93.26	104.81	93.81	109.19
猪	Hog (gross weight)	111.32	129.89	88.24	103.20	92.87	112.93
牛	Live cattle (gross weight)	105.29	110.67	120.86	112.11	101.36	98.64
羊	Live sheep	113.01	118.28	104.38	109.95	93.45	90.63
绵羊	Sheep		118.19	104.62	109.83	87.73	83.41
山羊	Goat		117.91	109.79	108.98	98.25	94.27
活家禽	Poultry (gross weight)	112.16	108.48	104.89	104.68	103.87	102.98
活鸡	Chicken	112.08	108.66	104.49	104.38	103.98	96.60
活鸭	Duck	112.73	108.85	106.49	104.24	104.27	109.85
活鹅	Goose	112.81	107.20	104.31	106.62	102.83	120.30
畜禽产品	Livestock and poultry products		108.50	104.63	104.46	107.39	93.33
生奶	Milk products	115.98	105.12	105.26	114.32	96.79	94.38
禽蛋	Eggs	112.57	109.45	104.45	101.69	110.36	93.03
鸡蛋	Chicken's eggs	112.70	109.73	104.58	100.40	111.66	92.44
鸭蛋	Duck's eggs	109.47	108.07	103.80	107.94	104.11	95.89
鹅蛋	Goose's eggs	111.17					
天然蜂蜜	Honey		110.05	109.17	100.96		99.88
蚕茧	Silkworm cocoon	134.46	102.98	119.89	108.40		90.04
桑蚕茧	Bombyx mori cocoon	134.46	102.98	119.89	107.32		90.04

2-13 续表 5 continued 5

农产品名称	Categories of agricultural products	2010	2011	2012	2013	2014	2015
动物毛类	Hair and down products	128.54	111.11	111.20	97.44	98.25	90.40
绵羊毛	Sheep's wool	106.53	110.98	110.39	88.26	99.77	96.32
细羊毛	Superfine wool		114.31	98.31	70.89	101.83	102.14
半细羊毛	Fine wool		107.65	122.47	105.63	97.71	90.49
山羊毛	Goat's wool	100.27		98.03	100.00	98.13	73.45
山羊绒	Cashmere	135.45	102.07	98.03	104.90	98.13	60.78
兔毛	Rabbit hair	121.09	111.50	113.64	122.44	96.85	89.60
四、渔业产品	IV.Fishery products	109.67	108.70	104.12	103.40	101.04	102.08
海水养殖产品	Marine aquacultural products		109.73	98.24	95.70	104.06	100.19
海水养殖鱼	Marine aquacultural fish		110.35	93.60	88.73	110.07	95.19
海水养殖鲈鱼	Perch		100.22	100.32	101.92	107.93	93.53
海水养殖石斑鱼	Grouper		116.64	93.15	73.73	115.17	85.88
海水养殖大黄鱼	Large yellow croaker		114.18	87.32	90.54	107.12	106.16
海水养殖虾	Marine aquacultural shrimp		106.15	105.55	111.72	99.10	105.56
海水养殖中国对虾	Chinese prawn		106.15	105.55	111.72	99.10	105.56
海水养殖南美白对虾	Penaeus vannamei boone		110.15	100.91	119.57		97.31
海水养殖蟹	Marine aquacultural crab		107.51	111.31	102.45	89.71	120.38
海水养殖梭子蟹	Swimming crab		107.51	111.31	102.45	89.71	120.38
海水养殖青蟹	Green crab		102.08	102.98	106.75		101.07
海水养殖贝类	Marine aquacultural shellfish		113.96	88.24	105.16	92.79	103.53
海水养殖牡蛎	Oyster		106.63	101.40	109.14	107.24	110.63
海水养殖扇贝	Scallop		121.36	74.96	101.15	78.22	96.36
海水养殖藻类	Marine aquacultural seaweeds		113.06	117.58	108.80	90.20	94.25
海水养殖海带	Kelp		115.22	120.43	92.47	77.67	88.21
海水养殖紫菜	Laver		108.69	111.83	141.76	115.47	106.44
海水捕捞产品	Marine fishing products		111.46	111.80	104.48	100.08	104.55
海水捕捞鲜鱼	Marine fishing fish		111.20	120.15	106.86	101.91	104.48
大黄鱼	Large yellow croaker	112.48	101.50	106.93	104.98	107.09	101.06
小黄鱼	Small yellow croaker	108.12	116.58	148.42	106.51	100.14	107.51
带鱼	Hairtail	119.93	115.52	105.14	109.10	98.52	104.86
海水捕捞虾	Marine fishing shrimp		113.75	105.63	111.74	99.68	103.02
龙虾	Lobster				98.68		101.60
斑节对虾	Penaeus monodon		111.49	112.07	110.08	102.94	99.09
中国对虾	Chinese prawn		114.88	103.25	116.44	106.57	105.56
海水捕捞蟹	Marine fishing crab		108.19	104.31	79.45	90.56	109.64
梭子蟹	Swimming crab		108.19	104.31	79.45	90.56	109.64
青蟹	Green crab		111.48	98.56	97.11	103.93	103.94
海水捕捞贝类	Marine fishing shellfish		102.61	100.00	101.09	107.35	103.87
贻贝	Mussel				99.08		100.00
蛤	Clam		102.61	100.00	101.09	107.35	103.87
海水捕捞软体水生动物	Marine fishing aquatic animals		118.27	99.48	96.83	92.51	105.15
墨鱼	Inkfish		123.19	103.68	96.91	98.57	98.71
鱿鱼	Squid		118.27	99.48	96.83	92.51	105.15

2-13 续表 6 continued 6

农产品名称	Categories of agricultural products	2010	2011	2012	2013	2014	2015
淡水养殖产品	Freshwater aquacultural products		107.49	103.58	106.75	99.47	102.39
养殖淡水鱼	Freshwater aquacultural fish		109.65	103.24	104.98	97.54	101.57
养殖淡水鳟鱼	Rainbow trout		98.37	93.66	101.87	97.78	99.34
养殖淡水鳗鲡	Eel		120.18	88.52	106.08		88.60
养殖淡水鲤鱼	Carp		112.06	98.95	103.86	103.59	106.07
养殖淡水草鱼	Grass carp		109.07	104.05	105.81	96.18	99.46
养殖淡水鳙鱼(胖头鱼)	Variegated carp		109.98	103.08	102.47		97.76
养殖淡水鲟鱼	Sturgeon		96.86	85.74	107.35		101.62
养殖淡水罗非鱼	Tilapia		105.05	94.55	109.24		95.51
养殖淡水青鱼	Black carp		113.16	102.35	98.47		101.82
养殖淡水鲢鱼	Silver carp		109.00	104.69	104.49	95.78	101.83
养殖淡水鲫鱼	Crucian carp		110.00	106.60	110.50		100.36
养殖淡水鳊鲂	Bream		106.72	101.89	106.77		93.68
养殖淡水鲶鱼	Oriental sheatfish		108.76	109.24	115.55		99.23
养殖淡水鮰鱼	Longsnout catfish		103.72	100.14	102.79		100.78
养殖淡水银鱼	Whitebait		133.80		71.43		110.77
养殖淡水黄鳝	Ricefield eel		111.77	106.97	111.23		105.62
养殖淡水鳜鱼	Mandarin fish		103.67	104.63	108.44		97.58
养殖淡水鲈鱼	Bass		105.53	110.85	97.86		102.36
养殖淡水乌鳢	Snakehead mullet		112.96	104.07	98.50		100.04
养殖淡水泥鳅	Loach		109.84	105.74	98.22		99.41
淡水养殖虾	Freshwater aquacultural shrimp		107.73	106.85	108.58	107.08	103.09
淡水养殖罗氏沼虾	M. Rosenbergii		100.94	105.26	113.54	106.52	105.21
淡水养殖青虾	Freshwater shirimp		114.53	108.44	103.61	107.64	100.96
淡水养殖克氏原螯虾	Procambarus clarkia giraed		132.98	94.24	107.61		104.20
淡水养殖南美白对虾	Penaeus vannamei boone		115.29	98.62	115.83		95.20
淡水养殖蟹	Freshwater aquacultural crab		102.48	100.90	108.88	96.56	103.51
淡水养殖活河蟹	Live river crab		102.48	100.90	108.88	96.56	103.51
淡水养殖贝类	Freshwater aquacultural shellfish		111.11	116.30	96.69		
淡水养殖河蚌	Freshwater mussel		111.11	116.30			
淡水养殖螺	Spiral shell		105.26	94.26	96.69		
淡水捕捞产品	Freshwater fishing products		104.39	103.74	101.85	106.12	97.65
捕捞淡水鱼	Freshwater fishing fish		104.38	103.74	101.85		97.65
草鱼	Grass carp		107.15	102.87	102.70		98.74
鲢鱼	Silver carp		104.31	105.41	103.76		94.20
鲤鱼	Carp		107.30	96.31	104.72		86.20
鲫鱼	Crucian carp		108.16	98.68	106.56		121.28

2-14 各地区农产品生产者价格总指数
Producer Price Indices of Agricultural Products by Region

(上年=100) (preceding year=100)

地 区	Region	2010	2011	2012	2013	2014	2015
全 国	**National**	**110.94**	**116.45**	**102.74**	**103.22**	**99.83**	**101.67**
北 京	Beijing	106.50	110.71	104.73	104.72	99.70	99.76
天 津	Tianjin	110.21	105.02	105.25	105.36	102.85	100.66
河 北	Hebei	115.13	110.86	100.66	105.07	100.23	97.50
山 西	Shanxi	110.22	110.96	101.34	106.13	101.48	95.84
内蒙古	Inner Mongolia	111.36	112.78	104.72	103.26	102.67	97.95
辽 宁	Liaoning	110.55	114.16	106.56	101.10	101.70	99.53
吉 林	Jilin	111.79	116.84	105.05	100.36	102.90	100.59
黑龙江	Heilongjiang	109.15	116.46	105.90	100.99	101.04	98.74
上 海	Shanghai	107.05	110.85	101.44	104.13	99.49	102.39
江 苏	Jiangsu	108.80	112.11	103.74	103.36	101.33	102.31
浙 江	Zhejiang	114.76	113.63	104.30	103.03	99.47	101.96
安 徽	Anhui	110.82	112.83	102.95	103.71	100.21	99.76
福 建	Fujian	111.49	113.25	102.68	103.02	100.30	101.24
江 西	Jiangxi	107.47	114.32	103.51	102.25	100.27	103.65
山 东	Shandong	118.84	109.66	102.46	105.91	100.48	100.06
河 南	Henan	112.46	111.48	102.39	102.57	97.54	100.71
湖 北	Hubei	112.27	111.70	103.27	101.82	100.03	99.47
湖 南	Hunan	109.85	121.94	100.19	102.05	98.64	104.09
广 东	Guangdong	107.56	112.41	103.38	103.54	102.24	102.32
广 西	Guangxi	107.59	124.54	99.36	102.54	98.05	101.97
海 南	Hainan	107.91	115.26	103.25	99.96	105.60	99.11
重 庆	Chongqing	103.22	120.16	104.62	102.96	100.15	102.35
四 川	Sichuan	105.86	117.82	104.02	102.61	99.94	103.26
贵 州	Guizhou	106.69	120.29	104.27	102.42	99.47	104.64
云 南	Yunnan	112.48	117.85	110.74	104.90	100.60	101.28
陕 西	Shaanxi	121.72	113.81	102.58	107.36	102.09	96.32
甘 肃	Gansu	113.77	111.32	105.94	105.86	102.08	99.84
青 海	Qinghai	124.28	117.25	108.23	110.38	99.99	96.06
宁 夏	Ningxia	117.03	111.34	103.61	106.69	98.27	98.37
新 疆	Xinjiang	131.51	103.70	103.17	108.48	97.83	90.41

2-15 各地区种植业产品生产者价格指数
Producers Price Indices of Crop Products by Region

(上年=100) (preceding year=100)

地 区	Region	2010	2011	2012	2013	2014	2015
全 国	**National**	**116.57**	**107.83**	**104.80**	**104.25**	**101.79**	**99.22**
北 京	Beijing	109.79	101.64	107.89	105.46	100.06	97.54
天 津	Tianjin	115.16	102.00	109.85	106.22	103.13	100.82
河 北	Hebei	124.07	105.98	103.14	106.79	97.23	97.26
山 西	Shanxi	114.69	107.68	103.36	105.73	101.44	94.48
内蒙古	Inner Mongolia	114.63	106.85	105.36	102.15	103.41	100.30
辽 宁	Liaoning	115.50	107.19	109.40	100.28	101.44	99.78
吉 林	Jilin	114.15	113.30	107.57	98.88	104.72	99.75
黑龙江	Heilongjiang	109.97	114.26	106.99	100.15	101.93	97.44
上 海	Shanghai	110.54	106.05	103.41	104.52	98.77	102.43
江 苏	Jiangsu	114.81	109.02	105.01	104.68	102.11	100.51
浙 江	Zhejiang	117.49	108.30	106.27	102.52	100.50	99.85
安 徽	Anhui	114.77	106.09	103.02	103.83	100.71	97.84
福 建	Fujian	115.34	108.77	104.72	104.71	105.88	100.82
江 西	Jiangxi	112.21	110.68	105.86	100.91	102.61	99.05
山 东	Shandong	126.73	101.97	104.31	111.05	102.42	98.29
河 南	Henan	120.50	103.82	104.04	102.70	98.86	95.85
湖 北	Hubei	119.79	105.54	103.61	101.30	100.09	96.32
湖 南	Hunan	118.06	116.07	103.12	101.05	100.04	101.45
广 东	Guangdong	111.72	108.62	106.85	106.26	102.43	103.20
广 西	Guangxi	115.24	114.92	107.16	106.41	98.36	98.80
海 南	Hainan	104.94	112.63	109.05	99.27	111.50	102.03
重 庆	Chongqing	109.13	113.82	105.99	103.08	102.62	100.56
四 川	Sichuan	110.69	110.53	107.60	102.28	101.04	101.72
贵 州	Guizhou	113.61	112.04	106.11	102.32	103.34	101.67
云 南	Yunnan	114.26	112.29	113.65	107.61	103.07	100.54
陕 西	Shaanxi	126.11	107.97	102.49	110.30	104.75	94.72
甘 肃	Gansu	119.46	109.28	106.90	105.67	103.91	100.88
青 海	Qinghai	130.75	109.47	104.38	108.31	99.24	92.73
宁 夏	Ningxia	118.69	107.15	103.85	106.08	100.11	104.92
新 疆	Xinjiang	141.88	90.23	100.20	101.05	101.96	90.00

2-16 各地区林业产品生产者价格指数
Producers Price Indices of Forestry Products by Region

(上年=100) (preceding year=100)

地区	Region	2010	2011	2012	2013	2014	2015
全国	**National**	**122.78**	**114.92**	**101.23**	**99.09**	**99.44**	**97.88**
北京	Beijing	152.55	109.05	107.75	111.30		
天津	Tianjin						
河北	Hebei	108.05	106.96	106.83	82.95		94.53
山西	Shanxi	109.14	109.86	108.07	116.12	100.75	93.79
内蒙古	Inner Mongolia	102.86	117.31	93.04	91.42	108.12	98.47
辽宁	Liaoning	110.52	119.45	113.58	74.87	106.00	96.98
吉林	Jilin	114.03	114.41	107.80	92.31	104.89	100.03
黑龙江	Heilongjiang		130.49	93.54	81.20	96.18	101.42
上海	Shanghai	100.03	106.34	111.00	97.14	109.15	102.00
江苏	Jiangsu	131.93	106.97	104.50	104.63	104.42	99.08
浙江	Zhejiang	112.89	113.72	106.08	97.54	102.30	98.82
安徽	Anhui	106.36	110.73	106.79	103.95	102.33	95.26
福建	Fujian	107.60	110.09	105.71	106.43	101.65	93.30
江西	Jiangxi	109.85	108.70	105.08	103.77	101.80	96.63
山东	Shandong	114.61	105.64	101.88	103.88	99.88	100.93
河南	Henan		101.94	111.37	103.11	106.20	84.92
湖北	Hubei	108.79	108.36	107.46	104.43	103.98	99.52
湖南	Hunan	112.93	107.23	104.08	111.52	104.86	96.34
广东	Guangdong	112.62	108.65	101.82	105.19	103.59	99.86
广西	Guangxi	107.59	109.52	99.39	103.71	103.24	97.69
海南	Hainan	131.57	122.05	78.37	81.82	81.06	83.77
重庆	Chongqing	104.26	113.54	103.84	102.26	103.18	94.47
四川	Sichuan	104.21	105.04	104.42	102.09	103.87	101.18
贵州	Guizhou	111.82	104.32	103.72	101.49	100.20	100.92
云南	Yunnan	144.84	117.29	92.17	109.92	95.00	92.27
陕西	Shaanxi	133.80	107.49	110.94	95.15	98.85	81.84
甘肃	Gansu	144.87	125.00				
青海	Qinghai				101.61		
宁夏	Ningxia						
新疆	Xinjiang	119.01	102.26	99.33	101.40	100.25	100.48

2-17 各地区饲养动物及其产品生产者价格指数
Producers Price Indices of Livestock Products by Region

(上年=100) (preceding year=100)

地区	Region	2010	2011	2012	2013	2014	2015
全国	**National**	**102.96**	**126.20**	**99.73**	**102.40**	**97.10**	**104.23**
北京	Beijing	102.34	120.59	100.71	104.24	99.48	101.88
天津	Tianjin	102.06	111.52	100.88	101.00	101.12	100.55
河北	Hebei	103.63	116.50	97.35	104.66	103.58	97.33
山西	Shanxi	103.47	116.85	97.87	107.14	101.67	98.19
内蒙古	Inner Mongolia	107.86	115.82	104.90	105.33	101.48	95.52
辽宁	Liaoning	101.77	122.27	102.63	102.29	101.96	99.27
吉林	Jilin	101.27	127.55	97.40	104.95	97.41	103.13
黑龙江	Heilongjiang	105.65	118.23	100.43	105.72	96.51	105.50
上海	Shanghai	99.96	121.42	94.41	101.86	99.76	103.55
江苏	Jiangsu	101.41	118.45	97.64	100.39	98.83	105.69
浙江	Zhejiang	108.56	121.24	99.84	101.43	95.05	104.28
安徽	Anhui	104.26	126.70	97.37	102.14	97.90	105.05
福建	Fujian	101.19	122.11	94.25	101.17	97.37	107.97
江西	Jiangxi	100.58	125.32	96.05	101.65	94.98	112.32
山东	Shandong	105.92	121.56	96.74	98.71	99.49	103.32
河南	Henan	99.53	124.19	96.32	102.03	94.68	109.22
湖北	Hubei	100.38	128.86	98.58	99.76	98.50	107.61
湖南	Hunan	99.59	131.19	95.98	102.23	95.93	108.06
广东	Guangdong	99.90	121.66	97.62	99.74	98.56	103.05
广西	Guangxi	100.51	139.09	92.46	98.52	96.14	108.00
海南	Hainan	106.18	123.25	99.12	102.62	103.82	102.52
重庆	Chongqing	98.35	126.57	103.33	102.91	97.63	104.41
四川	Sichuan	103.18	124.43	101.15	102.62	98.46	105.27
贵州	Guizhou	98.94	127.25	102.84	102.54	96.47	106.29
云南	Yunnan	103.26	131.79	104.69	98.13	96.11	103.18
陕西	Shaanxi	110.41	128.61	101.39	101.92	96.58	100.09
甘肃	Gansu	101.56	115.64	106.25	106.25	98.21	97.54
青海	Qinghai	119.39	124.41	111.77	112.29	100.69	101.40
宁夏	Ningxia	115.59	115.84	102.75	108.93	96.22	91.28
新疆	Xinjiang	110.46	112.19	105.05	113.26	100.88	92.10

2-18 各地区渔业产品生产者价格指数
Indices of Producers' Prices of Fishery Products by Region

(上年=100) (preceding year=100)

地 区	Region	2010	2011	2012	2013	2014	2015
全 国	**National**	**107.56**	**110.04**	**106.18**	**104.32**	**103.10**	**102.45**
北 京	Beijing	102.93	107.94	112.57	98.97	97.53	101.01
天 津	Tianjin	104.51	103.77	100.79	112.56	106.08	100.34
河 北	Hebei	125.07	111.62	104.87	93.86	101.67	105.74
山 西	Shanxi	110.44	102.72	96.98	88.43	97.18	95.22
内 蒙 古	Inner Mongolia	109.69	135.56	107.29	101.10	101.84	97.55
辽 宁	Liaoning	102.19	107.92	113.73	102.24	101.34	99.84
吉 林	Jilin	110.40	115.50	110.45	103.54	96.38	98.18
黑 龙 江	Heilongjiang	108.58	104.37	100.15	93.37	98.52	95.80
上 海	Shanghai	107.34	113.18	104.09	106.92	99.69	100.88
江 苏	Jiangsu	105.56	109.48	110.09	104.53	103.11	100.85
浙 江	Zhejiang	116.08	117.41	103.99	108.26	100.13	104.60
安 徽	Anhui	106.89	112.45	110.83	107.55	102.92	99.62
福 建	Fujian	113.67	111.02	107.00	102.09	96.89	100.54
江 西	Jiangxi	105.43	104.25	112.30	107.77	103.72	103.88
山 东	Shandong	113.84	113.20	105.71	103.13	97.96	100.31
河 南	Henan	101.95	105.66	106.15	110.76	105.99	99.44
湖 北	Hubei	104.42	108.40	107.20	109.14	102.37	96.72
湖 南	Hunan	107.23	108.09	104.55	104.89	102.66	101.15
广 东	Guangdong	109.30	107.56	104.54	102.75	105.41	101.09
广 西	Guangxi	107.62	109.20	97.65	103.73	101.54	99.35
海 南	Hainan	105.80	109.35	107.27	108.83	104.60	99.54
重 庆	Chongqing	102.19	108.19	108.09	102.04	104.69	101.19
四 川	Sichuan	103.99	106.81	105.25	104.42	102.53	98.63
贵 州	Guizhou	111.18	114.94	108.28	102.22	102.50	104.44
云 南	Yunnan	107.79	107.24	100.72	98.20	101.51	97.99
陕 西	Shaanxi	121.20	98.97	113.68	104.57	101.52	102.37
甘 肃	Gansu	115.46	119.84	108.58	108.43	79.47	100.60
青 海	Qinghai						100.22
宁 夏	Ningxia	102.96	110.22	112.13	84.38	99.92	100.70
新 疆	Xinjiang	110.53	106.52	104.07	105.24	108.25	104.39

2-19 各地区种植业产品生产者价格分类指数
Producer Price Indices of Crop Products by Region and Category

(上年=100) (preceding year=100)

地区	Region	种植业产品 Crop products		谷物(原粮) Cereal (unprocessed food grains)	
		2014	2015	2014	2015
全国	**National**	**101.79**	**99.22**	**102.67**	**98.67**
北京	Beijing	100.06	97.54	102.26	92.37
天津	Tianjin	103.13	100.82	103.89	90.93
河北	Hebei	97.23	97.26	102.85	97.28
山西	Shanxi	101.44	94.48	100.68	94.97
内蒙古	Inner Mongolia	103.41	100.30	104.48	98.34
辽宁	Liaoning	101.44	99.78	101.95	99.43
吉林	Jilin	104.72	99.75	105.08	98.83
黑龙江	Heilongjiang	101.93	97.44	104.23	97.87
上海	Shanghai	98.77	102.43	100.91	99.84
江苏	Jiangsu	102.11	100.51	103.31	101.48
浙江	Zhejiang	100.50	99.85	100.40	100.57
安徽	Anhui	100.71	97.84	103.26	98.25
福建	Fujian	105.88	100.82	106.68	106.34
江西	Jiangxi	102.61	99.05	102.46	98.44
山东	Shandong	102.42	98.29	101.86	94.57
河南	Henan	98.86	95.85	104.27	94.34
湖北	Hubei	100.09	96.32	102.37	97.92
湖南	Hunan	100.04	101.45	101.35	102.16
广东	Guangdong	102.43	103.20	103.42	106.34
广西	Guangxi	98.36	98.80	102.37	99.61
海南	Hainan	111.50	102.03	103.47	100.27
重庆	Chongqing	102.62	100.56	100.32	102.56
四川	Sichuan	101.04	101.72	99.09	100.58
贵州	Guizhou	103.34	101.67	103.36	102.18
云南	Yunnan	103.07	100.54	95.96	99.73
陕西	Shaanxi	104.75	94.72	104.01	93.73
甘肃	Gansu	103.91	100.88	108.99	98.17
青海	Qinghai	99.24	92.73	103.08	100.63
宁夏	Ningxia	100.11	104.92	101.96	100.76
新疆	Xinjiang	101.96	90.00	103.28	97.86

2-19 续表 1 continued 1

地 区	Region	蔬菜及食用菌 Vegetable and mushroom		水果及坚果 Fruits and nuts	
		2014	2015	2014	2015
全 国	**National**	**98.80**	**103.65**	**106.19**	**99.37**
北 京	Beijing	97.09	101.90	103.17	93.72
天 津	Tianjin	97.87	109.39	115.92	93.04
河 北	Hebei	89.08	107.04	103.59	85.72
山 西	Shanxi	91.78	100.73	112.33	86.48
内蒙古	Inner Mongolia	91.79	100.27	103.26	134.88
辽 宁	Liaoning	96.57	105.72	110.93	93.21
吉 林	Jilin	87.17	108.39	93.58	103.92
黑龙江	Heilongjiang	94.92	102.91	93.23	96.52
上 海	Shanghai	97.54	106.02	98.75	98.70
江 苏	Jiangsu	99.78	100.90	104.20	102.85
浙 江	Zhejiang	100.20	100.41	96.99	100.63
安 徽	Anhui	95.71	99.93	92.38	106.06
福 建	Fujian	105.12	102.79	109.38	94.77
江 西	Jiangxi	101.38	102.48	108.67	98.82
山 东	Shandong	106.82	109.08	102.22	98.30
河 南	Henan	99.69	101.28	111.72	95.38
湖 北	Hubei	103.06	101.58	98.83	102.84
湖 南	Hunan	98.04	101.56	109.43	111.34
广 东	Guangdong	99.36	103.70	103.73	103.87
广 西	Guangxi	102.29	103.43	96.19	93.86
海 南	Hainan	107.91	97.76	116.80	105.76
重 庆	Chongqing	104.23	98.04	103.24	108.17
四 川	Sichuan	102.01	103.43	106.32	95.83
贵 州	Guizhou	101.00	101.42	107.29	98.12
云 南	Yunnan	104.06	97.75	111.82	83.46
陕 西	Shaanxi	98.33	108.21	110.79	87.34
甘 肃	Gansu	103.23	105.11	107.76	103.55
青 海	Qinghai	103.52	104.48		
宁 夏	Ningxia	90.77	122.30	99.57	114.69
新 疆	Xinjiang	103.07	104.93	90.30	96.44

2-19 续表 2 continued 2

地 区	Region	薯类 Potato		豆类 Beans		油料 Oil-bearing crops	
		2014	2015	2014	2015	2014	2015
全 国	**National**	**102.71**	**99.31**	**102.39**	**98.93**	**99.85**	**100.84**
北 京	Beijing						
天 津	Tianjin			100.24			
河 北	Hebei	91.79	79.84	105.92	99.65	97.31	109.81
山 西	Shanxi	96.15	92.97	106.65	103.53	95.50	100.00
内 蒙 古	Inner Mongolia	102.88	96.83	105.82	94.24	99.91	98.62
辽 宁	Liaoning	105.33	103.44	102.30	99.39	95.32	84.56
吉 林	Jilin	95.74	96.73	111.55	102.52	105.59	101.59
黑 龙 江	Heilongjiang	98.90	101.71	99.78	95.63	84.21	117.62
上 海	Shanghai					100.50	70.00
江 苏	Jiangsu	101.50	101.64	102.41	97.59	99.99	95.55
浙 江	Zhejiang	103.96	101.52	100.97	101.37	98.07	101.17
安 徽	Anhui	101.08	101.20	101.38	95.64	99.88	96.45
福 建	Fujian	102.72	103.02	106.02		103.91	101.54
江 西	Jiangxi	108.05	99.40	100.90	94.89	102.62	99.32
山 东	Shandong	97.36	110.05	99.27	95.67	90.94	109.14
河 南	Henan	102.01	95.10	102.15	84.92	91.02	98.77
湖 北	Hubei	102.03	98.93	99.58	96.41	99.08	88.24
湖 南	Hunan	101.09	89.20	101.36	101.07	100.41	102.00
广 东	Guangdong	106.07	104.03	107.34	100.64	101.85	105.31
广 西	Guangxi	102.81	99.54	97.48	99.83	101.47	98.41
海 南	Hainan	105.98	106.53	111.31	108.86	101.23	103.89
重 庆	Chongqing	104.34	100.88	104.09	102.35	101.21	107.65
四 川	Sichuan	102.24	109.49	99.99	101.49	99.26	102.24
贵 州	Guizhou	108.65	107.27	103.59	100.00	102.84	107.68
云 南	Yunnan	101.34	105.31	103.31	99.77	104.94	97.21
陕 西	Shaanxi	99.62	98.61	104.45	104.31	95.86	100.84
甘 肃	Gansu	89.71	93.78	98.48	100.61	100.51	99.38
青 海	Qinghai	104.17	97.50	102.81	104.03	98.70	92.10
宁 夏	Ningxia	101.60	76.56			89.50	112.18
新 疆	Xinjiang	117.04	81.16	104.42	100.00	100.00	103.86

2-19 续表 3 continued 3

地 区	Region	棉花 Cotton 2014	棉花 Cotton 2015	生麻 Fiber crops 2014	生麻 Fiber crops 2015
全 国	**National**	**87.08**	**87.52**	**111.32**	**105.11**
北 京	Beijing				
天 津	Tianjin		89.23		
河 北	Hebei	89.35	90.06		
山 西	Shanxi	88.74			
内蒙古	Inner Mongolia				
辽 宁	Liaoning				
吉 林	Jilin				
黑龙江	Heilongjiang				
上 海	Shanghai				
江 苏	Jiangsu	87.07	92.22	100.00	100.00
浙 江	Zhejiang	90.10			
安 徽	Anhui	95.47	87.09	101.35	127.39
福 建	Fujian				
江 西	Jiangxi	98.80	92.28	111.07	106.90
山 东	Shandong	97.63	87.10		
河 南	Henan	83.26	96.43		
湖 北	Hubei	90.79	88.66	107.35	78.90
湖 南	Hunan	87.08	90.53	100.00	
广 东	Guangdong				
广 西	Guangxi			110.93	120.00
海 南	Hainan				
重 庆	Chongqing				104.10
四 川	Sichuan	97.96		107.59	105.00
贵 州	Guizhou				
云 南	Yunnan				
陕 西	Shaanxi	93.24	94.62		
甘 肃	Gansu	84.19	103.00		
青 海	Qinghai				
宁 夏	Ningxia				
新 疆	Xinjiang	83.93	71.59		103.41

2-19 续表 4 continued 4

地 区	Region	糖料 Sugar crops		未加工烟草 Tobacco	
		2014	2015	2014	2015
全 国	**National**	**99.74**	**98.75**	**104.82**	**100.55**
北 京	Beijing				
天 津	Tianjin				
河 北	Hebei				
山 西	Shanxi				
内蒙古	Inner Mongolia	104.50	108.00	85.62	
辽 宁	Liaoning				101.83
吉 林	Jilin			107.18	93.40
黑龙江	Heilongjiang			106.11	
上 海	Shanghai				
江 苏	Jiangsu	100.00	100.00	100.00	100.00
浙 江	Zhejiang	115.11			
安 徽	Anhui		124.29	107.83	99.89
福 建	Fujian			99.42	103.04
江 西	Jiangxi	103.22		100.48	102.36
山 东	Shandong			104.14	102.69
河 南	Henan			105.39	105.15
湖 北	Hubei			121.32	108.81
湖 南	Hunan	101.80		103.21	103.05
广 东	Guangdong	99.16	99.36	99.56	103.34
广 西	Guangxi	92.86	97.56	102.05	103.97
海 南	Hainan	94.12	98.55		
重 庆	Chongqing			97.31	105.28
四 川	Sichuan	102.13	104.69	106.60	101.21
贵 州	Guizhou	102.41	103.77	106.52	103.78
云 南	Yunnan	96.00	100.00	104.33	106.46
陕 西	Shaanxi			101.37	108.55
甘 肃	Gansu				
青 海	Qinghai				
宁 夏	Ningxia				
新 疆	Xinjiang	93.75	97.73		

2-19 续表 5

continued 5

地区	Region	稻谷 Paddy		小麦 Wheat		玉米 Maize (corn)	
		2014	2015	2014	2015	2014	2015
全国	**National**	**102.18**	**101.57**	**105.09**	**99.23**	**101.74**	**96.46**
北京	Beijing			103.40	102.21	101.83	89.55
天津	Tianjin	100.00		103.02	102.44	104.74	85.96
河北	Hebei	101.34		102.10	100.00	103.37	95.22
山西	Shanxi			105.08	99.59	99.53	94.37
内蒙古	Inner Mongolia	105.30	104.57	107.95	106.28	103.71	97.47
辽宁	Liaoning	96.09	100.98	100.69		103.47	98.59
吉林	Jilin	102.74	105.94			105.85	97.00
黑龙江	Heilongjiang	100.66	98.81		94.00	106.71	97.22
上海	Shanghai	100.33	99.00	104.61	103.59		
江苏	Jiangsu	103.27	101.28	103.54	101.82	101.90	95.13
浙江	Zhejiang	100.32	100.65	104.85		100.50	98.79
安徽	Anhui	104.68	99.27	104.11	97.93	100.92	92.52
福建	Fujian	106.68	106.34				
江西	Jiangxi	102.47	98.44			90.67	
山东	Shandong	100.64	99.17	103.17	97.63	101.66	92.15
河南	Henan	102.38	97.98	105.29	98.25	102.82	86.45
湖北	Hubei	101.81	99.01	104.78	97.75	102.79	89.62
湖南	Hunan	101.44	102.27			99.65	100.10
广东	Guangdong	103.54	106.35			99.24	104.67
广西	Guangxi	102.99	100.80			100.48	96.02
海南	Hainan	103.43	100.50			103.76	98.48
重庆	Chongqing	99.37	103.67	100.00		102.64	100.42
四川	Sichuan	97.46	100.62	102.60	101.75	99.05	99.13
贵州	Guizhou	103.07	103.81	105.46	105.66	103.65	99.84
云南	Yunnan	96.93	103.13	95.50	93.93	94.96	98.58
陕西	Shaanxi	103.20	108.20	104.36	98.05	103.35	91.35
甘肃	Gansu			109.92	97.87	107.25	97.50
青海	Qinghai			104.76	93.41		91.75
宁夏	Ningxia	98.22	107.45	108.64	103.80	100.97	95.24
新疆	Xinjiang	95.17	107.58	105.22	98.78	100.53	94.68

2-19 续表 6 continued 6

地 区	Region	马铃薯 White Potato 2014	马铃薯 White Potato 2015	甘薯 Sweet potato 2014	甘薯 Sweet potato 2015
全 国	**National**	**102.04**	**96.74**	**104.90**	**103.28**
北 京	Beijing				
天 津	Tianjin				
河 北	Hebei	91.45	79.84	111.63	
山 西	Shanxi	96.15	92.97		
内蒙古	Inner Mongolia	102.88	96.83		
辽 宁	Liaoning	114.86	101.67		107.89
吉 林	Jilin	95.74	96.73		
黑龙江	Heilongjiang	98.90	101.71		
上 海	Shanghai				
江 苏	Jiangsu	95.67	100.00	100.00	101.64
浙 江	Zhejiang	108.68	102.35	100.05	100.37
安 徽	Anhui	93.44	103.68	101.77	100.97
福 建	Fujian	99.70	100.00	104.40	103.61
江 西	Jiangxi	106.11	107.56	108.72	95.91
山 东	Shandong	98.41	102.75	103.32	104.16
河 南	Henan			102.01	95.10
湖 北	Hubei	101.10	100.00	103.52	96.36
湖 南	Hunan	91.10	97.34	103.82	86.96
广 东	Guangdong	111.21	79.92	105.65	105.25
广 西	Guangxi	110.29	82.47	110.73	108.11
海 南	Hainan			106.60	103.20
重 庆	Chongqing	106.04	100.94	105.30	100.70
四 川	Sichuan	104.70	106.51	100.57	110.56
贵 州	Guizhou	109.04	103.45	105.88	134.17
云 南	Yunnan	101.11	101.99		
陕 西	Shaanxi	98.72	97.33	103.48	104.17
甘 肃	Gansu	89.71	93.78		
青 海	Qinghai	104.17	97.50		
宁 夏	Ningxia	101.60	76.56		
新 疆	Xinjiang	117.04	81.16		

2-19 续表 7 continued 7

地区	Region	花生 Peanut		油菜籽 Rapeseeds	
		2014	2015	2014	2015
全国	**National**	**96.22**	**101.95**	**101.33**	**99.58**
北京	Beijing				
天津	Tianjin				
河北	Hebei	97.31	109.81		
山西	Shanxi	83.33	100.00		
内蒙古	Inner Mongolia	70.00		90.32	101.71
辽宁	Liaoning	95.32	84.56		
吉林	Jilin	98.11	102.44		
黑龙江	Heilongjiang				
上海	Shanghai			100.50	70.00
江苏	Jiangsu	90.63	100.82	101.26	92.81
浙江	Zhejiang	93.62	104.04	98.90	101.10
安徽	Anhui	97.74	102.73	100.00	94.80
福建	Fujian	102.08	101.54		
江西	Jiangxi	101.71	100.00	104.71	96.91
山东	Shandong	90.94	109.14		
河南	Henan	87.66	101.99		99.57
湖北	Hubei	95.07	103.94	99.19	85.92
湖南	Hunan		100.00	100.00	103.04
广东	Guangdong	101.86	105.32		85.71
广西	Guangxi	101.19	98.41	97.24	
海南	Hainan	101.23	103.89		
重庆	Chongqing	98.17		102.65	107.65
四川	Sichuan	95.15	103.54	101.10	101.66
贵州	Guizhou	99.73	109.13	103.17	107.53
云南	Yunnan	105.50	100.00	104.94	96.83
陕西	Shaanxi	92.94	100.47	102.56	101.21
甘肃	Gansu			110.38	101.34
青海	Qinghai			98.70	92.10
宁夏	Ningxia				
新疆	Xinjiang				

2-19 续表 8 continued 8

地 区	Region	芝麻 Sesame		油茶籽 Seeds of tea-oil tree	
		2014	2015	2014	2015
全 国	**National**	**104.18**	**100.07**	**109.00**	**102.38**
北 京	Beijing				
天 津	Tianjin				
河 北	Hebei				
山 西	Shanxi				
内 蒙 古	Inner Mongolia				
辽 宁	Liaoning				
吉 林	Jilin				
黑 龙 江	Heilongjiang				
上 海	Shanghai				
江 苏	Jiangsu	100.00	100.00	100.00	100.00
浙 江	Zhejiang	102.78		100.05	98.76
安 徽	Anhui	105.56	96.79	120.70	116.46
福 建	Fujian			106.75	
江 西	Jiangxi	104.62	100.96	104.53	97.76
山 东	Shandong				
河 南	Henan	108.11	96.10		
湖 北	Hubei	103.16	72.12		112.66
湖 南	Hunan			105.23	101.29
广 东	Guangdong			100.00	105.66
广 西	Guangxi			120.20	
海 南	Hainan				
重 庆	Chongqing			94.05	
四 川	Sichuan			106.77	
贵 州	Guizhou			114.29	100.19
云 南	Yunnan				80.00
陕 西	Shaanxi	98.59			102.08
甘 肃	Gansu			104.15	
青 海	Qinghai				
宁 夏	Ningxia				
新 疆	Xinjiang				

2-19 续表 9 continued 9

地 区	Region	大豆 Soybeans		绿豆 Mung beans		红小豆 Red beans	
		2014	2015	2014	2015	2014	2015
全 国	**National**	**101.75**	**99.03**	**106.35**	**98.33**	**104.02**	**97.57**
北 京	Beijing						
天 津	Tianjin	100.24					
河 北	Hebei	103.48	98.59	119.39	102.22		
山 西	Shanxi	106.65	103.53			101.23	
内蒙古	Inner Mongolia	101.56	91.91	115.55	98.14	100.19	101.45
辽 宁	Liaoning	102.30	99.39			114.29	
吉 林	Jilin	99.20	100.00	125.39	105.34		
黑龙江	Heilongjiang	99.78	95.63			97.05	90.00
上 海	Shanghai						
江 苏	Jiangsu	102.07	97.59	112.50	100.00	101.50	100.05
浙 江	Zhejiang	103.13	101.51	100.00	96.32	114.29	
安 徽	Anhui	101.06	95.64	120.00			
福 建	Fujian	106.02					
江 西	Jiangxi	100.89	94.56		100.00		100.00
山 东	Shandong	99.27	95.67			106.25	74.77
河 南	Henan	102.15	84.92				
湖 北	Hubei	99.58	96.41				
湖 南	Hunan	101.36	101.07				
广 东	Guangdong	107.38	100.64			106.67	
广 西	Guangxi	97.48	99.83				
海 南	Hainan	111.31	109.78				104.69
重 庆	Chongqing	104.40	102.35	101.02		106.81	
四 川	Sichuan	101.38	99.61	100.93	97.60		
贵 州	Guizhou	103.50	100.00	100.00		101.82	
云 南	Yunnan	100.81	96.35				91.18
陕 西	Shaanxi	105.02	104.92	96.78	103.69	109.41	97.65
甘 肃	Gansu	91.62	90.85			97.65	106.06
青 海	Qinghai						
宁 夏	Ningxia						
新 疆	Xinjiang	104.42	100.00				

2-19 续表 10 continued 10

地 区	Region	蚕豆 Broad beans		芸豆 Kidney beans	
		2014	2015	2014	2015
全 国	**National**	**100.10**	**102.39**	**104.00**	**88.70**
北 京	Beijing				
天 津	Tianjin				
河 北	Hebei				
山 西	Shanxi				97.78
内 蒙 古	Inner Mongolia			135.49	94.41
辽 宁	Liaoning				77.30
吉 林	Jilin				
黑 龙 江	Heilongjiang				
上 海	Shanghai				
江 苏	Jiangsu	100.00	97.36	100.00	100.00
浙 江	Zhejiang	74.54		100.88	
安 徽	Anhui				
福 建	Fujian				
江 西	Jiangxi				
山 东	Shandong				
河 南	Henan				
湖 北	Hubei				
湖 南	Hunan				
广 东	Guangdong				
广 西	Guangxi				
海 南	Hainan				
重 庆	Chongqing				
四 川	Sichuan	95.42	103.34		
贵 州	Guizhou	100.00		112.43	100.00
云 南	Yunnan	104.65	97.48		103.77
陕 西	Shaanxi			101.73	
甘 肃	Gansu	103.62	105.15		
青 海	Qinghai	101.94	110.10		
宁 夏	Ningxia				
新 疆	Xinjiang				

2-19 续表 11 continued 11

地 区	Region	生苎麻 Ramie		生黄红麻 Jute and blueish dogbane	
		2014	2015	2014	2015
全 国	**National**	**111.32**	**106.81**	**100.00**	**137.27**
北 京	Beijing				
天 津	Tianjin				
河 北	Hebei				
山 西	Shanxi				
内 蒙 古	Inner Mongolia				
辽 宁	Liaoning				
吉 林	Jilin				
黑 龙 江	Heilongjiang				
上 海	Shanghai				
江 苏	Jiangsu	100.00	100.00	100.00	100.00
浙 江	Zhejiang				
安 徽	Anhui	101.35	127.39		137.27
福 建	Fujian				
江 西	Jiangxi	111.07	106.90		
山 东	Shandong				
河 南	Henan				
湖 北	Hubei	121.78	78.90		
湖 南	Hunan	100.00			
广 东	Guangdong				
广 西	Guangxi			100.00	
海 南	Hainan				
重 庆	Chongqing	109.90	104.10		
四 川	Sichuan	107.59	105.00		
贵 州	Guizhou				
云 南	Yunnan				
陕 西	Shaanxi				
甘 肃	Gansu				
青 海	Qinghai				
宁 夏	Ningxia				
新 疆	Xinjiang				

2-19 续表 12 continued 12

地 区	Region	甘蔗 Sugarcane		甜菜 Beet	
		2014	2015	2014	2015
全 国	**National**	**99.90**	**98.57**	**97.59**	**102.00**
北 京	Beijing				
天 津	Tianjin				
河 北	Hebei				
山 西	Shanxi				
内蒙古	Inner Mongolia			104.50	108.00
辽 宁	Liaoning				
吉 林	Jilin				
黑龙江	Heilongjiang				
上 海	Shanghai				
江 苏	Jiangsu	100.00	100.00	100.00	100.00
浙 江	Zhejiang	115.11		100.00	
安 徽	Anhui		124.29		
福 建	Fujian			94.90	
江 西	Jiangxi	103.22	101.24		
山 东	Shandong				
河 南	Henan				
湖 北	Hubei				
湖 南	Hunan	101.80			
广 东	Guangdong	99.16	99.36		
广 西	Guangxi	92.86	97.56		
海 南	Hainan	94.12	98.55		
重 庆	Chongqing				
四 川	Sichuan	102.13	104.69		
贵 州	Guizhou	102.41	103.77		
云 南	Yunnan	96.00	100.00		
陕 西	Shaanxi				
甘 肃	Gansu				
青 海	Qinghai				
宁 夏	Ningxia				
新 疆	Xinjiang			93.75	97.73

2-19 续表 13 continued 13

地 区	Region	未去梗烤烟叶 Flue-cured tobacco		未去梗晒烟叶 Sun-cured tobacco	
		2014	2015	2014	2015
全 国	**National**	**104.24**	**103.34**	**105.39**	**97.75**
北 京	Beijing				
天 津	Tianjin				
河 北	Hebei				
山 西	Shanxi				
内蒙古	Inner Mongolia	85.62			
辽 宁	Liaoning	103.24	101.83		100.00
吉 林	Jilin	95.45	100.05	107.18	93.40
黑龙江	Heilongjiang	106.11			93.14
上 海	Shanghai				
江 苏	Jiangsu	100.00	100.00	100.00	100.00
浙 江	Zhejiang				
安 徽	Anhui	107.83	99.89		
福 建	Fujian	99.42	103.04	100.00	
江 西	Jiangxi	100.48	102.36		
山 东	Shandong	104.14	102.69		
河 南	Henan	105.39	105.15		
湖 北	Hubei	121.32	108.81		
湖 南	Hunan	103.21	103.05		
广 东	Guangdong	99.63	103.34	97.06	
广 西	Guangxi	102.05	103.97		
海 南	Hainan				
重 庆	Chongqing	96.99	105.28	99.24	
四 川	Sichuan	105.84	102.92	106.82	100.00
贵 州	Guizhou	106.52	103.79	106.23	103.08
云 南	Yunnan	104.33	106.46		
陕 西	Shaanxi	101.37	108.55		101.50
甘 肃	Gansu				
青 海	Qinghai				
宁 夏	Ningxia				
新 疆	Xinjiang				

2-19 续表 14 continued 14

地区	Region	蔬菜 Vegetable		叶菜类 Leaf vegetable		瓜菜类 Gourd vegetable	
		2014	2015	2014	2015	2014	2015
全国	**National**	**98.48**	**104.55**	**97.41**	**105.54**	**96.90**	**106.70**
北京	Beijing	96.59	102.40	92.83	102.65	98.30	103.84
天津	Tianjin	95.98	109.39	101.26	109.54	91.21	108.29
河北	Hebei	88.78	107.53	90.64	101.64	85.34	108.64
山西	Shanxi	91.78	100.73	88.62	100.39	98.52	103.59
内蒙古	Inner Mongolia	91.79	100.35	81.92	99.35	92.52	102.39
辽宁	Liaoning	96.01	106.56	94.79	108.48	97.65	115.67
吉林	Jilin	86.91	108.95	84.48	105.15	89.12	108.66
黑龙江	Heilongjiang	94.82	103.14	80.04	100.38	100.00	
上海	Shanghai	97.37	107.62	96.60	109.68	99.96	108.91
江苏	Jiangsu	99.83	101.09	99.44	100.08	100.20	115.50
浙江	Zhejiang	100.19	101.40	101.54	102.10	100.86	100.83
安徽	Anhui	95.58	99.96	98.31	100.01	88.86	106.68
福建	Fujian	105.92	105.27	103.27	104.86	102.93	108.99
江西	Jiangxi	101.14	102.86	104.90	102.06	96.11	102.11
山东	Shandong	106.78	110.00	88.04	129.93	87.87	106.11
河南	Henan	99.84	100.85	81.10	96.98	96.44	106.12
湖北	Hubei	103.69	103.47	103.54	102.51	105.87	108.66
湖南	Hunan	97.99	101.55	100.78	101.70	96.07	103.08
广东	Guangdong	99.36	103.77	101.73	100.88	94.61	106.46
广西	Guangxi	102.28	103.29	105.38	105.85	92.84	115.72
海南	Hainan	107.91	97.76	104.73	103.72	107.90	97.32
重庆	Chongqing	104.23	98.04	106.41	98.62	96.90	90.70
四川	Sichuan	101.58	103.55	102.69	104.22	100.48	104.85
贵州	Guizhou	100.45	101.66	103.40	102.77	100.46	106.37
云南	Yunnan	103.86	97.72	97.26	105.01	101.53	84.30
陕西	Shaanxi	97.80	108.64	98.72	111.70	94.50	107.28
甘肃	Gansu	103.84	105.11	104.39	128.67	99.77	104.13
青海	Qinghai	103.52	104.48	97.24	101.87	92.24	103.67
宁夏	Ningxia	90.77	122.30	77.59	127.55	80.43	114.57
新疆	Xinjiang	103.07	104.94	98.28	113.06	105.30	103.14

2-19 续表 15 continued 15

地 区	Region	蔬菜 Vegetable			
		根茎类 Root and tuber vegetable		茄果类 Eggplant, tomato and chili, etc.	
		2014	2015	2014	2015
全 国	**National**	**102.29**	**98.48**	**100.48**	**102.35**
北 京	Beijing	101.43	102.34	97.09	100.50
天 津	Tianjin	101.09	107.68	95.35	110.10
河 北	Hebei	95.09	109.42	93.25	105.91
山 西	Shanxi	99.25	76.64	97.27	97.59
内蒙古	Inner Mongolia	61.60	99.13	101.16	102.76
辽 宁	Liaoning	100.00	100.00	88.25	103.51
吉 林	Jilin		101.95	85.11	113.34
黑龙江	Heilongjiang	107.50	94.49	105.75	110.23
上 海	Shanghai	101.06	106.03	108.83	103.71
江 苏	Jiangsu	99.62	100.62	100.22	103.80
浙 江	Zhejiang	102.69	107.18	99.74	96.10
安 徽	Anhui	105.34	82.39	109.57	102.19
福 建	Fujian	117.54	99.78	104.00	101.99
江 西	Jiangxi	106.12	98.69	99.49	104.19
山 东	Shandong	188.93	68.15	94.73	105.52
河 南	Henan	109.86	93.37	108.29	99.16
湖 北	Hubei	105.60	103.21	91.09	100.37
湖 南	Hunan	109.87	97.67	97.84	102.56
广 东	Guangdong	111.47	106.28	96.68	101.72
广 西	Guangxi	114.01	66.83	102.12	106.10
海 南	Hainan			110.94	94.17
重 庆	Chongqing	106.45	91.25	105.63	102.37
四 川	Sichuan	105.78	106.29	99.56	101.24
贵 州	Guizhou	93.85	105.72	101.63	100.65
云 南	Yunnan	105.00	84.17	107.14	105.22
陕 西	Shaanxi	110.23	93.78	99.48	107.85
甘 肃	Gansu	137.15	93.83	108.26	98.58
青 海	Qinghai	94.87	106.57	90.01	97.55
宁 夏	Ningxia	92.08	106.79	95.07	107.70
新 疆	Xinjiang	119.95	91.94	98.11	101.69

2-19 续表 16 continued 16

地 区	Region	蔬菜 Vegetable					
		葱蒜类 Onion and garlic		豆类 Garden beans		食用菌(干鲜混合) Mushroom	
		2014	2015	2014	2015	2014	2015
全 国	**National**	**101.75**	**105.97**	**102.85**	**103.65**	**100.71**	**98.33**
北 京	Beijing	98.17	105.10	99.56	101.50	105.74	98.06
天 津	Tianjin	88.22	114.80	100.87	102.94	115.22	
河 北	Hebei	85.56	102.35	94.30	106.06	108.97	96.45
山 西	Shanxi	92.78	108.82	68.97	104.59		
内蒙古	Inner Mongolia	81.72	99.40	80.81	95.63	103.40	98.55
辽 宁	Liaoning	132.29	104.74	68.44	104.52	117.50	99.15
吉 林	Jilin	88.03	106.39	79.70	107.11	90.63	101.05
黑龙江	Heilongjiang	101.33	106.24	81.63	100.58	96.49	99.64
上 海	Shanghai	120.58	113.46	94.64	101.24	98.78	94.09
江 苏	Jiangsu	97.80	100.24	107.46	90.55	98.54	95.12
浙 江	Zhejiang	98.41	103.87	103.20	93.51	100.85	97.60
安 徽	Anhui	94.92	102.86	98.14	105.01	95.50	98.89
福 建	Fujian	104.42	105.65	102.18	107.11	103.65	96.91
江 西	Jiangxi	104.22	102.37	99.86	101.30	104.10	98.24
山 东	Shandong	102.39	132.58	101.23	106.73	98.26	102.59
河 南	Henan	98.78	102.52		100.00	97.11	103.22
湖 北	Hubei	106.86	100.68	95.45	102.76	101.32	96.44
湖 南	Hunan	97.45	103.97	99.52	100.12	106.58	103.03
广 东	Guangdong	100.65	111.68	106.52	103.38		101.29
广 西	Guangxi	98.41	103.66	97.24	107.09	104.04	105.98
海 南	Hainan	104.05	106.32	107.46	96.29		
重 庆	Chongqing	108.17		103.65	105.98		
四 川	Sichuan	99.17	104.08	100.77	101.14	106.01	101.88
贵 州	Guizhou	101.54	100.24	101.19	105.18	118.49	93.65
云 南	Yunnan	93.63	94.51	105.00	103.61	110.00	104.15
陕 西	Shaanxi	92.92	104.45	97.69	111.26	107.38	100.74
甘 肃	Gansu	95.64	109.81			87.55	
青 海	Qinghai	128.13	102.74		100.00		
宁 夏	Ningxia	85.72	108.99	99.82	109.74		
新 疆	Xinjiang	99.35	96.94	109.29	106.83		100.00

2-19 续表 17 continued 17

地区	Region	蔬菜 Vegetable					
		菠菜 Spinach		芹菜 Celery		大白菜 Chinese cabbage	
		2014	2015	2014	2015	2014	2015
全国	**National**	**100.33**	**104.66**	**94.57**	**105.14**	**95.67**	**103.70**
北京	Beijing	96.53	104.62	90.28	101.83	102.76	104.21
天津	Tianjin	85.92	124.49	101.99	103.16	104.17	131.03
河北	Hebei	78.61		91.80	101.64	87.32	109.28
山西	Shanxi	97.79	93.82	91.18	103.21	80.73	101.10
内蒙古	Inner Mongolia		91.50	81.92	99.05	230.49	88.73
辽宁	Liaoning	104.14	106.76	85.71	104.64	107.89	115.79
吉林	Jilin	90.19	105.88	71.85	110.04	95.06	100.00
黑龙江	Heilongjiang	86.94	100.60	74.67	104.68	59.34	97.12
上海	Shanghai	88.72	110.06	105.84	104.88	91.06	114.29
江苏	Jiangsu	70.12	103.70	95.74	101.50	100.00	99.16
浙江	Zhejiang	100.00	101.71	97.96	101.34	97.80	100.00
安徽	Anhui	107.12	102.94	83.56	101.17	91.93	104.07
福建	Fujian	102.65	106.20	102.28	102.93	99.48	105.71
江西	Jiangxi	110.23	102.04	104.59	102.59	97.75	103.72
山东	Shandong	88.89	138.52	85.73	120.87	96.62	100.75
河南	Henan	98.37	97.64	77.25	96.69	96.30	100.00
湖北	Hubei	108.62	103.02	105.57	106.42	100.92	100.74
湖南	Hunan	94.76	100.35	103.05	99.46	104.49	100.00
广东	Guangdong	108.37	99.18	89.31	102.17	105.69	100.28
广西	Guangxi	110.91	104.15	102.23	107.58	106.47	109.38
海南	Hainan		84.42	120.00		98.53	
重庆	Chongqing	108.72		104.53		97.46	108.24
四川	Sichuan	102.13	106.06	102.78	104.30	99.49	106.00
贵州	Guizhou	106.86	102.88	102.42	100.46	105.38	94.57
云南	Yunnan	95.00	110.22	99.27	81.76	101.17	98.53
陕西	Shaanxi	98.16	101.41	95.38	107.53	90.68	92.86
甘肃	Gansu	81.15	140.00	124.24	122.22	92.17	105.71
青海	Qinghai	103.64	107.08	98.58	108.11	97.63	94.44
宁夏	Ningxia	93.14	77.52	67.57	137.61	92.62	158.82
新疆	Xinjiang	137.80	99.75	109.07	102.72	104.96	101.44

2-19 续表 18 continued 18

地区	Region	蔬菜 Vegetable 结球甘蓝 Wild cabbage 2014	蔬菜 Vegetable 结球甘蓝 Wild cabbage 2015	蔬菜 Vegetable 花椰菜 Cauliflower 2014	蔬菜 Vegetable 花椰菜 Cauliflower 2015
全国	**National**	**90.98**	**106.94**	**100.36**	**104.36**
北京	Beijing	100.68	106.15		
天津	Tianjin	82.31	97.10		
河北	Hebei	85.71	125.96	96.49	
山西	Shanxi	54.76	104.14		103.29
内蒙古	Inner Mongolia	120.00	109.18		
辽宁	Liaoning	111.43			
吉林	Jilin	100.00	100.00		
黑龙江	Heilongjiang		97.19		
上海	Shanghai	83.74	111.11	85.96	103.55
江苏	Jiangsu	100.00	100.29	100.00	89.22
浙江	Zhejiang	87.02	98.58	102.04	101.05
安徽	Anhui	86.08	92.44	83.77	93.86
福建	Fujian	96.79	108.46	112.04	110.46
江西	Jiangxi	91.18	103.27	93.93	101.35
山东	Shandong	77.24	107.20	110.16	128.45
河南	Henan		90.48		100.00
湖北	Hubei	86.49	96.97	118.75	108.71
湖南	Hunan	102.20	105.44	103.40	98.87
广东	Guangdong	88.75	104.71	98.11	91.35
广西	Guangxi	92.65	111.11		
海南	Hainan				
重庆	Chongqing	104.29	79.17	102.02	
四川	Sichuan	99.36	100.00	100.00	103.17
贵州	Guizhou	90.28	101.66	103.21	101.75
云南	Yunnan	106.79	145.10		100.61
陕西	Shaanxi	79.65	119.31		
甘肃	Gansu	56.99	120.33	68.48	118.94
青海	Qinghai	92.17	133.70		
宁夏	Ningxia		123.81		
新疆	Xinjiang	182.22	103.48		

2-19 续表 19 continued 19

地 区	Region	蔬菜 Vegetable			
		莴笋 Asparagus lattuce		油菜 Rape	
		2014	2015	2014	2015
全 国	**National**	**101.32**	**102.76**	**98.37**	**106.00**
北 京	Beijing	99.66	94.31	96.45	102.68
天 津	Tianjin	118.13	91.02	105.33	114.73
河 北	Hebei			99.62	
山 西	Shanxi		103.49	85.45	100.59
内蒙古	Inner Mongolia				
辽 宁	Liaoning			83.08	120.71
吉 林	Jilin			103.86	95.65
黑龙江	Heilongjiang				
上 海	Shanghai	98.08	117.15	97.26	113.66
江 苏	Jiangsu	100.00	94.45	95.68	102.62
浙 江	Zhejiang	101.55	99.65	101.68	101.54
安 徽	Anhui	91.30	105.79		
福 建	Fujian	105.64	100.48	96.80	105.47
江 西	Jiangxi	100.45	104.51	101.59	99.31
山 东	Shandong		89.58	91.94	116.90
河 南	Henan			100.00	
湖 北	Hubei	113.24	109.45		100.00
湖 南	Hunan	100.00	98.48	101.20	101.75
广 东	Guangdong		122.44	111.73	101.17
广 西	Guangxi	101.15	104.58	105.79	111.68
海 南	Hainan			106.07	66.67
重 庆	Chongqing	102.67	98.45	101.73	
四 川	Sichuan	101.92	105.73	102.97	104.63
贵 州	Guizhou	97.23	103.42	100.00	105.77
云 南	Yunnan	106.90	108.11	104.00	
陕 西	Shaanxi	88.79	104.48	111.34	118.69
甘 肃	Gansu	91.16	84.17		
青 海	Qinghai	100.57		95.72	100.28
宁 夏	Ningxia			107.62	97.40
新 疆	Xinjiang	98.68	114.71	100.00	100.83

2-19 续表 20 continued 20

地区	Region	蔬菜 Vegetable			
		黄瓜 Cucumber		冬瓜 White gourd	
		2014	2015	2014	2015
全国	**National**	**96.91**	**105.23**	**97.48**	**111.98**
北京	Beijing	99.09	103.46	87.71	109.41
天津	Tianjin	94.86	107.69		89.22
河北	Hebei	84.48	108.59	84.00	141.18
山西	Shanxi	98.52	103.59		
内蒙古	Inner Mongolia	92.52	103.76		
辽宁	Liaoning	97.65	115.67		
吉林	Jilin	89.18	108.95		
黑龙江	Heilongjiang	88.72	102.34		
上海	Shanghai	100.00	110.25	105.56	102.72
江苏	Jiangsu	101.09	122.83	97.56	111.17
浙江	Zhejiang	98.34	100.87	108.84	104.65
安徽	Anhui	101.59	119.50	104.52	95.45
福建	Fujian	100.39	108.65	109.57	108.11
江西	Jiangxi	95.85	102.82	82.69	104.30
山东	Shandong	85.99	110.41	104.50	103.60
河南	Henan	96.44	109.09	78.79	106.67
湖北	Hubei	105.36	101.90	109.41	123.47
湖南	Hunan	93.25	102.86	94.15	101.69
广东	Guangdong	92.95	105.70	83.00	112.27
广西	Guangxi	103.00	120.00	106.19	116.00
海南	Hainan	103.06	107.19	110.97	115.20
重庆	Chongqing	89.67	82.49	95.27	
四川	Sichuan	94.58	104.22	104.65	106.93
贵州	Guizhou	93.16	102.96		99.33
云南	Yunnan	95.47	108.12	96.00	127.45
陕西	Shaanxi	97.31	106.93	95.71	113.11
甘肃	Gansu	112.22	100.00		
青海	Qinghai	99.35	96.53		
宁夏	Ningxia	85.35	102.38		
新疆	Xinjiang	105.30	103.14		

2-19 续表 21 continued 21

地区	Region	蔬菜 Vegetable			
		西葫芦 Summer squash		苦瓜 Balsam pear	
		2014	2015	2014	2015
全国	**National**	**99.00**	**97.37**	**103.00**	**98.72**
北京	Beijing				
天津	Tianjin	83.72	127.81		95.00
河北	Hebei	92.00	109.09		
山西	Shanxi	74.83	103.53	100.00	107.00
内蒙古	Inner Mongolia		92.31		
辽宁	Liaoning				108.57
吉林	Jilin	85.22	91.10		140.00
黑龙江	Heilongjiang	88.24	92.31		
上海	Shanghai	79.31			
江苏	Jiangsu	94.67	98.14	105.60	98.90
浙江	Zhejiang	104.57	100.00	100.00	102.68
安徽	Anhui	74.59	95.21	113.82	77.36
福建	Fujian	106.06	102.72	92.97	103.36
江西	Jiangxi	100.90	96.81	93.75	104.02
山东	Shandong	87.27	98.86	105.20	88.66
河南	Henan	89.12	87.00	80.83	
湖北	Hubei	107.92	97.73	116.56	96.21
湖南	Hunan	100.81	96.35	100.51	108.24
广东	Guangdong	120.22	112.53	91.77	103.70
广西	Guangxi	78.77	73.43	87.72	120.50
海南	Hainan	98.95	98.50	110.83	86.21
重庆	Chongqing	105.00		97.86	
四川	Sichuan	96.12	100.43	99.07	104.11
贵州	Guizhou	75.41	99.66	113.65	102.42
云南	Yunnan		63.27	110.00	109.64
陕西	Shaanxi	72.95	110.58	79.60	108.84
甘肃	Gansu	85.06	109.01		
青海	Qinghai	89.29	107.54		100.00
宁夏	Ningxia	75.00	128.00		
新疆	Xinjiang	140.09	99.62		110.59

2-19 续表 22 continued 22

地 区	Region	蔬菜 Vegetable			
		白萝卜 White radish		胡萝卜 Carrot	
		2014	2015	2014	2015
全 国	**National**	**96.91**	**102.14**	**102.06**	**98.51**
北 京	Beijing	98.33	102.35	102.65	102.33
天 津	Tianjin	101.09	107.28		
河 北	Hebei	71.79	111.83	111.54	107.69
山 西	Shanxi	91.67	98.09	96.85	94.15
内蒙古	Inner Mongolia			61.60	99.13
辽 宁	Liaoning	100.00	109.17		
吉 林	Jilin				
黑龙江	Heilongjiang	91.00	93.33	107.50	91.25
上 海	Shanghai	92.38	107.76		
江 苏	Jiangsu	102.72	100.67	95.03	106.64
浙 江	Zhejiang	101.28	100.50	97.66	108.70
安 徽	Anhui	103.85	98.81	97.63	94.39
福 建	Fujian	106.25	104.45	109.16	92.31
江 西	Jiangxi	105.59	99.29	102.85	105.68
山 东	Shandong	110.18	92.02	98.55	93.32
河 南	Henan	109.86	90.91	97.79	103.53
湖 北	Hubei	104.76	102.91	120.00	108.31
湖 南	Hunan	97.22	94.16	104.84	109.57
广 东	Guangdong	100.97	109.86		99.41
广 西	Guangxi	83.67	106.02		60.99
海 南	Hainan	71.25			
重 庆	Chongqing	105.73	91.51	109.94	
四 川	Sichuan	99.38	109.26	105.33	105.79
贵 州	Guizhou	86.67	109.47	105.26	107.69
云 南	Yunnan	108.27	77.50	113.08	110.80
陕 西	Shaanxi	90.63	118.40	103.63	104.18
甘 肃	Gansu	79.65	108.47	113.33	96.72
青 海	Qinghai	93.01	107.49	100.00	
宁 夏	Ningxia	94.74	101.11	84.66	122.67
新 疆	Xinjiang	120.69	100.00	110.37	84.06

2-19 续表 23 continued 23

地区	Region	蔬菜 Vegetable 生姜 Ginger 2014	2015	芋头 Taro 2014	2015
全国	**National**	**133.95**	**87.50**	**102.00**	**96.90**
北京	Beijing				
天津	Tianjin				
河北	Hebei				
山西	Shanxi				
内蒙古	Inner Mongolia				
辽宁	Liaoning				
吉林	Jilin				
黑龙江	Heilongjiang				
上海	Shanghai				89.21
江苏	Jiangsu	100.00	100.00	98.31	98.11
浙江	Zhejiang	109.20		102.28	109.38
安徽	Anhui		75.12	111.34	73.92
福建	Fujian	129.96	101.05	116.78	93.84
江西	Jiangxi	130.26	70.91	109.09	91.89
山东	Shandong	215.71	59.33	102.71	97.45
河南	Henan				
湖北	Hubei				89.00
湖南	Hunan	128.29	85.91	101.71	103.37
广东	Guangdong	135.11	127.67	107.56	105.49
广西	Guangxi	128.13		107.62	
海南	Hainan	121.45			
重庆	Chongqing	111.28		99.51	
四川	Sichuan	124.64	96.04	99.38	107.12
贵州	Guizhou	105.29	91.49	99.17	114.29
云南	Yunnan	149.00	80.04	105.00	94.75
陕西	Shaanxi	204.72	32.60		60.07
甘肃	Gansu				
青海	Qinghai				
宁夏	Ningxia				
新疆	Xinjiang				

2-19 续表 24 continued 24

地 区	Region	蔬菜 Vegetable 茄子 Eggplant 2014	2015	西红柿 Tomato 2014	2015
全 国	**National**	**95.71**	**102.56**	**104.64**	**101.56**
北 京	Beijing	97.07	101.13	97.12	100.17
天 津	Tianjin	86.41	107.75	109.80	109.58
河 北	Hebei	84.34	98.38	105.86	109.49
山 西	Shanxi	106.19	101.26	100.69	99.32
内 蒙 古	Inner Mongolia	87.84	92.08	103.11	102.94
辽 宁	Liaoning	78.81	92.49	95.82	111.87
吉 林	Jilin	71.84	142.44	77.02	104.10
黑 龙 江	Heilongjiang	98.40	94.77	106.07	110.49
上 海	Shanghai	98.63	108.17	117.16	102.72
江 苏	Jiangsu	102.33	100.14	100.80	104.99
浙 江	Zhejiang	96.84	101.10	106.05	102.94
安 徽	Anhui	85.06	106.29	127.60	95.68
福 建	Fujian	100.00	104.89	109.97	99.15
江 西	Jiangxi	103.42	101.75		99.35
山 东	Shandong	84.88	93.94	102.13	104.85
河 南	Henan	127.97	102.29	122.92	101.51
湖 北	Hubei	89.49	101.74	102.07	101.53
湖 南	Hunan	95.68	105.35	98.21	95.13
广 东	Guangdong	97.15	104.89	99.00	103.83
广 西	Guangxi	100.00	104.38	102.82	109.06
海 南	Hainan	105.56	105.35	82.70	88.00
重 庆	Chongqing	106.39	100.50	110.73	95.40
四 川	Sichuan	98.43	100.35	101.85	100.30
贵 州	Guizhou	91.38	100.00	105.28	99.69
云 南	Yunnan	106.19	108.92	105.14	106.53
陕 西	Shaanxi	96.62	119.00	107.34	106.69
甘 肃	Gansu	87.50	106.50	129.36	90.91
青 海	Qinghai	73.68	113.58	99.35	96.59
宁 夏	Ningxia	103.40		95.61	110.00
新 疆	Xinjiang	89.07	97.31	101.02	99.66

2-19 续表 25 continued 25

地区	Region	蔬菜 Vegetable 辣椒 Chili 2014	2015	青椒 Sweetbell 2014	2015
全国	**National**	**100.74**	**103.47**	**98.57**	**103.00**
北京	Beijing	100.00		96.16	101.91
天津	Tianjin			93.90	116.36
河北	Hebei	66.67	146.25	81.02	109.09
山西	Shanxi	85.86	91.80	80.58	100.00
内蒙古	Inner Mongolia	98.87	99.16	106.45	110.19
辽宁	Liaoning	96.65	92.14	99.54	112.89
吉林	Jilin	125.25	104.40	71.43	109.38
黑龙江	Heilongjiang	83.01	103.74	104.10	105.00
上海	Shanghai	86.17	156.00	95.00	97.20
江苏	Jiangsu	99.42	106.37	99.35	100.47
浙江	Zhejiang	100.00	99.38	100.36	100.50
安徽	Anhui	98.16	111.80	90.57	100.31
福建	Fujian	107.94	105.79	103.95	99.70
江西	Jiangxi	99.25	103.44	101.38	101.79
山东	Shandong	90.24	112.34	97.17	110.87
河南	Henan	105.99	92.91	89.81	
湖北	Hubei	88.00	100.00	95.92	98.04
湖南	Hunan	97.73	100.78	101.81	102.72
广东	Guangdong	105.52	103.33	82.98	94.85
广西	Guangxi	101.89	102.45	100.98	108.45
海南	Hainan	117.97	90.41	93.93	98.43
重庆	Chongqing	105.77	102.68	100.24	
四川	Sichuan	100.00	101.28	95.55	104.89
贵州	Guizhou	102.23	100.72	103.22	101.63
云南	Yunnan	105.15	92.23	101.00	100.30
陕西	Shaanxi	95.15	105.03	86.01	105.28
甘肃	Gansu	97.03	102.21	106.65	102.33
青海	Qinghai			87.84	93.94
宁夏	Ningxia	89.49	104.19		
新疆	Xinjiang	95.00	103.97	87.74	105.93

2-19 续表 26 continued 26

地 区	Region	蔬菜 Vegetable			
		大葱 Scallion		蒜苔 Garlic stalk	
		2014	2015	2014	2015
全 国	**National**	**96.80**	**100.90**	**101.67**	**104.93**
北 京	Beijing	102.47	106.69	89.29	100.00
天 津	Tianjin	85.84	118.87		
河 北	Hebei	83.44	106.20	104.52	
山 西	Shanxi	92.78	110.14		108.23
内 蒙 古	Inner Mongolia	75.18	100.00	115.38	
辽 宁	Liaoning	102.08	104.74		
吉 林	Jilin	86.83	107.10		
黑 龙 江	Heilongjiang	101.33	104.46		
上 海	Shanghai	124.44			
江 苏	Jiangsu	93.37	99.74	101.31	100.00
浙 江	Zhejiang	106.18	99.84		
安 徽	Anhui	87.45	103.80	72.46	105.85
福 建	Fujian	105.91	122.87	108.69	
江 西	Jiangxi	113.03	107.04	98.46	
山 东	Shandong	90.43	104.51	94.13	105.90
河 南	Henan	88.54	100.61	102.47	90.91
湖 北	Hubei	91.21	92.52	109.36	98.65
湖 南	Hunan	92.96		144.74	100.00
广 东	Guangdong	88.28			114.03
广 西	Guangxi	107.14	100.17		
海 南	Hainan		108.12		
重 庆	Chongqing	114.81		97.00	
四 川	Sichuan	101.16	106.88	96.17	103.98
贵 州	Guizhou	90.33	96.15	110.91	100.00
云 南	Yunnan	112.87	104.60	130.33	100.00
陕 西	Shaanxi	92.37	101.53	86.91	117.84
甘 肃	Gansu	91.50	85.79	65.11	
青 海	Qinghai	100.00	101.69	123.56	74.92
宁 夏	Ningxia	81.60			
新 疆	Xinjiang	99.16	100.00		105.03

2-19 续表 27 continued 27

地区	Region	蔬菜 Vegetable 蒜头 Garlic head 2014	蔬菜 Vegetable 蒜头 Garlic head 2015	蔬菜 Vegetable 洋葱 Onion 2014	蔬菜 Vegetable 洋葱 Onion 2015
全 国	**National**	**104.76**	**109.13**	**99.00**	**102.67**
北 京	Beijing				
天 津	Tianjin				
河 北	Hebei	106.21	99.77	85.71	157.14
山 西	Shanxi		108.11	93.55	113.33
内蒙古	Inner Mongolia				100.00
辽 宁	Liaoning				
吉 林	Jilin				105.26
黑龙江	Heilongjiang			85.22	
上 海	Shanghai				
江 苏	Jiangsu	116.49	110.34	92.85	90.91
浙 江	Zhejiang	76.74		98.74	100.00
安 徽	Anhui	102.81		87.91	96.30
福 建	Fujian		100.00	88.24	110.34
江 西	Jiangxi	102.34	100.00	100.00	94.43
山 东	Shandong	99.35	133.32	97.76	117.59
河 南	Henan	100.00	100.00	105.26	105.26
湖 北	Hubei	108.33	111.11		108.42
湖 南	Hunan	100.90		100.00	
广 东	Guangdong	105.56			
广 西	Guangxi	120.00			
海 南	Hainan				
重 庆	Chongqing	93.53		93.75	
四 川	Sichuan	104.97	104.71	56.78	143.64
贵 州	Guizhou	100.56		136.63	
云 南	Yunnan	102.60	101.67	86.00	82.07
陕 西	Shaanxi	133.33			
甘 肃	Gansu			106.25	104.80
青 海	Qinghai				
宁 夏	Ningxia				
新 疆	Xinjiang			99.35	96.94

2-19 续表 28 continued 28

地 区	Region	食用菌 Mushroom		香菇(干品) Mushroom (dried)	
		2014	2015	2014	2015
全 国	**National**	**100.71**	**98.33**	**105.97**	**96.31**
北 京	Beijing	105.74	98.06		
天 津	Tianjin	115.22		115.22	
河 北	Hebei	108.97	96.45	110.20	81.39
山 西	Shanxi				
内蒙古	Inner Mongolia	103.40	98.55	103.40	100.00
辽 宁	Liaoning	117.50	99.15	104.67	96.70
吉 林	Jilin	90.63	101.05		73.02
黑龙江	Heilongjiang	96.49	99.64	111.99	99.47
上 海	Shanghai	98.78	94.09		
江 苏	Jiangsu	98.54	95.12	98.72	97.83
浙 江	Zhejiang	100.85	97.60	101.27	93.09
安 徽	Anhui	95.50	98.89	91.04	96.58
福 建	Fujian	103.65	96.91	110.00	99.53
江 西	Jiangxi	104.10	98.24	104.92	102.83
山 东	Shandong	98.26	102.59	107.85	95.04
河 南	Henan	97.11	103.22	102.17	100.24
湖 北	Hubei	101.32	96.44	105.36	98.26
湖 南	Hunan	106.58	103.03	110.27	100.74
广 东	Guangdong		101.29		
广 西	Guangxi	104.04	105.98	102.63	
海 南	Hainan				
重 庆	Chongqing			100.00	
四 川	Sichuan	106.01	101.88	104.74	104.32
贵 州	Guizhou	118.49	93.65		
云 南	Yunnan	110.00	104.15	120.00	100.00
陕 西	Shaanxi	107.38	100.74	103.04	93.30
甘 肃	Gansu	87.55			
青 海	Qinghai				
宁 夏	Ningxia				
新 疆	Xinjiang		100.00		

2-19 续表 29 continued 29

地 区	Region	食用菌 Mushroom				花卉 Flowers	
		金针菇 Golden mushroom		黑木耳(干品) Black edible fungus (dried)		康乃馨 Carnation	
		2014	2015	2014	2015	2014	2015
全 国	**National**	**100.54**	**97.57**	**94.38**	**100.86**	**107.14**	**103.33**
北 京	Beijing					105.71	105.66
天 津	Tianjin						
河 北	Hebei						
山 西	Shanxi						
内蒙古	Inner Mongolia						
辽 宁	Liaoning			84.50	100.88		
吉 林	Jilin			90.17	102.56		
黑龙江	Heilongjiang			96.37	99.26		
上 海	Shanghai	99.22	90.55				
江 苏	Jiangsu	96.68	91.16	100.00	100.00	100.00	100.00
浙 江	Zhejiang	106.72	97.79	83.06	112.78		100.00
安 徽	Anhui	105.56		109.67			
福 建	Fujian	100.43	100.49	94.55	94.46		
江 西	Jiangxi	99.61		114.29	100.00		
山 东	Shandong	96.76	105.93	98.75	96.17		
河 南	Henan	108.81	68.50	100.98		100.00	
湖 北	Hubei			88.19	90.77		
湖 南	Hunan	103.64	101.84	80.00			
广 东	Guangdong						
广 西	Guangxi				115.26		
海 南	Hainan						
重 庆	Chongqing						
四 川	Sichuan	103.06	99.74		99.90		
贵 州	Guizhou						
云 南	Yunnan						88.89
陕 西	Shaanxi			100.00	100.00		
甘 肃	Gansu					111.90	107.32
青 海	Qinghai						
宁 夏	Ningxia						
新 疆	Xinjiang						

2-19 续表 30 continued 30

地 区	Region	水果 Fruits		苹果 Apple	
		2014	2015	2014	2015
全 国	**National**	**106.40**	**99.65**	**108.53**	**94.07**
北 京	Beijing	102.63	95.93	96.30	87.92
天 津	Tianjin	116.39	93.04	117.52	61.28
河 北	Hebei	103.53	85.91	115.53	113.40
山 西	Shanxi	112.40	86.39	114.55	83.61
内 蒙 古	Inner Mongolia	103.26	115.00	109.96	
辽 宁	Liaoning	111.11	92.78	114.16	86.53
吉 林	Jilin	93.58	103.92	102.39	98.51
黑 龙 江	Heilongjiang	93.23	96.52	101.24	
上 海	Shanghai	98.75	98.70		
江 苏	Jiangsu	104.12	102.85	108.85	113.00
浙 江	Zhejiang	96.37	98.34		
安 徽	Anhui	93.98	108.19		
福 建	Fujian	109.38	94.77		
江 西	Jiangxi	108.25	98.82		
山 东	Shandong	102.26	98.64	123.02	95.01
河 南	Henan	111.72	95.81	118.43	79.05
湖 北	Hubei	97.85	103.59		
湖 南	Hunan		111.34		
广 东	Guangdong	103.73	103.88	106.15	
广 西	Guangxi	96.19	93.86		
海 南	Hainan	115.18	103.85		
重 庆	Chongqing	104.77	108.17		
四 川	Sichuan	106.27	96.04	115.98	
贵 州	Guizhou	109.80	100.76		
云 南	Yunnan	115.33	83.27	106.21	101.84
陕 西	Shaanxi	110.85	87.30	115.01	94.17
甘 肃	Gansu	107.93	103.86	118.18	96.69
青 海	Qinghai				
宁 夏	Ningxia	99.57	114.69	91.78	91.26
新 疆	Xinjiang	96.60	95.63	92.96	93.95

2-19 续表 31 continued 31

地区	Region	水果 Fruits			
		梨 Pear		柑橘类 Citrus	
		2014	2015	2014	2015
全国	**National**	**123.33**	**100.52**	**106.79**	**106.64**
北京	Beijing	110.81	99.31		
天津	Tianjin	135.51	110.84		
河北	Hebei	145.62	77.46		
山西	Shanxi	128.57	89.11		
内蒙古	Inner Mongolia	100.00			
辽宁	Liaoning		93.47		
吉林	Jilin	93.45	103.04		
黑龙江	Heilongjiang		95.92		
上海	Shanghai	98.54	97.92	61.07	120.88
江苏	Jiangsu	111.86	100.00	100.00	100.00
浙江	Zhejiang	99.02	99.65	104.61	100.74
安徽	Anhui	100.00	143.75	88.14	107.95
福建	Fujian			109.12	105.04
江西	Jiangxi	105.17	116.09	114.71	97.61
山东	Shandong	86.17	90.74		
河南	Henan	120.85	108.89		
湖北	Hubei		101.91	98.89	109.02
湖南	Hunan		106.09	115.80	115.67
广东	Guangdong	113.94	121.79	110.52	109.36
广西	Guangxi			106.66	104.80
海南	Hainan				124.41
重庆	Chongqing	105.88	96.35	105.26	106.82
四川	Sichuan	98.14	85.54	109.16	102.14
贵州	Guizhou	100.00	78.59	113.36	100.96
云南	Yunnan	105.00	58.46	122.22	106.70
陕西	Shaanxi	127.73	75.92	94.78	
甘肃	Gansu	89.78	100.00		
青海	Qinghai				
宁夏	Ningxia				
新疆	Xinjiang	106.05	93.01		

2-19 续表 32 continued 32

地区	Region	水果 Fruits					
		红富士苹果 Hongfushi apple		国光苹果 Guoguang apple		香蕉苹果 Banana apple	
		2014	2015	2014	2015	2014	2015
全　国	**National**	**108.43**	**93.10**	**115.81**	**81.46**	**104.00**	**100.00**
北　京	Beijing	92.45	87.92	135.38			
天　津	Tianjin	117.52	64.07				
河　北	Hebei	103.64	105.34	119.21	173.61		
山　西	Shanxi	114.55	83.61	106.67		105.32	100.00
内蒙古	Inner Mongolia			109.96		105.46	
辽　宁	Liaoning	106.68	87.86	132.07	83.70		
吉　林	Jilin						
黑龙江	Heilongjiang						
上　海	Shanghai						
江　苏	Jiangsu	108.85	113.00	100.00	100.00	100.00	100.00
浙　江	Zhejiang						
安　徽	Anhui						
福　建	Fujian						
江　西	Jiangxi						
山　东	Shandong	123.02	95.01				
河　南	Henan	113.99	78.62				
湖　北	Hubei						
湖　南	Hunan						
广　东	Guangdong	106.15					
广　西	Guangxi						
海　南	Hainan						
重　庆	Chongqing						
四　川	Sichuan	116.67					
贵　州	Guizhou						
云　南	Yunnan	106.00	90.43				
陕　西	Shaanxi	114.94	95.01	109.43			
甘　肃	Gansu	115.83	98.63			101.00	
青　海	Qinghai						
宁　夏	Ningxia	91.78	95.81	90.00	80.00		
新　疆	Xinjiang	92.96	93.95				

2-19 续表 33 continued 33

地区	Region	水果 Fruits					
		雪花梨 Snowflake pear		鸭梨 Ya-pear		酥梨 Soft-pear	
		2014	2015	2014	2015	2014	2015
全　国	**National**	**116.24**	**93.14**	**121.13**	**107.28**	**128.36**	**90.63**
北　京	Beijing	108.31		112.68	99.31		
天　津	Tianjin	123.31	94.12	150.00	129.10		
河　北	Hebei	160.18	91.15	137.75	70.00		
山　西	Shanxi		105.26			128.57	89.11
内蒙古	Inner Mongolia						
辽　宁	Liaoning	100.00	100.00	106.99	102.69		84.33
吉　林	Jilin			100.00			
黑龙江	Heilongjiang						
上　海	Shanghai						
江　苏	Jiangsu	100.00	100.00	100.00	100.00	111.86	100.00
浙　江	Zhejiang	100.00					100.00
安　徽	Anhui					100.00	187.50
福　建	Fujian						
江　西	Jiangxi	104.57					
山　东	Shandong			86.17	98.62	87.82	
河　南	Henan			100.00		120.85	108.89
湖　北	Hubei		105.56		100.00		
湖　南	Hunan						109.52
广　东	Guangdong	113.99					
广　西	Guangxi						
海　南	Hainan						
重　庆	Chongqing	91.56		105.88		97.17	
四　川	Sichuan		85.50				
贵　州	Guizhou	100.00		100.00		102.00	
云　南	Yunnan	101.83					
陕　西	Shaanxi		66.12	105.26		127.93	76.05
甘　肃	Gansu					89.78	100.00
青　海	Qinghai						
宁　夏	Ningxia					100.00	
新　疆	Xinjiang						

2-19 续表 34 continued 34

地区	Region	水果 Fruits					
		西瓜 Watermelon		哈密瓜 Hami melon		香瓜 Musk melon	
		2014	2015	2014	2015	2014	2015
全国	**National**	**102.71**	**104.46**	**100.00**	**117.56**	**101.00**	**99.76**
北京	Beijing	104.59					
天津	Tianjin	95.96	105.36				
河北	Hebei	85.89	80.00				
山西	Shanxi	111.71	102.31			100.00	101.25
内蒙古	Inner Mongolia	96.55	138.04	107.14		120.00	
辽宁	Liaoning	115.88	115.79			83.22	100.00
吉林	Jilin	66.67	148.35			100.99	91.75
黑龙江	Heilongjiang	63.26				99.26	97.64
上海	Shanghai	102.13	98.35			107.36	89.55
江苏	Jiangsu	94.09	107.59	100.00	100.00	94.31	102.00
浙江	Zhejiang	93.56	87.78	95.89	79.45	101.47	100.70
安徽	Anhui	88.76	96.14			90.76	106.71
福建	Fujian	94.69	93.12		282.44	112.27	110.53
江西	Jiangxi	97.31	100.39			104.14	101.49
山东	Shandong	93.43	102.38			90.62	91.97
河南	Henan	94.29	104.35			115.19	
湖北	Hubei	88.99	80.69			100.00	104.00
湖南	Hunan	96.85	104.62			99.74	102.56
广东	Guangdong	101.85	111.73			90.21	107.58
广西	Guangxi	86.88	78.40	88.71	100.00	120.39	101.35
海南	Hainan	111.06	106.69	117.74	110.16	114.36	
重庆	Chongqing	97.00	101.14				
四川	Sichuan	98.05	94.98				
贵州	Guizhou	118.08	100.96				
云南	Yunnan	105.00	67.07				
陕西	Shaanxi	85.17	74.05			84.66	90.61
甘肃	Gansu	112.44	128.57			92.81	
青海	Qinghai						
宁夏	Ningxia	105.99	141.03			98.28	
新疆	Xinjiang	84.90	78.02	97.83	111.24		

2-19 续表 35 continued 35

地 区	Region	水果 Fruits			
		香蕉 Banana		草莓 Strawberry	
		2014	2015	2014	2015
全 国	**National**	**119.38**	**74.85**	**105.00**	**97.04**
北 京	Beijing			87.20	96.61
天 津	Tianjin				
河 北	Hebei			116.10	
山 西	Shanxi				85.63
内蒙古	Inner Mongolia			98.08	101.57
辽 宁	Liaoning			91.75	87.15
吉 林	Jilin			84.93	
黑龙江	Heilongjiang				
上 海	Shanghai			101.29	100.37
江 苏	Jiangsu	100.00	100.00	70.04	99.78
浙 江	Zhejiang			100.73	99.57
安 徽	Anhui				98.15
福 建	Fujian	140.07	69.23		
江 西	Jiangxi			103.84	
山 东	Shandong			100.78	100.38
河 南	Henan				96.35
湖 北	Hubei				142.86
湖 南	Hunan			102.50	
广 东	Guangdong	112.84	94.26		104.15
广 西	Guangxi	112.89	63.68		
海 南	Hainan	114.89	99.39		
重 庆	Chongqing			95.00	
四 川	Sichuan	100.00		86.18	
贵 州	Guizhou			132.20	55.43
云 南	Yunnan	101.00	62.06		
陕 西	Shaanxi			102.17	103.65
甘 肃	Gansu			100.00	100.00
青 海	Qinghai				
宁 夏	Ningxia				
新 疆	Xinjiang				

2-19 续表 36 continued 36

地区	Region	水果 Fruits 桃 Peach 2014	2015	杏 Apricot 2014	2015
全国	**National**	**102.00**	**91.72**	**107.00**	**92.95**
北京	Beijing	102.17	98.65	115.52	105.43
天津	Tianjin	104.12	104.11		
河北	Hebei	85.50		92.20	
山西	Shanxi	93.05	88.31	88.02	102.52
内蒙古	Inner Mongolia				
辽宁	Liaoning	115.02	94.55	100.28	
吉林	Jilin				
黑龙江	Heilongjiang				
上海	Shanghai	93.40	98.83		
江苏	Jiangsu	102.77	100.00	100.00	100.00
浙江	Zhejiang	107.88	91.34		
安徽	Anhui	92.12	96.87	97.01	113.32
福建	Fujian	95.48	73.30		
江西	Jiangxi	101.17			
山东	Shandong	95.94	82.05	103.69	75.04
河南	Henan	94.54	105.24	100.00	99.67
湖北	Hubei	109.74	102.98		
湖南	Hunan	108.46	101.78		
广东	Guangdong	153.42	128.28		
广西	Guangxi	99.28			
海南	Hainan				
重庆	Chongqing	100.00			
四川	Sichuan	106.88	87.88	121.42	
贵州	Guizhou	102.63	78.94		75.46
云南	Yunnan	98.52	78.57		
陕西	Shaanxi	99.69	94.42	108.74	86.96
甘肃	Gansu	102.11	91.43	83.30	
青海	Qinghai				
宁夏	Ningxia				
新疆	Xinjiang	103.18	87.09	104.99	97.79

2-19 续表 37 continued 37

地 区	Region	水果 Fruits					
		葡萄 Grape		枣 Chinese date		柿子 Persimmon	
		2014	2015	2014	2015	2014	2015
全 国	**National**	**109.40**	**99.58**	**102.00**	**95.81**	**103.00**	**86.64**
北 京	Beijing	98.42	90.19	107.69	77.42	95.20	124.26
天 津	Tianjin	100.15	91.90	88.11			
河 北	Hebei	90.47		76.11	82.77		100.00
山 西	Shanxi			88.00	87.71	100.92	
内蒙古	Inner Mongolia						
辽 宁	Liaoning		103.43	65.63		100.37	
吉 林	Jilin	103.61	98.62				
黑龙江	Heilongjiang	112.43	96.55				
上 海	Shanghai	105.92	95.79				
江 苏	Jiangsu	100.00	94.04	100.00	100.00	100.00	100.00
浙 江	Zhejiang	90.95	102.31				
安 徽	Anhui	96.11	77.91	134.56			
福 建	Fujian	115.58	102.89			90.36	
江 西	Jiangxi	88.38	107.19	104.46	100.00		
山 东	Shandong	100.89	98.40	83.90	103.95	91.86	75.11
河 南	Henan	89.31	83.91	91.77			
湖 北	Hubei		71.70	99.00		100.00	
湖 南	Hunan	92.23	94.39	101.59			
广 东	Guangdong		97.44	96.15	100.25		95.34
广 西	Guangxi	106.88	109.58	105.53		106.13	49.24
海 南	Hainan						
重 庆	Chongqing					107.92	
四 川	Sichuan	102.45	96.80	94.66		104.50	
贵 州	Guizhou		101.06	100.00		108.11	
云 南	Yunnan	95.00	93.97				96.00
陕 西	Shaanxi	79.49	90.10	122.93	93.76	111.11	
甘 肃	Gansu			173.14	101.92	100.00	
青 海	Qinghai						
宁 夏	Ningxia	93.39	77.00				
新 疆	Xinjiang	65.89	89.57	77.10	100.75		

2-19 续表 38 continued 38

地区	Region	食用坚果 Nuts		核桃 Walnut		板栗 Chinese chestnut	
		2014	2015	2014	2015	2014	2015
全国	**National**	**101.12**	**92.62**	**100.13**	**90.49**	**103.23**	**96.04**
北京	Beijing	106.57	77.67	94.74	90.60	120.88	65.40
天津	Tianjin	111.37		100.19		122.54	
河北	Hebei	108.83	81.68	102.12	83.66	114.54	80.41
山西	Shanxi	102.94	100.77	102.94	100.77		
内蒙古	Inner Mongolia						
辽宁	Liaoning	106.97	97.15			106.97	98.43
吉林	Jilin						
黑龙江	Heilongjiang						
上海	Shanghai						
江苏	Jiangsu	100.58	100.00	100.00	100.00	100.58	100.00
浙江	Zhejiang	105.14	126.87			108.24	93.33
安徽	Anhui	87.09	99.03			91.57	92.54
福建	Fujian					122.95	
江西	Jiangxi	115.99				116.09	
山东	Shandong	103.08	89.11	99.13	89.00	118.88	78.10
河南	Henan		54.55	101.54	54.55	129.35	
湖北	Hubei	108.58	99.27	105.39	78.88	108.59	100.04
湖南	Hunan	106.98				106.98	
广东	Guangdong						
广西	Guangxi	96.58				96.58	
海南	Hainan	125.89	116.87				
重庆	Chongqing	92.56		102.60		90.55	
四川	Sichuan	106.95	93.81	107.10	95.90	104.35	79.57
贵州	Guizhou	92.71	96.43	101.26	94.00	75.90	101.21
云南	Yunnan	102.07	84.50	104.21	82.69	95.00	87.21
陕西	Shaanxi	92.99	99.18	92.99	100.18		63.71
甘肃	Gansu	99.93	89.48	99.93	89.48		
青海	Qinghai						
宁夏	Ningxia						
新疆	Xinjiang	100.11	94.91	100.11	92.33		

2-19 续表 39 continued 39

地区	Region	茶叶 tea		红茶 Black tea	
		2014	2015	2014	2015
全国	**National**	**105.49**	**98.66**	**108.74**	**97.52**
北京	Beijing				
天津	Tianjin				
河北	Hebei				
山西	Shanxi				
内蒙古	Inner Mongolia				
辽宁	Liaoning				
吉林	Jilin				
黑龙江	Heilongjiang				
上海	Shanghai				
江苏	Jiangsu	101.94	92.48	100.00	100.00
浙江	Zhejiang	110.38	94.45	105.67	
安徽	Anhui	99.71	95.96	104.12	99.28
福建	Fujian	101.86	96.75	104.68	96.85
江西	Jiangxi	105.83	94.10	111.73	94.45
山东	Shandong	107.56	103.52	100.95	104.70
河南	Henan		105.66		
湖北	Hubei	106.01	101.01	110.98	100.61
湖南	Hunan	106.44	103.97	135.78	99.51
广东	Guangdong	116.72	102.74	95.27	94.62
广西	Guangxi	102.33	101.66		100.00
海南	Hainan				
重庆	Chongqing	101.03	101.07	93.33	
四川	Sichuan	104.72	101.05		
贵州	Guizhou	97.20	105.39		
云南	Yunnan	115.39	93.23		76.92
陕西	Shaanxi	100.31	101.91		111.80
甘肃	Gansu				
青海	Qinghai				
宁夏	Ningxia				
新疆	Xinjiang				

2-19 续表 40 continued 40

地　区	Region	茶叶 Tea			
		绿茶 Green tea		清茶 Light tea	
		2014	2015	2014	2015
全　国	**National**	**104.60**	**98.54**	**109.67**	**99.92**
北　京	Beijing				
天　津	Tianjin				
河　北	Hebei				
山　西	Shanxi				
内蒙古	Inner Mongolia				
辽　宁	Liaoning				
吉　林	Jilin				
黑龙江	Heilongjiang				
上　海	Shanghai				
江　苏	Jiangsu	101.77	91.32	100.00	100.00
浙　江	Zhejiang	111.63	92.96		
安　徽	Anhui	99.55	95.84		
福　建	Fujian	106.77	94.80	100.21	97.16
江　西	Jiangxi	105.76	94.04		
山　东	Shandong	107.56	103.52		
河　南	Henan	101.34	105.66		
湖　北	Hubei	106.01	101.01		
湖　南	Hunan	106.44	103.89		
广　东	Guangdong	110.20	102.24	118.62	104.90
广　西	Guangxi	102.33	101.87		
海　南	Hainan				
重　庆	Chongqing	101.03	101.07		
四　川	Sichuan	104.72	101.05		
贵　州	Guizhou	97.20	105.39		
云　南	Yunnan	116.16	93.23		
陕　西	Shaanxi	100.31	101.91		
甘　肃	Gansu				
青　海	Qinghai				
宁　夏	Ningxia				
新　疆	Xinjiang				

2-20 各地区林业产品生产者价格分类指数
Producer Price Indices of Forestry Products by Region and Category

(上年=100) (preceding year=100)

地区	Region	林业产品 Forestry products		木材采伐产品 Felling and transport of wood		原木 Log	
		2014	2015	2014	2015	2014	2015
全 国	**National**	**99.44**	**97.88**	**104.68**	**101.16**	**104.68**	**101.16**
北 京	Beijing						
天 津	Tianjin						
河 北	Hebei		94.53				
山 西	Shanxi	100.75	93.79				
内蒙古	Inner Mongolia	108.12	98.47	109.74	95.43	109.74	95.43
辽 宁	Liaoning	106.00	96.98	106.97	96.98	106.97	96.98
吉 林	Jilin	104.89	100.03	105.22	100.08	105.22	100.08
黑龙江	Heilongjiang	96.18	101.42	96.18	101.42	96.18	101.42
上 海	Shanghai	109.15	102.00				
江 苏	Jiangsu	104.42	99.08	104.53	97.30	104.53	97.30
浙 江	Zhejiang	102.30	98.82	99.63	100.04	99.63	100.04
安 徽	Anhui	102.33	95.26	102.57	97.42	102.57	97.42
福 建	Fujian	101.65	93.30	101.04	98.64	101.04	98.64
江 西	Jiangxi	101.80	96.63	101.83	96.60	101.85	96.60
山 东	Shandong	99.88	100.93	99.88	100.93	99.88	100.93
河 南	Henan	106.20	84.92	106.48		106.48	
湖 北	Hubei	103.98	99.52	105.78	100.91	105.78	100.91
湖 南	Hunan	104.86	96.34	93.55	95.64	93.55	95.64
广 东	Guangdong	103.59	99.86	101.29	101.60	101.26	101.69
广 西	Guangxi	103.24	97.69	103.35	99.71	103.35	99.80
海 南	Hainan	81.06	83.77	95.42	102.44	99.80	102.95
重 庆	Chongqing	103.18	94.47	100.01		100.01	
四 川	Sichuan	103.87	101.18	104.70	98.55	104.70	98.55
贵 州	Guizhou	100.20	100.92	104.85	101.14	104.85	101.14
云 南	Yunnan	95.00	92.27	97.61	98.64	97.91	98.64
陕 西	Shaanxi	98.85	81.84	101.48		100.73	
甘 肃	Gansu						
青 海	Qinghai						
宁 夏	Ningxia						
新 疆	Xinjiang	100.25	100.48	100.25	100.48	100.25	100.48

2-20 续表 1 continued 1

地 区	Region	竹材采伐产品 Felling and transport of bamboo		竹 材 Firewood	
		2014	2015	2014	2015
全 国	**National**	**100.23**	**97.31**	**100.23**	**97.31**
北 京	Beijing				
天 津	Tianjin				
河 北	Hebei				
山 西	Shanxi				
内蒙古	Inner Mongolia				
辽 宁	Liaoning				
吉 林	Jilin				
黑龙江	Heilongjiang				
上 海	Shanghai				
江 苏	Jiangsu	104.17	103.99	104.17	103.99
浙 江	Zhejiang	93.92	97.68	93.92	97.68
安 徽	Anhui	100.28	93.01	100.28	93.01
福 建	Fujian	97.90	87.76	97.90	87.76
江 西	Jiangxi	100.30	95.68	100.30	95.68
山 东	Shandong				
河 南	Henan				
湖 北	Hubei	99.76	91.37	99.76	91.37
湖 南	Hunan	101.82	95.13	101.82	95.13
广 东	Guangdong	101.55	100.38	101.99	100.63
广 西	Guangxi	104.55	96.71	104.55	96.71
海 南	Hainan	99.92		99.92	
重 庆	Chongqing	98.09		98.09	
四 川	Sichuan	102.17	103.54	102.17	103.54
贵 州	Guizhou	105.44	101.08	105.44	101.08
云 南	Yunnan	101.72	104.48	101.72	104.48
陕 西	Shaanxi	99.17		99.17	
甘 肃	Gansu				
青 海	Qinghai				
宁 夏	Ningxia				
新 疆	Xinjiang	100.25			

2-20 续表 2 continued 2

地 区	Region	林产品 Industrial materials		天然橡胶 Rubber		油桐籽 Seeds of tung oil tree	
		2014	2015	2014	2015	2014	2015
全 国	**National**	**85.09**	**86.85**	**81.86**	**87.30**	**99.08**	**97.87**
北 京	Beijing						
天 津	Tianjin						
河 北	Hebei						
山 西	Shanxi						
内蒙古	Inner Mongolia						
辽 宁	Liaoning						
吉 林	Jilin						
黑龙江	Heilongjiang						
上 海	Shanghai						
江 苏	Jiangsu		100.00	100.00	100.00	100.00	100.00
浙 江	Zhejiang	111.69	99.38				
安 徽	Anhui	99.44	96.42				
福 建	Fujian	104.97	90.36				
江 西	Jiangxi	110.27	105.46				
山 东	Shandong						
河 南	Henan						
湖 北	Hubei						
湖 南	Hunan	121.95	97.92			121.95	
广 东	Guangdong	105.80	100.19	82.14	99.41		
广 西	Guangxi	108.33	93.90			111.93	94.74
海 南	Hainan	80.19	82.69	80.19	82.69		
重 庆	Chongqing		94.47				94.47
四 川	Sichuan	97.25	106.41			94.44	
贵 州	Guizhou	72.94	100.00			66.67	100.00
云 南	Yunnan	90.12	89.61		88.58		98.64
陕 西	Shaanxi	115.22				108.11	
甘 肃	Gansu						
青 海	Qinghai						
宁 夏	Ningxia						
新 疆	Xinjiang						

2-21 各地区饲养动物及其产品生产者价格分类指数
Producer Price Indices of Livestock Products by Region and Category

(上年=100) (preceding year=100)

地 区	Region	饲养动物及其产品 Livestock products		活牲畜 Livestock raising	
		2014	2015	2014	2015
全 国	**National**	**97.10**	**104.23**	**93.98**	**106.48**
北 京	Beijing	99.48	101.88	93.52	107.18
天 津	Tianjin	101.12	100.55	93.15	106.41
河 北	Hebei	103.58	97.33	94.99	102.54
山 西	Shanxi	101.67	98.19	94.53	102.71
内蒙古	Inner Mongolia	101.48	95.52	97.20	97.09
辽 宁	Liaoning	101.96	99.27	95.85	103.32
吉 林	Jilin	97.41	103.13	94.86	105.70
黑龙江	Heilongjiang	96.51	105.50	92.74	108.65
上 海	Shanghai	99.76	103.55	92.42	111.12
江 苏	Jiangsu	98.83	105.69	93.19	111.41
浙 江	Zhejiang	95.05	104.28	93.18	105.53
安 徽	Anhui	97.90	105.05	92.63	108.47
福 建	Fujian	97.37	107.97	93.93	111.22
江 西	Jiangxi	94.98	112.32	92.68	114.99
山 东	Shandong	99.49	103.32	92.50	107.77
河 南	Henan	94.68	109.22	91.50	114.23
湖 北	Hubei	98.50	107.61	94.03	110.30
湖 南	Hunan	95.93	108.06	95.08	108.59
广 东	Guangdong	98.56	103.05	93.91	107.04
广 西	Guangxi	96.14	108.00	95.69	111.14
海 南	Hainan	103.82	102.52	102.53	103.80
重 庆	Chongqing	97.63	104.41	94.13	104.68
四 川	Sichuan	98.46	105.27	95.49	107.62
贵 州	Guizhou	96.47	106.29	95.81	106.46
云 南	Yunnan	96.11	103.18	94.77	103.19
陕 西	Shaanxi	96.58	100.09	92.60	104.20
甘 肃	Gansu	98.21	97.54	96.26	96.53
青 海	Qinghai	100.69	101.40	98.74	101.84
宁 夏	Ningxia	96.22	91.28	93.13	95.78
新 疆	Xinjiang	100.88	92.10	100.86	92.18

2-21 续表 1 continued 1

地 区	Region	活家禽 Poultry		畜禽产品 Livestock and poultry products	
		2014	2015	2014	2015
全 国	**National**	**104.36**	**101.27**	**106.19**	**95.82**
北 京	Beijing	100.82	100.41	108.91	95.08
天 津	Tianjin	101.91	91.81	110.23	91.94
河 北	Hebei	106.97	94.24	113.43	91.17
山 西	Shanxi	112.69	97.11	109.34	92.33
内蒙古	Inner Mongolia	100.06	99.92	107.12	93.04
辽 宁	Liaoning	107.84	93.41	111.92	94.44
吉 林	Jilin	101.38	97.37	108.67	94.42
黑龙江	Heilongjiang	99.45	94.25	113.00	95.34
上 海	Shanghai	106.91	97.62	113.71	88.64
江 苏	Jiangsu	103.02	100.76	105.82	96.83
浙 江	Zhejiang	99.37	105.18	100.19	98.17
安 徽	Anhui	106.26	101.43	111.27	94.18
福 建	Fujian	109.54	103.30	105.59	96.78
江 西	Jiangxi	106.87	101.52	105.20	97.51
山 东	Shandong	104.14	102.14	113.85	93.75
河 南	Henan	104.63	93.58	111.63	93.89
湖 北	Hubei	105.20	100.29	107.40	96.27
湖 南	Hunan	106.22	103.70	102.79	101.82
广 东	Guangdong	104.44	100.34	102.25	98.14
广 西	Guangxi	102.29	103.62	95.22	90.25
海 南	Hainan	106.22	100.48	105.69	95.47
重 庆	Chongqing	106.84	102.26	104.37	105.39
四 川	Sichuan	102.37	103.21	103.88	99.83
贵 州	Guizhou	107.42	103.28	103.10	104.90
云 南	Yunnan	107.71	102.63	102.91	102.64
陕 西	Shaanxi	106.06	102.91	102.81	92.58
甘 肃	Gansu	99.13	100.78	103.66	100.26
青 海	Qinghai		99.34	111.04	94.42
宁 夏	Ningxia	106.44	95.19	98.46	83.61
新 疆	Xinjiang	104.50	102.10	105.74	90.12

2-21 续表 2 continued 2

地 区	Region	猪 Hog		牛 Live cattle		羊 Sheep raising	
		2014	2015	2014	2015	2014	2015
全 国	**National**	**92.18**	**108.85**	**104.41**	**99.08**	**100.83**	**89.40**
北 京	Beijing	89.90	111.16	104.21	100.70	100.83	90.43
天 津	Tianjin	90.83	111.51	102.50	94.06	102.72	78.13
河 北	Hebei	92.70	111.73	105.25	93.00	99.96	79.06
山 西	Shanxi	90.80	108.17	104.73	100.20	98.85	88.10
内蒙古	Inner Mongolia	93.59	104.02	103.12	96.37	98.31	89.52
辽 宁	Liaoning	90.96	106.37	116.23	94.55	99.30	82.77
吉 林	Jilin	89.52	110.78	109.46	96.57	93.95	82.47
黑龙江	Heilongjiang	90.19	111.82	102.94	99.58	93.36	96.76
上 海	Shanghai	89.40	112.69			122.46	91.24
江 苏	Jiangsu	92.51	112.72	104.05	100.78	98.50	91.83
浙 江	Zhejiang	92.50	105.79	107.65		115.97	95.99
安 徽	Anhui	91.01	112.38	103.16	98.32	101.35	80.90
福 建	Fujian	93.93	111.22				
江 西	Jiangxi	92.11	115.84	107.65	93.67	103.01	
山 东	Shandong	91.21	109.97	104.29	97.08	96.82	84.93
河 南	Henan	89.28	116.85	102.25	100.23	101.11	87.98
湖 北	Hubei	93.75	110.79	102.00	100.78	107.68	92.05
湖 南	Hunan	92.90	110.84	105.60	100.43	104.87	94.84
广 东	Guangdong	93.47	107.04	105.80			
广 西	Guangxi	95.68	112.52		99.05	105.37	95.95
海 南	Hainan	101.82	103.88	106.42	103.30	109.93	103.43
重 庆	Chongqing	92.88	105.23	110.14	99.74	107.85	95.03
四 川	Sichuan	94.08	108.99	105.70	98.95	104.57	97.70
贵 州	Guizhou	95.44	106.81	102.42	100.85	106.10	94.92
云 南	Yunnan	93.01	104.09	106.96	96.86	115.81	91.14
陕 西	Shaanxi	90.59	108.36	100.95	97.96	99.75	86.77
甘 肃	Gansu	93.44	104.00	106.49	103.21	95.51	79.01
青 海	Qinghai	94.02	105.02	101.98	92.01	98.29	87.52
宁 夏	Ningxia	87.74	111.46	98.97	95.40	90.22	82.63
新 疆	Xinjiang	83.73	106.76	106.05	89.46	99.16	89.58

2-21 续表 3 continued 3

地区	Region	活鸡 Chicken 2014	活鸡 Chicken 2015	活鸭 Duck 2014	活鸭 Duck 2015	活鹅 Goose 2014	活鹅 Goose 2015
全国	**National**	**104.90**	**99.38**	**104.10**	**104.34**	**102.57**	**104.64**
北京	Beijing	99.39	100.09	104.37	101.12		
天津	Tianjin	101.89	91.81	102.09			
河北	Hebei	106.97	94.24				
山西	Shanxi	112.69	97.11				
内蒙古	Inner Mongolia	99.30	99.88			122.10	101.10
辽宁	Liaoning	107.88	92.87	115.75	95.10	100.77	
吉林	Jilin	101.06	97.56	100.70	100.37	106.79	93.52
黑龙江	Heilongjiang	99.20	94.25	100.00		100.58	
上海	Shanghai	108.86	95.81	104.64	98.19		
江苏	Jiangsu	103.30	100.95	104.21	100.09	99.04	100.93
浙江	Zhejiang	99.35	106.24	100.69	101.72	100.09	
安徽	Anhui	106.43	101.61	106.53	100.00	100.36	97.67
福建	Fujian	110.72	97.41	107.61	112.89		
江西	Jiangxi	106.62	100.63	107.96	102.40	103.88	
山东	Shandong	102.83	98.05	104.64	105.29		
河南	Henan	104.63	93.21				
湖北	Hubei	106.80	99.87	101.30	100.82		
湖南	Hunan	106.36	105.51	106.12	102.50		
广东	Guangdong	103.58	98.87	102.67	99.80	111.49	98.81
广西	Guangxi	102.49	105.59	101.63	96.28		
海南	Hainan	106.28	100.63	106.47	99.22	104.30	102.80
重庆	Chongqing	107.00	101.83	107.38	102.81	105.58	
四川	Sichuan	101.70	102.19	103.36	105.49	103.11	
贵州	Guizhou	107.77	103.48	103.90	98.04	101.43	107.36
云南	Yunnan	107.76	103.17	109.38	102.81	101.67	104.00
陕西	Shaanxi	106.06	102.91				
甘肃	Gansu	99.13	100.78				
青海	Qinghai		99.34				
宁夏	Ningxia	106.44	95.19				
新疆	Xinjiang	104.50	102.33		102.77		89.11

2-21 续表 4 continued 4

地区	Region	鸡蛋 Chicken's eggs		鸭蛋 Duck's eggs		鹅蛋 Goose's eggs	
		2014	2015	2014	2015	2014	2015
全国	**National**	**107.88**	**95.78**	**105.21**	**99.44**	**104.15**	**130.35**
北京	Beijing	106.59	99.32				
天津	Tianjin	111.16	92.31	114.22			
河北	Hebei	115.35	90.19				
山西	Shanxi	111.04	96.43				
内蒙古	Inner Mongolia	112.96	97.91	104.97		113.06	102.71
辽宁	Liaoning	112.86	92.59	105.89	100.09		100.00
吉林	Jilin	108.59	93.89	100.72	102.99	105.16	96.19
黑龙江	Heilongjiang	110.59	89.64	103.03			
上海	Shanghai	115.40	80.95	108.23	98.61		
江苏	Jiangsu	108.26	95.16	104.40	104.11	100.00	110.27
浙江	Zhejiang	98.43	101.14	103.59	101.13		
安徽	Anhui	114.34	94.21	105.00	94.04		
福建	Fujian	105.30	95.93	105.78	98.60		
江西	Jiangxi	106.54	96.53	104.52	98.13		
山东	Shandong	113.89	93.81				
河南	Henan	112.19	94.20	102.50			
湖北	Hubei	108.21	97.32	101.20	96.68		
湖南	Hunan	103.88	102.80	101.90	101.01		
广东	Guangdong	103.33	98.32	99.73	97.46	101.80	
广西	Guangxi	100.99	97.51	98.73	100.00		
海南	Hainan	105.62	93.86	105.86	99.17		
重庆	Chongqing	103.94	105.39	106.01		101.82	
四川	Sichuan	104.68	100.87	103.04		102.11	
贵州	Guizhou	102.53	104.90	106.04		101.70	
云南	Yunnan	104.60	97.13	107.79	115.38	106.74	102.92
陕西	Shaanxi	107.01	95.27	104.51			
甘肃	Gansu	106.80	98.07				
青海	Qinghai		92.38				
宁夏	Ningxia	111.11	85.68				
新疆	Xinjiang	106.92	96.86				

2-21 续表 5 continued 5

地 区	Region	生牛奶 Cow milk 2014	生牛奶 Cow milk 2015	生羊奶 Sheep milk 2014	生羊奶 Sheep milk 2015
全 国	**National**	**107.92**	**92.22**	**110.00**	**100.00**
北 京	Beijing	110.64	90.74		
天 津	Tianjin	106.65	91.64		
河 北	Hebei	103.42	94.77		
山 西	Shanxi	107.55	88.56		
内蒙古	Inner Mongolia	108.33	96.06	107.14	100.00
辽 宁	Liaoning	117.41	100.22		
吉 林	Jilin	112.86	98.77		
黑龙江	Heilongjiang	114.42	97.38		
上 海	Shanghai	114.41	88.29		
江 苏	Jiangsu	108.33	93.23	100.00	100.00
浙 江	Zhejiang	112.82	97.78		
安 徽	Anhui				
福 建	Fujian	104.65		100.00	
江 西	Jiangxi				
山 东	Shandong	109.95	93.11	99.90	
河 南	Henan	107.77	91.07		
湖 北	Hubei		88.15		
湖 南	Hunan				
广 东	Guangdong				
广 西	Guangxi				
海 南	Hainan				
重 庆	Chongqing				
四 川	Sichuan	108.69	89.96		
贵 州	Guizhou				
云 南	Yunnan	90.00	82.44		99.96
陕 西	Shaanxi	96.93	85.48	124.16	
甘 肃	Gansu	103.18	99.19		
青 海	Qinghai	116.57	94.31		
宁 夏	Ningxia	98.12	82.44		
新 疆	Xinjiang	104.75	93.16		

2-21 续表 6 continued 6

地 区	Region	山羊毛 Goat's wool 2014	山羊毛 Goat's wool 2015	绵羊毛 Sheep's wool 2014	绵羊毛 Sheep's wool 2015	山羊绒 Cashmere 2014	山羊绒 Cashmere 2015
全 国	**National**	**88.75**	**97.05**	**101.29**	**99.08**	**102.99**	**77.98**
北 京	Beijing						
天 津	Tianjin						
河 北	Hebei	94.29		84.37	86.80	94.29	
山 西	Shanxi	100.85	60.94	102.91		100.85	60.94
内蒙古	Inner Mongolia	100.57	74.27	99.08	95.66	100.63	74.04
辽 宁	Liaoning	95.93		89.02		96.97	61.43
吉 林	Jilin						
黑龙江	Heilongjiang			99.12	119.92		
上 海	Shanghai						
江 苏	Jiangsu	100.00	100.00	100.00	100.00	100.00	100.00
浙 江	Zhejiang			65.86			
安 徽	Anhui						
福 建	Fujian						
江 西	Jiangxi						
山 东	Shandong					250.00	90.91
河 南	Henan						
湖 北	Hubei						
湖 南	Hunan						
广 东	Guangdong						
广 西	Guangxi						
海 南	Hainan						
重 庆	Chongqing						
四 川	Sichuan	101.33		100.11	94.16		
贵 州	Guizhou						
云 南	Yunnan						
陕 西	Shaanxi	91.24	112.26		91.28	90.68	110.50
甘 肃	Gansu	101.36	106.98	97.98	107.36	100.28	92.49
青 海	Qinghai	116.00		103.03	100.00	116.00	
宁 夏	Ningxia	103.45	94.58	89.86	106.58	103.45	94.58
新 疆	Xinjiang		74.29			101.99	74.29

2-22 各地区渔业产品生产者价格分类指数
Producer Price Indices of Fishery Products by Region and Category

(上年=100) (preceding year=100)

地区	Region	渔业产品 Fishery products		海水养殖产品 Marine aquacultural fish		海水捕捞产品 Marine fishing products	
		2014	2015	2014	2015	2014	2015
全 国	**National**	**103.10**	**102.45**	**101.94**	**101.00**	**103.14**	**105.97**
北 京	Beijing	97.53	101.01				
天 津	Tianjin	106.08	100.34	98.50	91.16		
河 北	Hebei	101.67	105.74				
山 西	Shanxi	97.18	95.22				
内蒙古	Inner Mongolia	101.84	97.55				
辽 宁	Liaoning	101.34	99.84	100.23	99.99		
吉 林	Jilin	96.38	98.18				
黑龙江	Heilongjiang	98.52	95.80				
上 海	Shanghai	99.69	100.88			90.71	109.31
江 苏	Jiangsu	103.11	100.85	102.40	99.12	101.87	102.41
浙 江	Zhejiang	100.13	104.60	97.89	105.61	100.11	106.08
安 徽	Anhui	102.92	99.62				
福 建	Fujian	96.89	100.54	95.78	100.05	102.18	100.92
江 西	Jiangxi	103.72	103.88				
山 东	Shandong	97.96	100.31	96.85	97.19	87.32	106.05
河 南	Henan	105.99	99.44				
湖 北	Hubei	102.37	96.72				
湖 南	Hunan	102.66	101.15				
广 东	Guangdong	105.41	101.09	101.49	102.97	104.12	103.54
广 西	Guangxi	101.54	99.35	103.17	102.58	100.54	102.25
海 南	Hainan	104.60	99.54	102.71	100.29	107.74	104.31
重 庆	Chongqing	104.69	101.19				
四 川	Sichuan	102.53	98.63				
贵 州	Guizhou	102.50	104.44				
云 南	Yunnan	101.51	97.99				
陕 西	Shaanxi	101.52	102.37				
甘 肃	Gansu	79.47	100.60				
青 海	Qinghai		100.22				
宁 夏	Ningxia	99.92	100.70				
新 疆	Xinjiang	108.25	104.39				

2-22 续表 1 continued 1

地区	Region	淡水养殖产品 Freshwater aquacultural products		淡水捕捞产品 Freshwater fishing products	
		2014	2015	2014	2015
全国	**National**	**103.82**	**102.05**	**101.46**	**98.37**
北京	Beijing	97.53	101.01		
天津	Tianjin	107.02	102.25		
河北	Hebei	101.67	105.74		
山西	Shanxi	96.85	95.22		
内蒙古	Inner Mongolia	95.30	97.55	116.16	
辽宁	Liaoning	103.39	99.56		
吉林	Jilin	96.38	98.18		
黑龙江	Heilongjiang	98.52	95.80		
上海	Shanghai	103.77	97.00		
江苏	Jiangsu	104.14	100.44	102.54	100.00
浙江	Zhejiang	101.86	101.08	100.26	
安徽	Anhui	102.92	99.62		
福建	Fujian	96.67	97.42		
江西	Jiangxi	103.72	103.88		
山东	Shandong	106.96	100.96		
河南	Henan	105.99	99.44		
湖北	Hubei	102.37	96.66		98.18
湖南	Hunan	102.66	101.15		
广东	Guangdong	107.87	98.38	107.73	100.08
广西	Guangxi	101.10	95.55	102.14	
海南	Hainan	101.71	85.76		
重庆	Chongqing	102.90	101.19	107.00	
四川	Sichuan	102.53	98.63		
贵州	Guizhou	102.50	104.44		
云南	Yunnan	101.51	97.99		
陕西	Shaanxi	101.52	102.37		
甘肃	Gansu	79.47	100.60		
青海	Qinghai		100.00		100.79
宁夏	Ningxia	99.92	100.70		
新疆	Xinjiang	108.25	104.39		

2-22 续表 2 continued 2

地 区	Region	海水养殖鱼 Marine aquacultural fish		海水养殖虾 Marine aquacultural shrimp		海水养殖蟹 Marine aquacultural crab	
		2014	2015	2014	2015	2014	2015
全 国	**National**	**107.55**	**97.97**	**103.09**	**107.99**	**94.71**	**108.33**
北 京	Beijing						
天 津	Tianjin			98.50	91.16		
河 北	Hebei						
山 西	Shanxi						
内 蒙 古	Inner Mongolia						
辽 宁	Liaoning	163.29	97.75	88.88	102.05		
吉 林	Jilin						
黑 龙 江	Heilongjiang						
上 海	Shanghai						
江 苏	Jiangsu	100.00	100.14	105.13	99.53	98.74	100.00
浙 江	Zhejiang	103.77		98.36	103.99	101.86	103.71
安 徽	Anhui						
福 建	Fujian	99.61	92.73	97.69	99.33	92.01	105.22
江 西	Jiangxi						
山 东	Shandong	93.51	100.65		85.94		
河 南	Henan						
湖 北	Hubei						
湖 南	Hunan						
广 东	Guangdong	100.80	101.15	109.67	102.41	105.06	102.32
广 西	Guangxi				89.97		100.49
海 南	Hainan	111.54	90.33	102.21	100.48		
重 庆	Chongqing						
四 川	Sichuan						
贵 州	Guizhou						
云 南	Yunnan						
陕 西	Shaanxi						
甘 肃	Gansu						
青 海	Qinghai						
宁 夏	Ningxia						
新 疆	Xinjiang						

2-22 续表 3 continued 3

地区	Region	海水养殖贝类 Marine aquacultural shellfish		海水养殖藻类 Marine aquacultural seaweeds	
		2014	2015	2014	2015
全国	**National**	**93.81**	**103.87**	**87.77**	**88.23**
北京	Beijing				
天津	Tianjin				
河北	Hebei				
山西	Shanxi				
内蒙古	Inner Mongolia				
辽宁	Liaoning	99.50	100.20		
吉林	Jilin				
黑龙江	Heilongjiang				
上海	Shanghai				
江苏	Jiangsu	100.00	99.07	100.00	99.82
浙江	Zhejiang	96.35	107.25	107.66	
安徽	Anhui				
福建	Fujian	98.37	101.30	83.94	103.81
江西	Jiangxi				
山东	Shandong	99.69	100.49	83.26	69.49
河南	Henan				
湖北	Hubei				
湖南	Hunan				
广东	Guangdong	102.08	109.16	84.14	
广西	Guangxi	103.09	111.97		
海南	Hainan	106.50		105.69	
重庆	Chongqing				
四川	Sichuan				
贵州	Guizhou				
云南	Yunnan				
陕西	Shaanxi				
甘肃	Gansu				
青海	Qinghai				
宁夏	Ningxia				
新疆	Xinjiang				

2-22 续表 4 continued 4

地 区	Region	海水捕捞鲜鱼 Marine fishing fish		大黄鱼 Large yellow croaker	
		2014	2015	2014	2015
全 国	**National**	**103.80**	**103.78**	**100.95**	**103.13**
北 京	Beijing				
天 津	Tianjin				
河 北	Hebei				
山 西	Shanxi				
内蒙古	Inner Mongolia				
辽 宁	Liaoning				
吉 林	Jilin				
黑龙江	Heilongjiang				
上 海	Shanghai	85.96	112.54		
江 苏	Jiangsu	102.55	105.40	102.23	100.76
浙 江	Zhejiang	101.43	107.16	109.73	108.53
安 徽	Anhui				
福 建	Fujian	103.21	101.39	102.06	
江 西	Jiangxi				
山 东	Shandong	82.70	107.74	102.61	
河 南	Henan				
湖 北	Hubei				
湖 南	Hunan				
广 东	Guangdong	105.24	103.36	88.85	
广 西	Guangxi	98.90	100.84		
海 南	Hainan	106.30	103.41		100.55
重 庆	Chongqing				
四 川	Sichuan				
贵 州	Guizhou				
云 南	Yunnan				
陕 西	Shaanxi				
甘 肃	Gansu				
青 海	Qinghai				
宁 夏	Ningxia				
新 疆	Xinjiang				

2-22 续表 5 continued 5

地区	Region	海水捕捞鲜鱼 Marine fishing fish			
		小黄鱼 Small yellow croaker		带鱼 Hairtail	
		2014	2015	2014	2015
全国	**National**	**105.71**	**105.41**	**104.73**	**102.79**
北京	Beijing				
天津	Tianjin				
河北	Hebei				
山西	Shanxi				
内蒙古	Inner Mongolia				
辽宁	Liaoning	94.50		85.00	
吉林	Jilin				
黑龙江	Heilongjiang				
上海	Shanghai			108.08	
江苏	Jiangsu	104.05	102.03	101.43	108.58
浙江	Zhejiang	106.93	103.16	110.78	112.24
安徽	Anhui				
福建	Fujian	102.51	103.90	104.89	100.64
江西	Jiangxi				
山东	Shandong		107.09	100.00	83.99
河南	Henan				
湖北	Hubei				
湖南	Hunan				
广东	Guangdong		100.31	105.86	100.33
广西	Guangxi			98.54	101.83
海南	Hainan	111.06	111.54	107.24	106.60
重庆	Chongqing				
四川	Sichuan				
贵州	Guizhou				
云南	Yunnan				
陕西	Shaanxi				
甘肃	Gansu				
青海	Qinghai				
宁夏	Ningxia				
新疆	Xinjiang				

2-22 续表 6 continued 6

地 区	Region	海水捕捞虾 Marine fishing shrimp		龙虾 Lobster		中国对虾 Chinese prawn	
		2014	2015	2014	2015	2014	2015
全 国	**National**	**105.89**	**108.34**	**105.77**	**101.60**	**106.34**	**107.58**
北 京	Beijing						
天 津	Tianjin						
河 北	Hebei						
山 西	Shanxi						
内蒙古	Inner Mongolia						
辽 宁	Liaoning						
吉 林	Jilin						
黑龙江	Heilongjiang						
上 海	Shanghai	105.00	91.84				
江 苏	Jiangsu	100.62	107.22	100.00	107.22	101.85	100.00
浙 江	Zhejiang	101.22	106.86		97.99	111.41	115.18
安 徽	Anhui						
福 建	Fujian	106.07	107.25			104.72	103.21
江 西	Jiangxi						
山 东	Shandong	101.43	107.71			112.94	108.09
河 南	Henan			105.77			
湖 北	Hubei						
湖 南	Hunan						
广 东	Guangdong	103.83	108.18				
广 西	Guangxi	103.80	106.26			109.47	97.55
海 南	Hainan	111.85	106.80				
重 庆	Chongqing						
四 川	Sichuan						
贵 州	Guizhou						
云 南	Yunnan						
陕 西	Shaanxi						
甘 肃	Gansu						
青 海	Qinghai						
宁 夏	Ningxia						
新 疆	Xinjiang						

2-22 续表 7 continued 7

地 区	Region	海水捕捞蟹 Marine fishing crab		梭子蟹 Swimming crab		青蟹 Green crab	
		2014	2015	2014	2015	2014	2015
全 国	**National**	**95.08**	**107.82**	**95.08**	**107.82**	**101.14**	**102.82**
北 京	Beijing						
天 津	Tianjin						
河 北	Hebei						
山 西	Shanxi						
内蒙古	Inner Mongolia						
辽 宁	Liaoning						
吉 林	Jilin						
黑龙江	Heilongjiang						
上 海	Shanghai	97.62	116.33	95.30	115.36		
江 苏	Jiangsu	98.80	99.70	98.97	99.70	101.43	100.00
浙 江	Zhejiang	78.67	103.47	78.67	102.80		104.16
安 徽	Anhui						
福 建	Fujian	90.84	103.50	90.84	103.50	99.75	105.24
江 西	Jiangxi						
山 东	Shandong	98.01	100.82	98.01	100.82	105.45	103.54
河 南	Henan						
湖 北	Hubei						
湖 南	Hunan						
广 东	Guangdong	104.50	100.94			111.11	98.59
广 西	Guangxi	101.52	105.22			101.52	100.26
海 南	Hainan	106.73	109.72	111.65	115.42		98.59
重 庆	Chongqing						
四 川	Sichuan						
贵 州	Guizhou						
云 南	Yunnan						
陕 西	Shaanxi						
甘 肃	Gansu						
青 海	Qinghai						
宁 夏	Ningxia						
新 疆	Xinjiang						

2-22 续表 8 continued 8

地 区	Region	养殖淡水鱼 Freshwater aquacultural fish		淡水养殖虾 Freshwater aquacultural shrimp		淡水养殖蟹 Freshwater aquacultural crab	
		2014	2015	2014	2015	2014	2015
全 国	**National**	**100.11**	**101.45**	**109.67**	**105.51**	**111.42**	**99.11**
北 京	Beijing	97.53	101.01				
天 津	Tianjin	105.82	102.74	109.42	101.44		
河 北	Hebei	101.67	105.74				
山 西	Shanxi	96.85	95.22				
内蒙古	Inner Mongolia	95.30	97.55				
辽 宁	Liaoning	103.51	108.47		84.32	88.40	102.35
吉 林	Jilin	96.38	98.18				
黑龙江	Heilongjiang	98.52	95.80				
上 海	Shanghai	103.69	90.89	103.92	100.42	104.52	102.75
江 苏	Jiangsu	101.49	101.28	118.65	100.27	98.52	98.81
浙 江	Zhejiang	103.03	101.78	107.10	97.63	104.90	86.99
安 徽	Anhui	103.86	100.47	111.81	103.53	85.47	90.15
福 建	Fujian	95.54	97.15	109.16	99.66	102.96	
江 西	Jiangxi	102.63	103.81	141.83	112.14	117.41	103.39
山 东	Shandong	106.96	100.96				
河 南	Henan	106.03	99.44	100.00			
湖 北	Hubei	102.29	96.28	102.44	98.27	105.52	103.88
湖 南	Hunan	102.91	100.68				97.57
广 东	Guangdong	104.95	96.46	116.67	105.18	105.09	105.00
广 西	Guangxi	101.77	96.56				
海 南	Hainan	101.71	85.76				
重 庆	Chongqing	101.82	101.19	104.41		102.84	
四 川	Sichuan	102.53	98.63				
贵 州	Guizhou	102.50	104.44				
云 南	Yunnan	101.39	97.99				
陕 西	Shaanxi	101.52	102.37				
甘 肃	Gansu	79.47	100.60				
青 海	Qinghai		100.00				
宁 夏	Ningxia	99.92	100.70				
新 疆	Xinjiang	108.25	104.39				

2-22 续表 9 continued 9

地区	Region	养殖淡水鱼 Freshwater aquacultural fish		养殖淡水鲤鱼 Carp		养殖淡水草鱼 Grass carp	
		2014	2015	2014	2015	2014	2015
全国	**National**	**100.11**	**101.45**	**103.94**	**104.99**	**99.77**	**101.00**
北京	Beijing	97.53	101.01	97.79	100.99	91.67	100.94
天津	Tianjin	105.82	102.74	115.44	100.64	98.80	104.71
河北	Hebei	101.67	105.74	105.07	110.09	99.78	92.58
山西	Shanxi	96.85	95.22		97.70		96.55
内蒙古	Inner Mongolia	95.30	97.55	96.19	94.23		99.68
辽宁	Liaoning	103.51	108.47	110.76	116.49	100.00	177.61
吉林	Jilin	96.38	98.18	98.14	98.83	95.18	99.63
黑龙江	Heilongjiang	98.52	95.80	105.23	101.08	98.22	
上海	Shanghai	103.69	90.89			104.45	85.76
江苏	Jiangsu	101.49	101.28	75.13	100.87	101.24	98.30
浙江	Zhejiang	103.03	101.78	104.06	75.00	97.94	100.33
安徽	Anhui	103.86	100.47	101.28	99.17	106.51	100.42
福建	Fujian	95.54	97.15	105.62	100.54	105.11	98.05
江西	Jiangxi	102.63	103.81	110.49	119.64	100.72	98.35
山东	Shandong	106.96	100.96	104.50	103.61	102.67	101.15
河南	Henan	106.03	99.44	107.58	103.50	106.11	99.23
湖北	Hubei	102.29	96.28	105.50	99.40	101.36	94.10
湖南	Hunan	102.91	100.68	101.37	103.47	106.69	101.07
广东	Guangdong	104.95	96.46	99.18	108.43	105.92	94.42
广西	Guangxi	101.77	96.56	104.33	104.20	98.54	98.38
海南	Hainan	101.71	85.76				100.00
重庆	Chongqing	101.82	101.19	106.16		101.50	101.11
四川	Sichuan	102.53	98.63	104.82	98.97	101.06	100.15
贵州	Guizhou	102.50	104.44	102.26	105.47	104.27	101.27
云南	Yunnan	101.39	97.99	102.63	101.33	100.08	97.97
陕西	Shaanxi	101.52	102.37	108.42	112.79	97.22	92.56
甘肃	Gansu	79.47	100.60	79.48	95.71	59.25	109.19
青海	Qinghai		100.00				
宁夏	Ningxia	99.92	100.70	98.82	103.87	102.10	95.00
新疆	Xinjiang	108.25	104.39	123.05	104.41	97.67	96.12

2-22 续表 10 continued 10

地　区	Region	养殖淡水鱼 Freshwater aquacultural fish					
		养殖淡水罗非鱼 Tilapia		养殖淡水鲢鱼 Silver carp		养殖淡水鲫鱼 Crucian carp	
		2014	2015	2014	2015	2014	2015
全　国	**National**	**103.00**	**94.16**	**98.58**	**100.25**	**102.00**	**100.30**
北　京	Beijing			102.64			
天　津	Tianjin			106.00	100.80	93.00	103.41
河　北	Hebei			76.21			
山　西	Shanxi				102.15		
内蒙古	Inner Mongolia	100.95		93.62	100.00		100.00
辽　宁	Liaoning		100.00	98.56	79.98	104.63	101.41
吉　林	Jilin			94.65	97.72	95.90	100.00
黑龙江	Heilongjiang			92.18	90.82	108.06	101.07
上　海	Shanghai			97.54	91.81	99.21	97.33
江　苏	Jiangsu	92.97	103.52	99.01	102.94	101.32	101.75
浙　江	Zhejiang		100.00	102.16	102.93	107.72	102.60
安　徽	Anhui			98.86	99.75	104.04	97.99
福　建	Fujian	106.85	95.28	100.25	98.32	102.27	100.50
江　西	Jiangxi			97.99	98.79	98.01	102.51
山　东	Shandong	100.00	112.00	116.47	101.06	106.04	95.02
河　南	Henan			104.43	95.21	109.93	96.21
湖　北	Hubei			97.38	95.49	104.78	97.22
湖　南	Hunan			100.15	100.86	98.57	99.92
广　东	Guangdong	107.99	93.98	100.81	99.91	110.00	99.97
广　西	Guangxi	100.83	89.73	101.88	100.54		
海　南	Hainan	101.30	85.76				
重　庆	Chongqing			100.53	100.00	103.40	101.23
四　川	Sichuan			101.14	96.53	104.18	98.09
贵　州	Guizhou	104.10	100.00	99.50	99.73		
云　南	Yunnan	104.46	92.61	100.00	88.58	101.35	98.28
陕　西	Shaanxi			85.21		102.34	102.27
甘　肃	Gansu			61.22	130.00	80.00	109.03
青　海	Qinghai						
宁　夏	Ningxia			98.17	103.84		102.14
新　疆	Xinjiang	107.69		98.52	108.44	100.35	105.93

2-22 续表 11 continued 11

地区	Region	养殖淡水鱼 Freshwater aquacultural fish 养殖淡水鲶鱼 Oriental sheatfish 2014	2015	捕捞淡水鱼 Freshwater fishing fish 2014	2015
全国	**National**	**103.50**	**100.07**	**101.46**	**98.37**
北京	Beijing				
天津	Tianjin				
河北	Hebei				
山西	Shanxi				
内蒙古	Inner Mongolia		100.00	116.16	
辽宁	Liaoning				
吉林	Jilin				
黑龙江	Heilongjiang				
上海	Shanghai				
江苏	Jiangsu	103.33	100.00	102.54	100.00
浙江	Zhejiang	100.00	100.00	100.27	
安徽	Anhui	102.04	125.00		
福建	Fujian	103.92	103.47		
江西	Jiangxi	102.81	90.00		
山东	Shandong				
河南	Henan				
湖北	Hubei	105.38			98.18
湖南	Hunan		96.00		
广东	Guangdong	114.29	99.19	108.36	104.72
广西	Guangxi			102.14	
海南	Hainan				
重庆	Chongqing	102.39		107.00	
四川	Sichuan	102.14	99.53		
贵州	Guizhou	106.17			
云南	Yunnan				
陕西	Shaanxi				
甘肃	Gansu				
青海	Qinghai				100.79
宁夏	Ningxia				
新疆	Xinjiang				

3

农产品集贸市场价格

Prices of Agricultural Products at the Rural Market Fairs

3-1 全国农产品集贸市场年度价格及走势
Annual RMF Prices of Agricultural Products

品 种	Categories	2000	2005	2010	2013	2014	2015
一、价格	Price						
(元/公斤)	(yuan/ kg)						
籼 稻	Long grained nonglutinous rice	1.01	1.50	2.13	2.71	2.76	2.80
粳 稻	Round- grained rice	1.27	1.78	2.57	3.10	3.17	3.21
小 麦	Wheat	1.02	1.51	2.07	2.50	2.57	2.52
玉 米	Corn	0.88	1.30	2.05	2.40	2.47	2.39
大 豆	Soybeans	2.53	3.59	5.19	6.23	6.30	6.19
籼 米	Polished long-grained nonglutinous rice		2.51	3.48	4.67	4.80	4.88
粳 米	Polished round-grained rice		2.94	4.24	5.22	5.29	5.39
二、价格走势	Index						
(上年=100)	(preceding year=100)						
籼 稻	Long grained-nonglutinous rice	82.44	99.48	109.85	99.35	101.85	101.45
粳 稻	Round-grained rice	91.39	103.80	119.53	101.01	102.26	101.26
小 麦	Wheat	82.02	99.55	107.86	106.87	102.80	98.05
玉 米	Corn	81.99	93.30	117.80	100.51	102.92	96.76
大 豆	Soybeans	93.23	92.61	107.17	106.44	101.12	98.25
籼 米	Polished long-grained nonglutinous rice		101.00	109.33	102.06	102.68	101.67
粳 米	Polished round-grained rice		103.46	116.65	102.87	101.34	101.89

注：RMF为抽中的农村集贸市场。
Note: RMF refers to the selected Rural Market Faires.

3-1 续表 1 continued 1

品 种	Categories	2000	2005	2010	2013	2014	2015
一、价格	Price						
(元/公斤)	(yuan/ kg)						
棉花(籽棉)	Cotton (unginned cotton)	3.33	5.09	7.66	8.19	7.97	6.78
花生仁	Peanut kernel		6.59	10.02	13.32	11.95	12.93
油菜籽	Rapeseeds		2.67	4.20	5.33	5.34	5.20
大白菜	Chinese cabbage		1.19	2.16	2.61	2.27	2.60
黄 瓜	Cucumber		2.31	3.73	4.96	4.83	5.13
西红柿	Tomato		2.39	4.08	5.40	5.37	5.55
菜 椒	Green bell		2.88	4.50	6.40	5.82	6.37
四季豆	Kidney beans		3.10	5.51	7.74	8.02	8.11
红富士苹果	Hongfushi apple		3.49	6.72	8.73	10.12	10.39
香 蕉	Banana		3.29	4.73	5.53	7.07	5.79
橙 子	Orange		3.27	5.09	7.15	8.07	8.77
二、价格走势	Index						
(上年=100)	(preceding year=100)						
棉花(籽棉)	Cotton (unginned cotton)		91.02	138.16	102.87	97.31	85.07
花生仁	Peanut kernel		97.66	127.90	92.89	89.71	108.20
油菜籽	Rapeseeds		93.57	102.93	104.39	100.19	97.38
大白菜	Chinese cabbage		119.40	132.77	119.34	86.97	114.54
黄 瓜	Cucumber		113.82	110.95	106.49	97.38	106.21
西红柿	Tomato		109.75	114.33	104.97	99.37	103.35
菜 椒	Green bell		110.84	101.77	104.52	90.94	109.45
四季豆	Kidney beans		110.78	115.57	108.37	103.62	101.12
红富士苹果	Hongfushi apple		100.52	116.18	103.38	115.92	102.67
香 蕉	Banana		94.16	109.39	106.93	127.85	81.90
橙 子	Orange		92.02	118.30	113.40	112.87	108.67

3-1 续表 2 continued 2

品 种	Categories	2000	2005	2010	2013	2014	2015
一、价格	Price						
(元/公斤)	(yuan/ kg)						
草 鱼	Grass carp	7.25	9.43	12.96	15.97	16.09	15.37
鲤 鱼	Carp	7.73	8.67	11.03	12.94	13.26	13.88
鲢 鱼	Silver carp		7.36	9.23	11.06	10.91	10.83
带 鱼	Hairtail		10.50	15.33	22.01	23.19	23.62
活 猪	Hog	5.51	8.05	11.49	14.96	13.48	15.29
仔 猪	Piglet	7.16	12.35	15.43	25.68	22.30	26.10
猪 肉	Pork	9.68	13.39	18.93	24.15	22.26	24.52
牛 肉	Beef	12.53	17.35	33.17	57.51	61.39	61.88
羊 肉	Mutton	14.55	18.17	36.26	61.87	64.88	61.51
活 鸡	Live chicken		10.46	13.80	16.94	18.15	18.72
鸡 蛋	Eggs	4.98	6.61	8.61	9.77	10.83	9.89
二、价格走势	Index						
(上年=100)	(preceding year=100)						
草 鱼	Grass carp		103.60	105.54	104.69	100.72	95.53
鲤 鱼	Carp		97.44	105.18	94.25	102.47	104.68
鲢 鱼	Silver carp		104.71	103.61	102.57	98.64	99.27
带 鱼	Hairtail		103.67	116.18	107.08	105.34	101.85
活 猪	Hog		95.36	101.86	98.26	90.08	113.43
仔 猪	Piglet		101.68	92.84	93.25	86.84	117.04
猪 肉	Pork		95.85	101.97	99.04	92.16	110.15
牛 肉	Beef		107.06	103.50	126.13	106.75	100.80
羊 肉	Mutton		107.04	108.94	115.87	104.87	94.81
活 鸡	Live chicken		103.65	105.51	101.34	107.14	103.14
鸡 蛋	Eggs		103.26	110.14	102.92	110.85	91.32

3-2 全国农产品集贸市场季度价格及走势(第一季度)
Quarterly RMF Prices of Agricultural Products in the First Quarter

品　种	Categories	2000	2005	2010	2013	2014	2015
一、价格	Price						
(元/公斤)	(yuan/ kg)						
籼　稻	Long-grained nonglutinous rice	1.06	1.56	1.99	2.75	2.74	2.80
粳　稻	Round-grained rice	1.31	1.76	2.38	3.10	3.13	3.18
小　麦	Wheat	1.09	1.57	2.02	2.49	2.57	2.58
玉　米	Corn	0.85	1.31	1.90	2.39	2.37	2.45
大　豆	Soybeans	2.43	3.72	5.01	6.16	6.26	6.28
籼　米	Polished long-grained nonglutinous rice		2.55	3.29	4.68	4.75	4.85
粳　米	Polished round-grained rice		2.93	3.96	5.21	5.24	5.35
棉　花	Cotton (unginned cotton)	2.96	4.77	6.48	8.17	8.29	6.91
花生仁	Peanut kernel		6.68	9.66	14.02	11.96	12.94
油菜籽	Rapeseeds		2.85	4.07	5.31	5.42	5.38
活　猪	Hog	5.48	8.77	11.04	15.60	13.10	13.05
仔　猪	Piglet	6.60	13.53	15.38	26.09	22.43	20.70
猪　肉	Pork	9.48	14.23	18.56	25.03	22.27	21.82
牛　肉	Beef	12.32	17.36	33.31	55.68	61.58	62.74
羊　肉	Mutton	14.72	18.65	35.37	60.04	65.70	63.78
活　鸡	Live chicken		10.83	13.48	17.94	17.31	19.07
鸡　蛋	Eggs	4.96	6.71	8.14	10.27	9.63	10.63
草　鱼	Grass carp	6.93	9.56	12.71	15.45	16.06	15.75
鲤　鱼	Carp	7.31	8.99	10.61	13.14	12.85	13.80
鲢　鱼	Silver carp		7.35	9.05	11.00	10.98	10.92
带　鱼	Hairtail		10.44	14.72	21.74	23.09	23.73
大白菜	Chinese cabbage		0.89	2.14	2.16	2.01	2.34
黄　瓜	Cucumber		3.21	5.23	6.45	6.64	6.74
西红柿	Tomato		2.73	4.87	5.99	7.34	6.32
菜　椒	Green bell		3.53	5.36	6.93	8.17	8.31
四季豆	Kidney beans		3.90	6.81	9.38	11.42	10.57
红富士苹果	Hongfushi apple		3.29	5.97	8.30	9.18	10.78
香　蕉	Banana		3.31	4.10	5.14	6.26	6.77
橙　子	Orange		3.22	4.48	6.79	7.10	8.65

3-2 续表 continued

品 种	Categories	2000	2005	2010	2013	2014	2015
二、价格走势	Index						
(上年同期=100)	(the same period of preceding year=100)						
籼 稻	Long-grained nonglutinous rice	98.32	100.88	104.93	102.51	99.64	102.07
粳 稻	Round-grained rice	103.06	100.70	115.54	102.11	100.97	101.60
小 麦	Wheat	96.34	100.20	107.05	108.03	103.21	100.52
玉 米	Corn	89.59	95.28	119.38	104.15	99.16	103.52
大 豆	Soybeans	95.28	97.29	103.07	108.61	101.62	100.32
籼 米	Polished long-grained nonglutinous rice		100.84	104.50	105.40	101.50	102.18
粳 米	Polished round-grained rice		100.30	114.89	105.06	100.58	102.04
棉 花	Cotton (unginned cotton)		100.08	130.23	103.57	101.47	83.35
花生仁	Peanut kernel		98.55	126.82	100.16	85.31	108.19
油菜籽	Rapeseeds		98.94	91.80	105.60	102.07	99.20
活 猪	Hog		97.50	88.49	92.75	83.97	99.64
仔 猪	Piglet		97.62	83.65	89.76	85.97	92.30
猪 肉	Pork		96.83	91.30	93.42	88.97	97.96
牛 肉	Beef		104.78	102.85	131.98	110.60	101.88
羊 肉	Mutton		108.01	106.55	116.24	109.43	97.07
活 鸡	Live chicken		102.08	100.51	105.84	96.49	110.19
鸡 蛋	Eggs		99.21	107.29	112.51	93.77	110.38
草 鱼	Grass carp		104.30	105.31	104.98	103.95	98.05
鲤 鱼	Carp		103.68	100.90	96.92	97.79	107.42
鲢 鱼	Silver carp		104.35	99.96	103.39	99.82	99.48
带 鱼	Hairtail		101.42	113.42	107.63	106.21	102.77
大白菜	Chinese cabbage		117.38	170.50	131.50	93.06	116.58
黄 瓜	Cucumber		157.18	113.22	93.39	102.95	101.46
西红柿	Tomato		130.75	115.65	98.94	122.54	86.10
菜 椒	Green bell		146.64	83.73	75.96	117.89	101.67
四季豆	Kidney beans		150.05	106.89	95.85	121.75	92.53
红富士苹果	Hongfushi apple		101.95	122.74	100.85	110.60	117.43
香 蕉	Banana		103.70	103.62	86.39	121.79	108.20
橙 子	Orange		94.23	117.00	111.59	104.57	121.83

3-3 全国农产品集贸市场季度价格及走势(第二季度)
Quarterly RMF Prices of Agricultural Products in the Second Quarter

品种	Categories	2000	2005	2010	2013	2014	2015
一、价格	Price						
(元/公斤)	(yuan/ kg)						
籼稻	Long-grained nonglutinous rice	1.01	1.53	2.10	2.72	2.76	2.83
粳稻	Round-grained rice	1.23	1.80	2.56	3.09	3.18	3.22
小麦	Wheat	1.01	1.54	2.05	2.47	2.55	2.55
玉米	Corn	0.84	1.32	2.05	2.40	2.43	2.48
大豆	Soybeans	2.61	3.64	5.13	6.23	6.29	6.23
籼米	Polished long-grained nonglutinous rice		2.54	3.43	4.65	4.80	4.89
粳米	Polished round-grained rice		2.93	4.17	5.20	5.28	5.39
棉花	Cotton (unginned cotton)	3.37	4.89	6.75	8.03	8.29	6.88
花生仁	Peanut kernel		6.59	9.80	13.52	11.70	13.02
油菜籽	Rapeseeds		2.73	4.17	5.29	5.30	5.18
活猪	Hog	5.27	8.28	9.70	13.41	12.54	14.05
仔猪	Piglet	7.08	13.53	13.81	24.66	22.35	24.66
猪肉	Pork	9.22	13.60	16.51	22.12	20.82	22.57
牛肉	Beef	12.51	17.18	32.55	56.72	61.04	61.58
羊肉	Mutton	14.45	17.92	35.42	61.21	64.79	61.83
活鸡	Live chicken		10.74	13.13	15.85	17.93	18.54
鸡蛋	Eggs	4.82	6.53	7.89	9.18	10.50	9.23
草鱼	Grass carp	7.35	9.57	12.82	16.03	16.27	15.51
鲤鱼	Carp	8.06	8.75	10.72	12.80	13.22	14.15
鲢鱼	Silver carp		7.44	9.12	11.07	10.89	10.84
带鱼	Hairtail		10.44	14.95	21.77	23.09	23.59
大白菜	Chinese cabbage		1.27	2.29	2.95	2.36	2.95
黄瓜	Cucumber		1.95	3.20	3.98	3.62	4.08
西红柿	Tomato		2.30	3.90	5.02	5.26	4.88
菜椒	Green bell		2.98	4.89	6.42	5.45	6.34
四季豆	Kidney beans		3.02	5.52	7.40	7.17	7.46
红富士苹果	Hongfushi apple		3.31	6.59	8.70	10.24	10.79
香蕉	Banana		3.14	5.13	6.06	7.23	6.06
橙子	Orange		3.24	5.03	7.16	8.05	8.69

3-3 续表 continued

品 种	Categories	2000	2005	2010	2013	2014	2015
二、价格走势	Index						
(上年同期=100)	(the same period of preceding year=100)						
籼 稻	Long-grained nonglutinous rice	95.27	98.51	107.93	99.26	101.47	102.42
粳 稻	Round-grained rice	93.88	102.15	118.25	101.13	102.91	101.36
小 麦	Wheat	93.25	97.96	107.45	106.12	103.24	100.00
玉 米	Corn	99.61	100.48	121.38	100.08	101.25	102.19
大 豆	Soybeans	107.69	97.82	107.09	107.39	100.96	99.10
籼 米	Polished long-grained nonglutinous rice		99.52	108.00	101.95	103.23	101.81
粳 米	Polished round-grained rice		100.13	116.22	103.90	101.54	102.15
棉 花	Cotton (unginned cotton)	113.84	102.46	124.52	102.04	103.24	83.03
花生仁	Peanut kernel		98.71	131.59	92.15	86.54	111.28
油菜籽	Rapeseeds		95.72	101.92	103.94	100.19	97.80
活 猪	Hog	96.17	94.39	99.01	92.79	93.51	112.01
仔 猪	Piglet	107.33	100.05	90.56	85.92	90.63	110.35
猪 肉	Pork	97.33	95.56	98.88	94.60	94.12	108.39
牛 肉	Beef	101.54	98.94	103.44	129.72	107.62	100.88
羊 肉	Mutton	98.14	96.08	108.15	117.86	105.85	95.43
活 鸡	Live chicken		99.23	101.17	97.25	113.12	103.38
鸡 蛋	Eggs	97.11	97.37	102.81	107.15	114.38	87.87
草 鱼	Grass carp	106.06	100.16	103.01	102.05	101.50	95.35
鲤 鱼	Carp	110.21	97.42	100.17	87.99	103.28	107.01
鲢 鱼	Silver carp		101.32	102.15	101.20	98.37	99.57
带 鱼	Hairtail		100.00	113.73	105.77	106.06	102.18
大白菜	Chinese cabbage		143.56	123.06	111.30	80.00	125.00
黄 瓜	Cucumber		60.78	113.65	105.69	90.95	112.71
西红柿	Tomato		84.34	113.56	96.24	104.78	92.84
菜 椒	Green bell		84.61	113.45	99.90	84.89	116.33
四季豆	Kidney beans		77.37	121.31	110.35	96.89	104.09
红富士苹果	Hongfushi apple		100.64	108.81	102.59	117.70	105.37
香 蕉	Banana		94.76	105.89	114.64	119.31	83.86
橙 子	Orange		100.89	115.79	121.23	112.43	107.95

3-4 全国农产品集贸市场季度价格及走势(第三季度)
Quarterly RMF Prices of Agricultural Products in the Third Quarter

品 种	Categories	2000	2005	2010	2013	2014	2015
一、价格	Price						
(元/公斤)	(yuan/ kg)						
籼 稻	Long-grained nonglutinous rice	0.96	1.47	2.14	2.67	2.77	2.81
粳 稻	Round-grained rice	1.28	1.79	2.62	3.12	3.21	3.25
小 麦	Wheat	0.96	1.47	2.08	2.49	2.58	2.50
玉 米	Corn	0.89	1.31	2.12	2.45	2.60	2.44
大 豆	Soybeans	2.60	3.54	5.20	6.27	6.35	6.21
籼 米	Polished long-grained nonglutinous rice		2.47	3.51	4.66	4.82	4.90
粳 米	Polished round-grained rice		2.93	4.31	5.23	5.32	5.43
棉 花	Cotton (unginned cotton)	3.43	5.17	7.13	8.15	8.15	6.77
花生仁	Peanut kernel		6.57	9.95	13.12	11.84	13.07
油菜籽	Rapeseeds		2.52	4.18	5.30	5.29	5.11
活 猪	Hog	5.51	7.92	11.89	15.17	14.28	17.42
仔 猪	Piglet	7.43	12.48	15.81	26.78	23.15	30.51
猪 肉	Pork	9.76	13.28	19.27	24.43	23.02	27.32
牛 肉	Beef	12.59	17.27	32.83	57.96	61.19	61.57
羊 肉	Mutton	14.52	17.83	36.06	62.29	64.64	61.06
活 鸡	Live chicken		10.61	13.84	16.75	18.55	18.65
鸡 蛋	Eggs	5.06	6.78	8.86	9.82	11.70	10.03
草 鱼	Grass carp	7.43	9.40	13.06	16.41	16.24	15.36
鲤 鱼	Carp	7.97	8.60	11.25	12.91	13.63	14.08
鲢 鱼	Silver carp		7.40	9.24	11.14	10.95	10.89
带 鱼	Hairtail		10.62	15.60	22.08	23.32	23.60
大白菜	Chinese cabbage		1.47	2.24	3.05	2.61	2.91
黄 瓜	Cucumber		1.61	2.71	4.12	3.64	4.01
西红柿	Tomato		1.92	3.09	4.38	4.04	4.87
菜 椒	Green bell		2.08	3.44	5.70	4.29	5.01
四季豆	Kidney beans		2.41	4.30	6.35	5.96	6.47
红富士苹果	Hongfushi apple		3.78	7.16	9.19	10.93	10.51
香 蕉	Banana		3.26	4.99	5.75	7.78	5.46
橙 子	Orange		3.30	5.20	7.36	8.66	8.81

3-4 续表 continued

品 种	Categories	2000	2005	2010	2013	2014	2015
二、价格走势	Index						
(上年同期=100)	(the same period of preceding year=100)						
籼 稻	Long-grained nonglutinous rice	95.36	95.67	109.70	97.71	103.75	101.56
粳 稻	Round-grained rice	104.08	99.07	118.79	100.43	102.88	101.14
小 麦	Wheat	95.07	95.57	108.12	107.03	103.61	96.90
玉 米	Corn	105.53	99.65	115.57	98.41	106.12	93.85
大 豆	Soybeans	99.49	97.34	107.44	106.44	101.28	97.74
籼 米	Polished long-grained nonglutinous rice		97.41	109.84	100.38	103.43	101.59
粳 米	Polished round-grained rice		99.91	115.85	102.27	101.72	102.01
棉 花	Cotton (unginned cotton)	101.69	105.76	127.40	102.58	100.00	83.11
花生仁	Peanut kernel		99.64	130.30	89.88	90.24	110.36
油菜籽	Rapeseeds		92.44	108.38	103.80	99.81	96.53
活 猪	Hog	104.55	95.68	106.60	105.23	94.13	121.99
仔 猪	Piglet	104.94	92.23	96.42	98.62	86.45	131.79
猪 肉	Pork	105.82	97.65	105.90	105.38	94.23	118.68
牛 肉	Beef	100.61	100.55	103.10	125.40	105.57	100.62
羊 肉	Mutton	100.53	99.49	108.47	116.10	103.77	94.46
活 鸡	Live chicken		98.77	106.81	101.60	110.75	100.52
鸡 蛋	Eggs	104.91	103.82	111.09	98.21	119.14	85.73
草 鱼	Grass carp	101.04	98.20	104.95	105.02	98.96	94.56
鲤 鱼	Carp	98.88	98.26	107.01	93.45	105.58	103.30
鲢 鱼	Silver carp		99.44	103.83	102.68	98.29	99.45
带 鱼	Hairtail		101.75	117.57	106.57	105.62	101.21
大白菜	Chinese cabbage		115.32	120.88	113.16	85.57	111.37
黄 瓜	Cucumber		82.71	117.29	119.67	88.35	110.26
西红柿	Tomato		83.45	108.13	98.27	92.24	120.54
菜 椒	Green bell		69.57	117.00	134.87	75.26	116.78
四季豆	Kidney beans		79.90	125.98	119.42	93.86	108.50
红富士苹果	Hongfushi apple		114.02	107.13	103.90	118.93	96.16
香 蕉	Banana		103.78	107.35	120.62	135.30	70.14
橙 子	Orange		101.59	111.82	115.01	117.66	101.77

3-5 全国农产品集贸市场季度价格及走势(第四季度)
Quarterly RMF Prices of Agricultural Products in the Fourth Quarter

品种	Categories	2000	2005	2010	2013	2014	2015
一、价格	Price						
(元/公斤)	(yuan/ kg)						
籼稻	Long-grained nonglutinous rice	1.00	1.46	2.27	2.69	2.77	2.77
粳稻	Round-grained rice	1.28	1.77	2.74	3.11	3.17	3.20
小麦	Wheat	1.03	1.46	2.15	2.56	2.60	2.44
玉米	Corn	0.93	1.27	2.11	2.37	2.48	2.20
大豆	Soybeans	2.46	3.47	5.42	6.25	6.30	6.05
籼米	Polished long-grained nonglutinous rice		2.47	3.70	4.70	4.83	4.87
粳米	Polished round-grained rice		2.96	4.51	5.23	5.31	5.40
棉花	Cotton (unginned cotton)	3.56	5.54	10.28	8.41	7.13	6.55
花生仁	Peanut kernel		6.53	10.66	12.62	12.29	12.69
油菜籽	Rapeseeds		2.59	4.40	5.41	5.34	5.13
活猪	Hog	5.77	7.22	13.32	15.68	13.99	16.65
仔猪	Piglet	7.52	9.85	16.73	25.19	21.28	28.52
猪肉	Pork	10.24	12.44	21.36	25.04	22.93	26.38
牛肉	Beef	12.71	17.60	34.02	59.70	61.75	61.63
羊肉	Mutton	14.53	18.29	38.19	63.93	64.38	59.36
活鸡	Live chicken		9.66	14.73	17.21	18.79	18.62
鸡蛋	Eggs	5.09	6.41	9.53	9.80	11.48	9.65
草鱼	Grass carp	7.28	9.19	13.27	16.01	15.77	14.86
鲤鱼	Carp	7.57	8.35	11.54	12.93	13.34	13.48
鲢鱼	Silver carp		7.24	9.51	11.04	10.81	10.68
带鱼	Hairtail		10.49	16.05	22.47	23.27	23.56
大白菜	Chinese cabbage		1.14	1.96	2.28	2.10	2.21
黄瓜	Cucumber		2.46	3.78	5.28	5.41	5.70
西红柿	Tomato		2.62	4.48	6.23	4.84	6.13
菜椒	Green bell		2.95	4.32	6.56	5.38	5.83
四季豆	Kidney beans		3.09	5.40	7.83	7.51	7.95
红富士苹果	Hongfushi apple		3.59	7.14	8.71	10.13	9.49
香蕉	Banana		3.45	4.69	5.18	7.03	4.88
橙子	Orange		3.32	5.64	7.28	8.45	8.94

3-5 续表 continued

品种	Categories	2000	2005	2010	2013	2014	2015
二、价格走势	Index						
(上年同期=100)	(the same period of preceding year=100)						
籼稻	Long-grained nonglutinous rice	103.86	99.43	116.71	98.00	102.97	100.00
粳稻	Round-grained rice	99.97	99.37	125.31	100.41	101.93	100.84
小麦	Wheat	106.46	99.55	108.77	106.26	101.56	93.72
玉米	Corn	104.39	96.79	115.36	99.63	104.64	88.71
大豆	Soybeans	94.64	97.94	111.07	103.53	100.80	95.98
籼米	Polished long-grained nonglutinous rice		99.96	114.87	100.65	102.77	100.76
粳米	Polished round-grained rice		100.99	119.45	100.36	101.53	101.69
棉花	Cotton (unginned cotton)	103.80	107.06	166.25	103.27	84.78	91.87
花生仁	Peanut kernel		99.33	123.54	89.55	97.39	103.25
油菜籽	Rapeseeds		102.63	111.11	104.22	98.71	96.13
活猪	Hog	104.77	91.14	114.03	102.94	89.22	118.99
仔猪	Piglet	101.17	78.92	101.64	99.81	84.48	134.01
猪肉	Pork	104.94	93.69	112.35	103.46	91.57	115.03
牛肉	Beef	100.93	101.87	104.59	118.77	103.43	99.80
羊肉	Mutton	100.05	102.58	112.52	113.46	100.70	92.20
活鸡	Live chicken		91.06	113.73	100.55	109.18	99.08
鸡蛋	Eggs	100.69	94.47	118.93	95.45	117.14	84.09
草鱼	Grass carp	97.99	97.76	108.96	106.86	98.50	94.21
鲤鱼	Carp	94.99	97.06	112.96	99.33	103.17	101.05
鲢鱼	Silver carp		97.83	108.66	103.04	97.92	98.80
带鱼	Hairtail		98.78	119.89	108.36	103.56	101.26
大白菜	Chinese cabbage		77.73	127.97	129.60	92.11	105.08
黄瓜	Cucumber		152.90	102.10	117.20	102.46	105.42
西红柿	Tomato		136.54	118.22	127.97	77.69	126.65
菜椒	Green bell		142.03	106.74	138.74	82.01	108.43
四季豆	Kidney beans		128.41	114.22	115.81	95.91	105.90
红富士苹果	Hongfushi apple		95.15	129.44	106.16	116.30	93.72
香蕉	Banana		105.99	122.24	110.35	135.71	69.42
橙子	Orange		100.88	128.80	106.76	116.07	105.80

3-6 全国农产品集贸市场月度价格及走势(1月份)
Monthly RMF Prices of Agricultural Products in January

品种	Categories	2000	2005	2010	2013	2014	2015
一、价格	Price						
(元/公斤)	(yuan/ kg)						
籼稻	Long-grained nonglutinous rice	1.10	1.55	1.98	2.75	2.72	2.79
粳稻	Round-grained rice	1.32	1.75	2.28	3.09	3.12	3.19
小麦	Wheat	1.12	1.56	2.01	2.48	2.56	2.59
玉米	Corn	0.85	1.31	1.88	2.38	2.36	2.43
大豆	Soybeans	2.37	3.74	5.00	6.15	6.26	6.27
籼米	Polished long-grained nonglutinous rice		2.53	3.27	4.68	4.74	4.84
粳米	Polished round-grained rice		2.89	3.90	5.21	5.24	5.34
棉花	Cotton (unginned cotton)	2.89	4.66	6.40	8.19	8.34	6.91
花生仁	Peanut kernel		6.69	9.55	14.09	12.20	12.88
油菜籽	Rapeseeds		2.85	4.05	5.26	5.44	5.38
活猪	Hog	5.51	8.80	11.93	16.95	13.92	13.46
仔猪	Piglet	6.37	13.29	16.18	26.65	22.93	20.26
猪肉	Pork	9.30	14.33	19.49	26.38	23.40	22.14
牛肉	Beef	11.37	16.95	33.21	54.53	61.94	62.25
羊肉	Mutton	14.20	18.40	34.85	59.35	66.15	63.68
活鸡	Live chicken		10.51	13.38	17.88	17.65	18.75
鸡蛋	Eggs	4.57	6.78	8.17	10.67	9.87	10.91
草鱼	Grass carp	6.96	9.31	12.35	15.23	16.23	15.52
鲤鱼	Carp	7.23	8.80	10.30	13.16	13.08	13.36
鲢鱼	Silver carp		7.12	8.85	10.99	11.14	10.81
带鱼	Hairtail		10.24	14.20	21.71	23.27	23.61
大白菜	Chinese cabbage		0.72	1.86	2.14	1.97	1.98
黄瓜	Cucumber		2.65	4.63	6.17	6.80	6.42
西红柿	Tomato		2.49	4.62	6.11	7.42	5.67
菜椒	Green bell		3.11	5.10	6.76	8.67	7.57
四季豆	Kidney beans		3.42	6.00	8.84	11.73	9.57
红富士苹果	Hongfushi apple		3.24	5.72	8.21	9.12	10.50
香蕉	Banana		3.24	3.79	4.82	6.00	6.56
橙子	Orange		3.14	4.18	6.52	7.00	8.29

3-6 续表 continued

品 种	Categories	2000	2005	2010	2013	2014	2015
二、价格走势	Index						
(上年同期=100)	(the same period of preceding year=100)						
籼 稻	Long-grained nonglutinous rice	103.62	101.06	105.45	103.46	99.02	102.57
粳 稻	Round-grained rice	104.26	100.66	112.80	101.32	100.95	102.24
小 麦	Wheat	101.34	100.23	108.88	106.88	103.04	101.17
玉 米	Corn	91.12	98.17	118.98	104.54	99.17	102.97
大 豆	Soybeans	92.43	99.31	101.92	108.60	101.86	100.16
籼 米	Polished long-grained nonglutinous rice		100.91	103.99	106.57	101.31	102.11
粳 米	Polished round-grained rice		100.26	114.40	104.62	100.54	101.91
棉 花	Cotton (unginned cotton)		99.92	132.09	102.77	101.80	82.85
花生仁	Peanut kernel		99.48	122.34	102.70	86.58	105.57
油菜籽	Rapeseeds		99.13	92.37	104.88	103.39	98.90
活 猪	Hog		99.62	89.51	95.44	82.11	96.70
仔 猪	Piglet		98.56	87.49	95.41	86.04	88.36
猪 肉	Pork		99.57	91.41	93.82	88.70	94.62
牛 肉	Beef		102.48	100.98	129.23	113.59	100.50
羊 肉	Mutton		104.99	103.60	114.61	111.46	96.27
活 鸡	Live chicken		100.32	97.48	102.64	98.71	106.23
鸡 蛋	Eggs		100.58	105.59	108.28	92.51	110.54
草 鱼	Grass carp		102.71	102.66	103.22	106.60	95.63
鲤 鱼	Carp		101.86	96.24	97.89	99.40	102.14
鲢 鱼	Silver carp		102.25	97.14	101.69	101.38	97.04
带 鱼	Hairtail		100.41	109.35	106.47	107.20	101.46
大白菜	Chinese cabbage		111.15	158.02	148.58	92.06	100.51
黄 瓜	Cucumber		111.99	97.71	75.52	110.25	94.41
西红柿	Tomato		115.70	106.85	105.01	121.50	76.42
菜 椒	Green bell		116.45	72.42	68.72	128.28	87.31
四季豆	Kidney beans		112.92	92.14	88.91	132.63	81.59
红富士苹果	Hongfushi apple		102.15	118.14	99.33	111.06	115.13
香 蕉	Banana		101.28	94.37	79.59	124.35	109.33
橙 子	Orange		96.10	109.13	103.13	107.41	118.43

3-7 全国农产品集贸市场月度价格及走势(2月份)
Monthly RMF Prices of Agricultural Products in February

品 种	Categories	2000	2005	2010	2013	2014	2015
一、价格	Price						
(元/公斤)	(yuan/ kg)						
籼 稻	Long-grained nonglutinous rice	1.08	1.55	1.98	2.76	2.74	2.79
粳 稻	Round-grained rice	1.31	1.76	2.40	3.10	3.12	3.20
小 麦	Wheat	1.09	1.57	2.01	2.50	2.57	2.58
玉 米	Corn	0.85	1.31	1.90	2.39	2.37	2.48
大 豆	Soybeans	2.44	3.71	5.00	6.15	6.26	6.29
籼 米	Polished long-grained nonglutinous rice		2.55	3.29	4.69	4.75	4.84
粳 米	Polished round-grained rice		2.93	3.96	5.22	5.24	5.35
棉 花	Cotton (unginned cotton)	2.99	4.75	6.52	8.23	8.26	6.89
花生仁	Peanut kernel		6.71	9.72	14.03	11.95	13.04
油菜籽	Rapeseeds		2.84	4.12	5.30	5.42	5.39
活 猪	Hog	5.46	8.80	11.22	15.77	13.24	13.09
仔 猪	Piglet	6.43	13.39	15.49	26.34	22.44	20.46
猪 肉	Pork	9.66	14.33	18.87	25.39	22.47	22.08
牛 肉	Beef	12.84	17.76	33.90	56.30	61.55	63.52
羊 肉	Mutton	15.08	19.16	35.85	60.56	65.77	64.33
活 鸡	Live chicken		11.03	13.67	18.11	17.05	19.34
鸡 蛋	Eggs	5.32	6.86	8.28	10.42	9.43	10.93
草 鱼	Grass carp	6.92	9.78	13.04	15.60	16.01	16.09
鲤 鱼	Carp	7.29	9.23	10.97	13.21	12.83	14.08
鲢 鱼	Silver carp		7.46	9.28	11.09	10.92	11.14
带 鱼	Hairtail		10.77	15.08	21.87	23.03	23.93
大白菜	Chinese cabbage		0.98	2.21	2.18	1.95	2.46
黄 瓜	Cucumber		3.71	6.05	6.95	6.94	8.08
西红柿	Tomato		2.99	5.24	6.07	7.63	7.24
菜 椒	Green bell		3.81	5.68	6.75	8.30	9.66
四季豆	Kidney beans		4.14	7.13	9.99	11.29	11.88
红富士苹果	Hongfushi apple		3.34	6.07	8.36	9.17	10.99
香 蕉	Banana		3.40	4.21	5.20	6.34	7.18
橙 子	Orange		3.26	4.57	6.85	7.08	8.83

3-7 续表 continued

品　种	Categories	2000	2005	2010	2013	2014	2015
二、价格走势	Index						
(上年同期=100)	(the same period of preceding year=100)						
籼　稻	Long-grained nonglutinous rice	98.18	99.97	104.30	102.60	99.28	101.82
粳　稻	Round-grained rice	99.24	100.79	116.61	102.65	100.65	102.56
小　麦	Wheat	97.32	100.79	106.29	109.17	102.80	100.39
玉　米	Corn	100.00	100.22	120.35	104.82	99.16	104.64
大　豆	Soybeans	102.95	99.15	103.25	108.27	101.79	100.48
籼　米	Polished long-grained nonglutinous rice		100.75	104.33	105.63	101.28	101.89
粳　米	Polished round-grained rice		101.19	115.46	105.45	100.38	102.10
棉　花	Cotton (unginned cotton)	103.42	101.97	131.86	104.84	100.36	83.41
花生仁	Peanut kernel		100.28	126.82	100.50	85.17	109.12
油菜籽	Rapeseeds		99.84	91.11	105.16	102.26	99.45
活　猪	Hog	99.09	99.94	90.06	93.70	83.96	98.87
仔　猪	Piglet	100.94	100.73	83.67	89.68	85.19	91.18
猪　肉	Pork	103.87	99.97	92.57	94.88	88.50	98.26
牛　肉	Beef	112.93	104.76	104.81	133.48	109.33	103.20
羊　肉	Mutton	106.20	104.15	108.05	116.98	108.60	97.81
活　鸡	Live chicken		104.96	103.17	108.05	94.15	113.43
鸡　蛋	Eggs	116.41	101.22	110.46	117.74	90.50	115.91
草　鱼	Grass carp	99.43	105.05	108.46	107.81	102.63	100.50
鲤　鱼	Carp	100.83	104.85	106.12	98.95	97.12	109.74
鲢　鱼	Silver carp		104.85	102.55	106.02	98.47	102.01
带　鱼	Hairtail		105.09	116.56	108.75	105.30	103.91
大白菜	Chinese cabbage		137.31	189.76	145.33	89.45	126.15
黄　瓜	Cucumber		140.21	131.26	109.45	99.86	116.43
西红柿	Tomato		120.18	126.75	102.53	125.70	94.89
菜　椒	Green bell		122.46	92.06	84.91	122.96	116.39
四季豆	Kidney beans		120.84	113.50	107.42	113.01	105.23
红富士苹果	Hongfushi apple		103.08	125.12	102.08	109.69	119.85
香　蕉	Banana		105.03	107.59	87.69	121.92	113.25
橙　子	Orange		103.86	119.65	113.79	103.36	124.72

3-8 全国农产品集贸市场月度价格及走势(3月份)
Monthly RMF Prices of Agricultural Products in March

品种	Categories	2000	2005	2010	2013	2014	2015
一、价格	Price						
(元/公斤)	(yuan/ kg)						
籼稻	Long-grained nonglutinous rice	0.99	1.56	2.02	2.75	2.76	2.81
粳稻	Round-grained rice	1.29	1.78	2.46	3.10	3.14	3.22
小麦	Wheat	1.05	1.57	2.03	2.49	2.57	2.58
玉米	Corn	0.84	1.32	1.93	2.39	2.37	2.45
大豆	Soybeans	2.47	3.71	5.02	6.19	6.26	6.27
籼米	Polished long-grained nonglutinous rice		2.57	3.33	4.68	4.77	4.88
粳米	Polished round-grained rice		2.95	4.01	5.20	5.25	5.39
棉花	Cotton (unginned cotton)	3.00	4.91	6.52	8.08	8.27	6.93
花生仁	Peanut kernel		6.65	9.71	13.94	11.72	13.00
油菜籽	Rapeseeds		2.86	4.04	5.38	5.40	5.36
活猪	Hog	5.47	8.71	9.98	14.07	12.13	12.64
仔猪	Piglet	6.99	13.90	14.46	25.27	21.92	21.42
猪肉	Pork	9.47	14.03	17.32	23.33	20.93	21.23
牛肉	Beef	12.76	17.37	32.80	56.20	61.24	62.20
羊肉	Mutton	14.88	18.39	35.42	60.21	65.18	63.15
活鸡	Live chicken		10.95	13.40	17.82	17.23	18.95
鸡蛋	Eggs	5.00	6.49	7.97	9.73	9.58	10.00
草鱼	Grass carp	6.92	9.58	12.74	15.51	15.94	15.58
鲤鱼	Carp	7.42	8.93	10.56	13.05	12.65	13.98
鲢鱼	Silver carp		7.46	9.02	10.93	10.87	10.85
带鱼	Hairtail		10.31	14.87	21.64	22.96	23.58
大白菜	Chinese cabbage		0.95	2.37	2.17	2.11	2.57
黄瓜	Cucumber		3.26	5.01	6.24	6.17	5.71
西红柿	Tomato		2.71	4.76	5.78	6.98	6.06
菜椒	Green bell		3.66	5.30	7.27	7.55	7.66
四季豆	Kidney beans		4.13	7.29	9.32	11.24	10.24
红富士苹果	Hongfushi apple		3.29	6.11	8.33	9.26	10.80
香蕉	Banana		3.29	4.31	5.41	6.43	6.57
橙子	Orange		3.25	4.70	7.00	7.23	8.77

3-8 续表 continued

品 种 Categories		2000	2005	2010	2013	2014	2015
二、价格走势	Index						
(上年同期=100)	(the same period of preceding year=100)						
籼 稻	Long-grained nonglutinous rice	91.67	100.56	105.03	101.48	100.36	101.81
粳 稻	Round-grained rice	98.47	100.86	117.13	102.31	101.29	102.55
小 麦	Wheat	96.33	99.83	106.04	108.26	103.21	100.39
玉 米	Corn	98.82	100.35	118.82	103.02	99.16	103.38
大 豆	Soybeans	101.23	100.12	104.05	108.79	101.13	100.16
籼 米	Polished long-grained nonglutinous rice		100.70	105.18	104.00	101.92	102.31
粳 米	Polished round-grained rice		100.88	114.80	105.05	100.96	102.67
棉 花	Cotton (unginned cotton)	100.40	103.35	126.90	103.19	102.35	83.80
花生仁	Peanut kernel		99.15	131.55	97.41	84.07	110.92
油菜籽	Rapeseeds		100.48	91.95	106.75	100.37	99.26
活 猪	Hog	100.18	98.98	85.64	88.77	86.21	104.20
仔 猪	Piglet	108.71	103.83	79.71	84.54	86.74	97.72
猪 肉	Pork	98.03	97.93	89.83	91.45	89.71	101.43
牛 肉	Beef	99.38	97.82	102.80	133.27	108.97	101.57
羊 肉	Mutton	98.67	96.00	108.06	117.14	108.25	96.89
活 鸡	Live chicken		99.26	100.98	106.96	96.69	109.98
鸡 蛋	Eggs	93.98	94.63	105.89	111.97	98.46	104.38
草 鱼	Grass carp	100.00	97.92	104.82	103.95	102.77	97.74
鲤 鱼	Carp	101.78	96.81	100.51	94.02	96.93	110.51
鲢 鱼	Silver carp		99.98	100.20	102.53	99.45	99.82
带 鱼	Hairtail		95.78	114.36	107.66	106.10	102.70
大白菜	Chinese cabbage		96.90	165.10	108.50	97.24	121.80
黄 瓜	Cucumber		87.89	111.07	100.48	98.88	92.54
西红柿	Tomato		90.38	113.77	90.03	120.76	86.82
菜 椒	Green bell		96.12	88.47	75.97	103.85	101.46
四季豆	Kidney beans		99.89	115.53	92.09	120.60	91.10
红富士苹果	Hongfushi apple		98.59	124.93	101.09	111.16	116.63
香 蕉	Banana		96.68	109.11	92.16	118.85	102.18
橙 子	Orange		99.77	122.21	118.24	103.29	121.30

3-9 全国农产品集贸市场月度价格及走势(4月份)
Monthly RMF Prices of Agricultural Products in April

品 种	Categories	2000	2005	2010	2013	2014	2015
一、价格	Price						
(元/公斤)	(yuan/ kg)						
籼 稻	Long-grained nonglutinous rice	1.02	1.56	2.07	2.74	2.76	2.82
粳 稻	Round-grained rice	1.22	1.81	2.50	3.09	3.15	3.24
小 麦	Wheat	1.04	1.58	2.05	2.49	2.56	2.58
玉 米	Corn	0.82	1.33	1.99	2.39	2.38	2.46
大 豆	Soybeans	2.57	3.67	5.07	6.23	6.27	6.23
籼 米	Polished long-grained nonglutinous rice		2.56	3.37	4.67	4.78	4.88
粳 米	Polished round-grained rice		2.93	4.10	5.18	5.26	5.40
棉 花	Cotton (unginned cotton)	3.28	4.75	6.62	8.03	8.27	6.88
花生仁	Peanut kernel		6.64	9.78	13.80	11.60	13.05
油菜籽	Rapeseeds		2.85	4.12	5.41	5.38	5.31
活 猪	Hog	5.38	8.48	9.68	12.84	11.29	13.31
仔 猪	Piglet	7.00	13.66	13.88	23.82	21.11	23.27
猪 肉	Pork	9.22	13.76	16.64	21.60	19.31	21.72
牛 肉	Beef	12.58	17.08	32.52	56.30	61.05	61.76
羊 肉	Mutton	14.55	17.91	35.24	60.77	64.98	62.30
活 鸡	Live chicken		10.70	13.15	15.87	17.50	18.71
鸡 蛋	Eggs	4.87	6.28	7.83	9.16	10.00	9.46
草 鱼	Grass carp	7.19	9.59	12.68	15.86	15.93	15.50
鲤 鱼	Carp	7.76	8.78	10.60	12.90	12.64	14.06
鲢 鱼	Silver carp		7.36	9.06	11.05	10.82	10.85
带 鱼	Hairtail		10.33	14.71	21.75	23.03	23.47
大白菜	Chinese cabbage		1.19	2.79	3.31	2.26	3.10
黄 瓜	Cucumber		2.66	4.24	4.97	4.45	4.81
西红柿	Tomato		2.85	4.89	6.25	6.18	5.75
菜 椒	Green bell		3.95	5.97	8.04	6.58	7.63
四季豆	Kidney beans		3.86	6.73	9.59	8.82	9.29
红富士苹果	Hongfushi apple		3.23	6.28	8.33	9.53	10.79
香 蕉	Banana		3.22	4.91	5.75	6.83	6.16
橙 子	Orange		3.23	4.85	7.11	7.70	8.82

3-9 续表 continued

品　种	Categories	2000	2005	2010	2013	2014	2015
二、价格走势	Index						
(上年同期=100)	(the same period of preceding year=100)						
籼　稻	Long-grained nonglutinous rice	103.03	100.10	106.92	100.37	100.73	102.17
粳　稻	Round-grained rice	94.57	101.63	116.79	101.64	101.94	102.86
小　麦	Wheat	99.05	100.40	107.24	105.96	102.81	100.78
玉　米	Corn	97.62	100.93	119.61	100.84	99.58	103.36
大　豆	Soybeans	104.05	98.93	106.15	108.35	100.64	99.36
籼　米	Polished long-grained nonglutinous rice		99.79	106.62	103.09	102.36	102.09
粳　米	Polished round-grained rice		99.22	116.47	104.23	101.54	102.66
棉　花	Cotton (unginned cotton)	109.09	96.63	124.36	101.13	102.99	83.19
花生仁	Peanut kernel		99.91	132.90	94.65	84.06	112.50
油菜籽	Rapeseeds		99.76	95.62	106.29	99.45	98.70
活　猪	Hog	98.35	97.40	92.48	85.94	87.93	117.89
仔　猪	Piglet	100.14	98.25	83.37	80.36	88.62	110.23
猪　肉	Pork	97.36	98.08	94.02	89.70	89.40	112.48
牛　肉	Beef	98.59	98.34	103.11	131.20	108.44	101.16
羊　肉	Mutton	97.78	97.39	108.28	118.88	106.93	95.88
活　鸡	Live chicken		97.72	100.59	96.77	110.27	106.91
鸡　蛋	Eggs	97.40	96.75	102.64	109.83	109.17	94.60
草　鱼	Grass carp	103.90	100.12	103.06	103.26	100.44	97.30
鲤　鱼	Carp	104.58	98.36	100.66	89.96	97.98	111.23
鲢　鱼	Silver carp		98.66	101.95	102.50	97.92	100.28
带　鱼	Hairtail		100.18	112.98	108.21	105.89	101.91
大白菜	Chinese cabbage		124.77	143.28	126.82	68.28	137.17
黄　瓜	Cucumber		81.68	119.83	98.61	89.54	108.09
西红柿	Tomato		105.25	119.09	93.42	98.88	93.04
菜　椒	Green bell		108.01	109.62	101.01	81.84	115.96
四季豆	Kidney beans		93.32	119.85	104.24	91.97	105.33
红富士苹果	Hongfushi apple		98.15	119.33	100.60	114.41	113.22
香　蕉	Banana		97.89	112.40	103.23	118.78	90.19
橙　子	Orange		99.33	118.06	121.33	108.30	114.55

3-10 全国农产品集贸市场月度价格及走势(5月份)
Monthly RMF Prices of Agricultural Products in May

品 种	Categories	2000	2005	2010	2013	2014	2015
一、价格	Price						
(元/公斤)	(yuan/ kg)						
籼 稻	Long-grained nonglutinous rice	1.00	1.55	2.11	2.72	2.76	2.83
粳 稻	Round-grained rice	1.23	1.80	2.58	3.08	3.19	3.24
小 麦	Wheat	1.00	1.55	2.06	2.48	2.56	2.56
玉 米	Corn	0.84	1.32	2.05	2.40	2.44	2.49
大 豆	Soybeans	2.63	3.64	5.15	6.23	6.29	6.23
籼 米	Polished long-grained nonglutinous rice		2.54	3.44	4.65	4.80	4.89
粳 米	Polished round-grained rice		2.93	4.19	5.20	5.28	5.40
棉 花	Cotton (unginned cotton)	3.40	4.91	6.79	8.03	8.31	6.90
花生仁	Peanut kernel		6.58	9.80	13.53	11.75	13.07
油菜籽	Rapeseeds		2.78	4.25	5.25	5.29	5.15
活 猪	Hog	5.27	8.27	9.69	13.30	13.29	14.03
仔 猪	Piglet	7.04	13.66	13.83	24.39	23.08	24.63
猪 肉	Pork	9.20	13.58	16.41	21.87	21.53	22.53
牛 肉	Beef	12.57	17.19	32.65	56.64	61.09	61.42
羊 肉	Mutton	14.52	17.97	35.61	61.27	64.71	61.75
活 鸡	Live chicken		10.78	13.11	15.67	18.18	18.48
鸡 蛋	Eggs	4.85	6.62	7.83	9.20	11.02	9.18
草 鱼	Grass carp	7.40	9.61	12.82	16.08	16.42	15.49
鲤 鱼	Carp	8.22	8.76	10.69	12.80	13.42	14.13
鲢 鱼	Silver carp		7.51	9.13	11.11	10.90	10.80
带 鱼	Hairtail		10.37	14.87	21.66	23.12	23.55
大白菜	Chinese cabbage		1.31	2.27	2.73	2.23	2.80
黄 瓜	Cucumber		1.89	3.13	3.62	3.33	4.03
西红柿	Tomato		2.42	4.00	4.73	5.23	4.89
菜 椒	Green bell		2.97	4.94	5.97	5.29	6.18
四季豆	Kidney beans		3.24	5.99	6.99	6.57	7.29
红富士苹果	Hongfushi apple		3.27	6.53	8.65	10.26	10.75
香 蕉	Banana		3.14	5.20	6.34	7.52	6.19
橙 子	Orange		3.23	5.05	7.23	8.10	8.63

3-10 续表 continued

品种 Categories		2000	2005	2010	2013	2014	2015
二、价格走势	Index						
(上年同期=100)	(the same period of preceding year=100)						
籼稻	Long-grained nonglutinous rice	98.04	98.96	108.46	109.63	101.47	102.54
粳稻	Round-grained rice	100.82	99.60	119.08	102.76	103.57	101.57
小麦	Wheat	96.15	98.36	107.65	103.24	103.23	100.00
玉米	Corn	102.44	99.10	122.11	106.21	101.67	102.05
大豆	Soybeans	102.33	99.09	107.91	104.29	100.96	99.05
籼米	Polished long-grained nonglutinous rice		99.03	108.78	110.77	103.23	101.88
粳米	Polished round-grained rice		100.00	116.29	105.49	101.54	102.27
棉花	Cotton (unginned cotton)	103.75	103.44	123.73	78.85	103.49	83.03
花生仁	Peanut kernel		99.00	131.19	120.73	86.84	111.23
油菜籽	Rapeseeds		97.45	104.16	108.65	100.76	97.35
活猪	Hog	97.96	97.47	102.74	91.96	99.92	105.57
仔猪	Piglet	100.57	100.01	94.20	112.89	94.63	106.72
猪肉	Pork	99.78	98.70	101.57	95.37	98.45	104.64
牛肉	Beef	99.92	100.63	103.78	123.85	107.86	100.54
羊肉	Mutton	99.79	100.31	108.64	121.41	105.61	95.43
活鸡	Live chicken		100.79	100.90	104.00	116.02	101.65
鸡蛋	Eggs	99.59	105.39	101.04	83.67	119.78	83.30
草鱼	Grass carp	102.92	100.20	102.88	113.90	102.11	94.34
鲤鱼	Carp	105.93	99.75	99.69	113.09	104.84	105.29
鲢鱼	Silver carp		102.03	102.16	109.77	98.11	99.08
带鱼	Hairtail		100.40	113.03	118.44	106.74	101.86
大白菜	Chinese cabbage		110.14	118.01	161.78	81.68	125.56
黄瓜	Cucumber		70.80	108.65	107.94	91.99	121.02
西红柿	Tomato		85.13	113.00	121.97	110.57	93.50
菜椒	Green bell		75.04	114.01	138.52	88.61	116.82
四季豆	Kidney beans		83.92	122.98	105.81	93.99	110.96
红富士苹果	Hongfushi apple		101.24	107.90	96.29	118.61	104.78
香蕉	Banana		97.50	101.45	83.73	118.61	82.31
橙子	Orange		99.97	114.98	85.78	112.03	106.54

3-11 全国农产品集贸市场月度价格及走势(6月份)
Monthly RMF Prices of Agricultural Products in June

品 种	Categories	2000	2005	2010	2013	2014	2015
一、价格	Price						
(元/公斤)	(yuan/ kg)						
籼 稻	Long-grained nonglutinous rice	1.00	1.49	2.13	2.69	2.77	2.83
粳 稻	Round-grained rice	1.23	1.80	2.60	3.09	3.20	3.25
小 麦	Wheat	1.00	1.48	2.04	2.44	2.54	2.51
玉 米	Corn	0.87	1.31	2.10	2.42	2.48	2.50
大 豆	Soybeans	2.64	3.60	5.16	6.23	6.30	6.23
籼 米	Polished long-grained nonglutinous rice		2.51	3.46	4.64	4.82	4.89
粳 米	Polished round-grained rice		2.93	4.23	5.21	5.29	5.41
棉 花	Cotton (unginned cotton)	3.44	5.02	6.85	8.02	8.29	6.87
花生仁	Peanut kernel		6.56	9.83	13.22	11.75	13.03
油菜籽	Rapeseeds		2.55	4.14	5.22	5.23	5.08
活 猪	Hog	5.16	8.08	9.73	14.09	13.05	14.81
仔 猪	Piglet	7.20	13.28	13.73	25.78	22.85	26.09
猪 肉	Pork	9.25	13.45	16.47	22.89	21.62	23.45
牛 肉	Beef	12.39	17.26	32.47	57.21	60.97	61.29
羊 肉	Mutton	14.27	17.87	35.40	61.58	64.67	61.31
活 鸡	Live chicken		10.76	13.13	16.02	18.11	18.20
鸡 蛋	Eggs	4.74	6.70	8.02	9.17	10.49	8.99
草 鱼	Grass carp	7.47	9.52	12.97	16.16	16.47	15.51
鲤 鱼	Carp	8.20	8.71	10.87	12.69	13.60	14.24
鲢 鱼	Silver carp		7.46	9.19	11.05	10.94	10.88
带 鱼	Hairtail		10.62	15.28	21.91	23.13	23.66
大白菜	Chinese cabbage		1.31	1.82	2.81	2.60	2.94
黄 瓜	Cucumber		1.30	2.22	3.36	3.09	3.42
西红柿	Tomato		1.64	2.80	4.08	4.37	4.02
菜 椒	Green bell		2.03	3.77	5.24	4.47	5.19
四季豆	Kidney beans		1.95	3.83	5.63	6.12	5.82
红富士苹果	Hongfushi apple		3.43	6.97	9.12	10.93	10.78
香 蕉	Banana		3.05	5.29	6.10	7.34	5.82
橙 子	Orange		3.27	5.19	7.14	8.35	8.56

3-11 续表 continued

品 种	Categories	2000	2005	2010	2013	2014	2015
二、价格走势	Index						
(上年同期=100)	(the same period of preceding year=100)						
籼 稻	Long-grained nonglutinous rice	100.00	96.20	108.40	97.82	102.97	102.17
粳 稻	Round-grained rice	100.00	99.83	118.84	100.65	103.56	101.56
小 麦	Wheat	100.00	95.49	107.46	106.55	104.10	98.82
玉 米	Corn	103.57	99.55	122.38	100.00	102.48	100.81
大 豆	Soybeans	100.38	99.06	107.20	106.68	101.12	98.89
籼 米	Polished long-grained nonglutinous rice		99.01	108.58	101.09	103.88	101.45
粳 米	Polished round-grained rice		99.84	115.92	103.78	101.54	102.27
棉 花	Cotton (unginned cotton)	101.24	102.31	125.46	103.08	103.37	82.87
花 生 仁	Peanut kernel		99.80	130.70	89.75	88.88	110.89
油 菜 籽	Rapeseeds		91.98	106.56	102.15	100.19	97.13
活 猪	Hog	97.91	97.79	102.49	99.72	92.62	113.49
仔 猪	Piglet	102.27	97.28	95.16	91.78	88.63	114.18
猪 肉	Pork	100.54	99.04	101.50	100.04	94.45	108.46
牛 肉	Beef	98.57	100.39	103.43	128.22	106.57	100.52
羊 肉	Mutton	98.28	99.47	107.54	117.03	105.02	94.80
活 鸡	Live chicken		99.76	102.01	98.58	113.05	100.50
鸡 蛋	Eggs	97.73	101.24	104.77	101.21	114.39	85.70
草 鱼	Grass carp	100.95	99.09	103.08	100.94	101.92	94.17
鲤 鱼	Carp	99.76	99.43	100.17	86.33	107.17	104.71
鲢 鱼	Silver carp		99.36	102.34	100.45	99.00	99.45
带 鱼	Hairtail		102.37	115.16	105.59	105.57	102.29
大 白 菜	Chinese cabbage		99.98	105.88	111.51	92.53	113.08
黄 瓜	Cucumber		68.74	109.97	123.99	91.96	110.68
西 红 柿	Tomato		67.48	105.75	107.94	107.11	91.99
菜 椒	Green bell		68.41	119.30	110.32	85.31	116.11
四 季 豆	Kidney beans		60.35	121.31	121.34	108.70	95.10
红富士苹果	Hongfushi apple		104.88	101.55	102.82	119.85	98.63
香 蕉	Banana		97.20	104.77	121.51	120.33	79.29
橙 子	Orange		101.44	114.52	119.00	116.95	102.51

3-12 全国农产品集贸市场月度价格及走势(7月份)
Monthly RMF Prices of Agricultural Products in July

品 种	Categories	2000	2005	2010	2013	2014	2015
一、价格	Price						
(元/公斤)	(yuan/ kg)						
籼 稻	Long-grained nonglutinous rice	0.95	1.48	2.14	2.67	2.77	2.83
粳 稻	Round-grained rice	1.27	1.79	2.61	3.12	3.22	3.26
小 麦	Wheat	0.94	1.46	2.06	2.47	2.56	2.51
玉 米	Corn	0.88	1.31	2.12	2.45	2.54	2.49
大 豆	Soybeans	2.65	3.56	5.14	6.26	6.33	6.22
籼 米	Polished long-grained nonglutinous rice		2.48	3.47	4.64	4.82	4.90
粳 米	Polished round-grained rice		2.92	4.25	5.22	5.31	5.43
棉 花	Cotton (unginned cotton)	3.45	5.14	6.90	8.05	8.28	6.80
花生仁	Peanut kernel		6.54	9.84	13.17	11.74	13.11
油菜籽	Rapeseeds		2.50	4.12	5.26	5.27	5.08
活 猪	Hog	5.38	7.97	11.18	14.52	13.56	16.82
仔 猪	Piglet	7.32	12.79	14.87	26.26	22.85	29.36
猪 肉	Pork	9.48	13.33	18.24	23.56	22.14	26.15
牛 肉	Beef	12.30	17.15	32.55	57.51	61.01	61.30
羊 肉	Mutton	14.45	17.75	35.67	61.98	64.66	61.20
活 鸡	Live chicken		10.57	13.40	16.46	18.15	18.25
鸡 蛋	Eggs	4.71	6.61	8.26	9.32	11.10	9.20
草 鱼	Grass carp	7.60	9.42	13.02	16.35	16.37	15.43
鲤 鱼	Carp	8.28	8.67	11.02	12.73	13.60	14.31
鲢 鱼	Silver carp		7.43	9.15	11.09	11.01	10.86
带 鱼	Hairtail		10.57	15.49	21.97	23.28	23.64
大白菜	Chinese cabbage		1.50	2.16	2.94	2.64	2.84
黄 瓜	Cucumber		1.49	2.30	3.73	3.20	3.77
西红柿	Tomato		1.74	2.56	4.05	4.01	4.27
菜 椒	Green bell		1.98	3.28	5.18	4.24	4.94
四季豆	Kidney beans		2.25	3.87	6.07	5.27	5.81
红富士苹果	Hongfushi apple		3.71	7.18	9.24	11.24	10.80
香 蕉	Banana		3.07	5.08	5.82	7.22	5.54
橙 子	Orange		3.30	5.14	7.16	8.43	8.56

3-12 续表 continued

品 种	Categories	2000	2005	2010	2013	2014	2015
二、价格走势	Index						
(上年同期=100)	(the same period of preceding year=100)						
籼稻	Long-grained nonglutinous rice	95.00	99.44	109.48	97.80	103.75	102.17
粳稻	Round-grained rice	103.25	99.50	117.39	101.63	103.21	101.24
小麦	Wheat	94.00	98.84	108.12	108.33	103.64	98.05
玉米	Corn	101.15	99.97	118.74	98.79	103.67	98.03
大豆	Soybeans	100.38	98.73	106.87	107.38	101.12	98.26
籼米	Polished long-grained nonglutinous rice		98.75	108.69	100.43	103.88	101.66
粳米	Polished round-grained rice		99.62	115.77	103.78	101.72	102.26
棉花	Cotton (unginned cotton)	100.26	102.34	123.59	102.94	102.86	82.13
花生仁	Peanut kernel		99.64	130.28	89.59	89.14	111.67
油菜籽	Rapeseeds		97.87	106.02	104.16	100.19	96.39
活猪	Hog	104.26	98.64	109.92	103.86	93.39	124.04
仔猪	Piglet	101.67	96.27	97.82	95.39	87.01	128.49
猪肉	Pork	102.49	99.08	107.50	104.39	93.97	118.11
牛肉	Beef	99.27	99.38	103.45	126.93	106.09	100.48
羊肉	Mutton	101.26	99.29	108.31	116.68	104.32	94.65
活鸡	Live chicken		98.25	105.22	101.48	110.27	100.55
鸡蛋	Eggs	99.37	98.70	110.35	101.75	119.10	82.88
草鱼	Grass carp	101.74	98.93	103.87	103.22	100.12	94.26
鲤鱼	Carp	100.98	99.50	103.40	89.84	106.83	105.22
鲢鱼	Silver carp		99.63	102.72	101.56	99.28	98.64
带鱼	Hairtail		99.59	117.01	105.73	105.96	101.55
大白菜	Chinese cabbage		114.26	126.05	118.55	89.80	107.58
黄瓜	Cucumber		114.83	114.85	119.94	85.79	117.81
西红柿	Tomato		106.31	102.61	108.00	99.01	106.48
菜椒	Green bell		97.56	117.04	121.88	81.85	116.51
四季豆	Kidney beans		115.06	127.34	126.99	86.82	110.25
红富士苹果	Hongfushi apple		108.03	98.56	102.21	121.65	96.09
香蕉	Banana		100.60	103.99	120.75	124.05	76.73
橙子	Orange		100.80	112.44	117.18	117.74	101.54

3-13 全国农产品集贸市场月度价格及走势(8月份)
Monthly RMF Prices of Agricultural Products in August

品 种	Categories	2000	2005	2010	2013	2014	2015
一、价格	Price						
(元/公斤)	(yuan/ kg)						
籼 稻	Long-grained nonglutinous rice	0.97	1.46	2.12	2.67	2.78	2.83
粳 稻	Round-grained rice	1.30	1.78	2.62	3.12	3.20	3.28
小 麦	Wheat	0.98	1.47	2.07	2.48	2.58	2.51
玉 米	Corn	0.89	1.31	2.11	2.45	2.63	2.45
大 豆	Soybeans	2.64	3.56	5.22	6.27	6.35	6.22
籼 米	Polished long-grained nonglutinous rice		2.46	3.50	4.66	4.83	4.90
粳 米	Polished round-grained rice		2.93	4.31	5.23	5.31	5.44
棉 花	Cotton (unginned cotton)	3.50	5.10	6.96	8.04	8.12	6.73
花生仁	Peanut kernel		6.58	9.89	13.18	11.87	13.21
油菜籽	Rapeseeds		2.52	4.25	5.30	5.29	5.03
活 猪	Hog	5.57	7.92	12.07	15.34	14.67	17.84
仔 猪	Piglet	7.43	12.50	16.19	27.08	23.48	31.54
猪 肉	Pork	9.82	13.28	19.51	24.61	23.40	27.94
牛 肉	Beef	12.66	17.22	32.77	57.81	61.16	61.39
羊 肉	Mutton	14.58	17.88	36.04	62.09	64.71	60.93
活 鸡	Live chicken		10.70	13.87	16.73	18.68	18.66
鸡 蛋	Eggs	5.17	6.77	8.97	9.85	12.03	10.50
草 鱼	Grass carp	7.34	9.39	13.03	16.46	16.30	15.38
鲤 鱼	Carp	7.89	8.55	11.28	12.97	13.70	14.10
鲢 鱼	Silver carp		7.35	9.23	11.16	10.91	10.93
带 鱼	Hairtail		10.66	15.55	22.07	23.34	23.57
大白菜	Chinese cabbage		1.49	2.37	3.16	2.61	2.98
黄 瓜	Cucumber		1.64	2.89	4.16	3.51	4.29
西红柿	Tomato		1.94	3.19	4.16	3.94	4.96
菜 椒	Green bell		2.03	3.43	5.50	4.17	4.96
四季豆	Kidney beans		2.42	4.42	6.38	6.14	6.88
红富士苹果	Hongfushi apple		3.83	7.29	9.19	11.05	10.57
香 蕉	Banana		3.20	5.00	5.76	7.93	5.46
橙 子	Orange		3.25	5.18	7.27	8.71	8.59

3-13 续表 continued

品种	Categories	2000	2005	2010	2013	2014	2015
二、价格走势	Index						
(上年同期=100)	(the same period of preceding year=100)						
籼稻	Long-grained nonglutinous rice	102.11	98.83	109.08	97.80	104.12	101.80
粳稻	Round-grained rice	102.36	99.41	119.77	100.65	102.56	102.50
小麦	Wheat	104.26	100.64	107.91	106.44	104.03	97.29
玉米	Corn	101.14	100.28	114.55	98.39	107.35	93.16
大豆	Soybeans	99.62	100.04	107.52	106.63	101.28	97.95
籼米	Polished long-grained nonglutinous rice		99.14	109.74	100.43	103.65	101.45
粳米	Polished round-grained rice		100.33	115.61	102.15	101.53	102.45
棉花	Cotton (unginned cotton)	101.39	99.28	124.71	101.90	101.00	82.88
花生仁	Peanut kernel		100.68	130.42	90.09	90.06	111.29
油菜籽	Rapeseeds		100.73	111.29	103.72	99.81	95.09
活猪	Hog	103.53	99.29	105.22	106.09	95.63	121.61
仔猪	Piglet	101.50	97.71	96.36	99.56	86.71	134.33
猪肉	Pork	103.59	99.63	105.03	105.67	95.08	119.40
牛肉	Beef	102.93	100.42	102.29	125.35	105.79	100.38
羊肉	Mutton	100.90	100.74	108.20	116.03	104.22	94.16
活鸡	Live chicken		101.23	106.61	101.52	111.66	99.89
鸡蛋	Eggs	109.77	102.37	111.12	96.00	122.13	87.28
草鱼	Grass carp	96.58	99.74	104.55	105.04	99.03	94.36
鲤鱼	Carp	95.29	98.58	106.75	93.85	105.63	102.92
鲢鱼	Silver carp		98.92	103.30	103.14	97.76	100.18
带鱼	Hairtail		100.83	116.66	107.03	105.75	100.99
大白菜	Chinese cabbage		99.48	126.64	103.61	82.59	114.18
黄瓜	Cucumber		110.03	128.07	109.47	84.38	122.22
西红柿	Tomato		111.72	110.34	90.24	94.71	125.89
菜椒	Green bell		102.59	122.61	132.21	75.82	118.94
四季豆	Kidney beans		107.66	132.99	113.93	96.24	112.05
红富士苹果	Hongfushi apple		103.33	108.75	103.03	120.24	95.66
香蕉	Banana		104.16	105.46	121.26	137.67	68.85
橙子	Orange		98.41	110.72	112.71	119.81	98.62

3-14 全国农产品集贸市场月度价格及走势(9月份)
Monthly RMF Prices of Agricultural Products in September

品　种	Categories	2000	2005	2010	2013	2014	2015
一、价格	Price						
(元/公斤)	(yuan/ kg)						
籼　稻	Long-grained nonglutinous rice	0.96	1.46	2.15	2.67	2.77	2.78
粳　稻	Round-grained rice	1.26	1.79	2.63	3.11	3.20	3.25
小　麦	Wheat	0.97	1.47	2.10	2.51	2.59	2.48
玉　米	Corn	0.90	1.32	2.14	2.44	2.62	2.38
大　豆	Soybeans	2.51	3.51	5.23	6.28	6.37	6.17
籼　米	Polished long-grained nonglutinous rice		2.47	3.55	4.68	4.82	4.89
粳　米	Polished round-grained rice		2.94	4.37	5.24	5.33	5.44
棉　花	Cotton (unginned cotton)	3.34	5.28	7.53	8.35	8.06	6.79
花生仁	Peanut kernel		6.59	10.14	13.02	11.92	12.97
油菜籽	Rapeseeds		2.54	4.17	5.34	5.31	5.17
活　猪	Hog	5.58	7.87	12.40	15.66	14.60	17.58
仔　猪	Piglet	7.54	12.16	16.38	27.01	23.13	30.63
猪　肉	Pork	9.98	13.23	20.08	25.11	23.51	27.83
牛　肉	Beef	12.81	17.44	33.17	58.57	61.40	61.75
羊　肉	Mutton	14.54	17.86	36.45	62.79	64.55	60.92
活　鸡	Live chicken		10.57	14.26	17.05	18.83	18.81
鸡　蛋	Eggs	5.29	6.96	9.36	10.29	11.97	10.36
草　鱼	Grass carp	7.35	9.39	13.12	16.43	16.06	15.23
鲤　鱼	Carp	7.74	8.59	11.46	13.03	13.60	13.81
鲢　鱼	Silver carp		7.42	9.33	11.16	10.93	10.88
带　鱼	Hairtail		10.63	15.76	22.19	23.34	23.49
大白菜	Chinese cabbage		1.41	2.19	3.06	2.59	2.86
黄　瓜	Cucumber		1.71	2.95	4.48	4.22	3.98
西红柿	Tomato		2.08	3.51	4.92	4.16	5.38
菜　椒	Green bell		2.21	3.63	6.41	4.45	5.14
四季豆	Kidney beans		2.56	4.62	6.60	6.47	6.72
红富士苹果	Hongfushi apple		3.79	7.01	9.15	10.50	10.10
香　蕉	Banana		3.50	4.91	5.67	8.19	5.37
橙　子	Orange		3.34	5.28	7.65	8.84	9.20

3-14 续表 continued

品 种	Categories	2000	2005	2010	2013	2014	2015
二、价格走势	Index						
(上年同期=100)	(the same period of preceding year=100)						
籼 稻	Long-grained nonglutinous rice	98.97	99.60	110.55	97.45	103.75	100.36
粳 稻	Round-grained rice	96.92	100.62	119.24	99.04	102.89	101.56
小 麦	Wheat	98.98	99.62	108.32	106.81	103.19	95.75
玉 米	Corn	101.12	100.29	113.57	98.39	107.38	90.84
大 豆	Soybeans	95.08	98.49	107.92	105.37	101.43	96.86
籼 米	Polished long-grained nonglutinous rice		100.60	111.09	100.21	102.99	101.45
粳 米	Polished round-grained rice		100.54	116.16	100.77	101.72	102.06
棉 花	Cotton (unginned cotton)	95.45	103.47	133.87	102.83	96.53	84.24
花 生 仁	Peanut kernel		100.06	130.21	89.98	91.55	108.81
油 菜 籽	Rapeseeds		101.02	107.87	103.49	99.44	97.36
活 猪	Hog	100.18	99.36	105.08	105.67	93.23	120.41
仔 猪	Piglet	101.48	97.30	95.25	101.01	85.63	132.43
猪 肉	Pork	101.63	99.63	105.32	106.08	93.63	118.38
牛 肉	Beef	101.18	101.26	103.55	123.96	104.83	100.57
羊 肉	Mutton	99.73	99.89	108.90	115.59	102.80	94.38
活 鸡	Live chicken		98.83	108.56	101.73	110.44	99.89
鸡 蛋	Eggs	102.32	102.86	111.71	97.35	116.33	86.55
草 鱼	Grass carp	100.14	99.93	106.45	106.90	97.75	94.83
鲤 鱼	Carp	98.10	100.48	111.00	96.81	104.37	101.54
鲢 鱼	Silver carp		100.87	105.49	103.33	97.94	99.54
带 鱼	Hairtail		99.72	119.04	106.94	105.18	100.64
大 白 菜	Chinese cabbage		94.54	110.92	119.07	84.64	110.42
黄 瓜	Cucumber		104.33	110.04	130.61	94.20	94.31
西 红 柿	Tomato		107.14	110.45	98.40	84.55	129.33
菜 椒	Green bell		109.03	112.13	150.47	69.42	115.51
四 季 豆	Kidney beans		105.87	118.92	118.28	98.03	103.86
红富士苹果	Hongfushi apple		98.97	115.62	106.64	114.75	96.19
香 蕉	Banana		109.42	113.20	119.87	144.44	65.57
橙 子	Orange		102.75	112.31	115.21	115.56	104.07

3-15 全国农产品集贸市场月度价格及走势(10月份)
Monthly RMF Prices of Agricultural Products in October

品　种	Categories	2000	2005	2010	2013	2014	2015
一、价格	Price						
(元/公斤)	(yuan/ kg)						
籼　稻	Long-grained nonglutinous rice	0.98	1.45	2.18	2.68	2.76	2.78
粳　稻	Round-grained rice	1.29	1.77	2.64	3.11	3.18	3.21
小　麦	Wheat	1.00	1.45	2.11	2.54	2.60	2.43
玉　米	Corn	0.90	1.29	2.10	2.39	2.52	2.21
大　豆	Soybeans	2.47	3.48	5.31	6.26	6.33	6.06
籼　米	Polished long-grained nonglutinous rice		2.47	3.60	4.69	4.82	4.87
粳　米	Polished round-grained rice		2.95	4.40	5.25	5.32	5.41
棉　花	Cotton (unginned cotton)	3.50	5.51	9.37	8.38	7.39	6.68
花生仁	Peanut kernel		6.53	10.37	12.78	11.98	12.79
油菜籽	Rapeseeds		2.57	4.21	5.39	5.31	5.14
活　猪	Hog	5.65	7.31	12.74	15.59	14.16	16.82
仔　猪	Piglet	7.44	10.55	16.49	25.65	22.03	28.80
猪　肉	Pork	10.16	12.72	20.47	25.02	23.23	26.87
牛　肉	Beef	12.77	17.49	33.43	59.06	61.43	61.54
羊　肉	Mutton	14.37	18.06	36.67	63.20	64.58	60.58
活　鸡	Live chicken		10.44	14.37	17.12	18.87	18.53
鸡　蛋	Eggs	5.09	6.66	9.13	9.84	11.71	9.57
草　鱼	Grass carp	7.31	9.29	13.16	16.15	15.87	14.99
鲤　鱼	Carp	7.65	8.47	11.45	12.94	13.35	13.57
鲢　鱼	Silver carp		7.35	9.33	11.08	10.85	10.72
带　鱼	Hairtail		10.52	15.85	22.42	23.22	23.35
大白菜	Chinese cabbage		1.27	2.17	2.65	2.31	2.34
黄　瓜	Cucumber		2.19	3.61	5.16	4.27	4.04
西红柿	Tomato		2.39	4.43	6.18	4.42	5.60
菜　椒	Green bell		2.50	4.20	6.13	4.71	5.03
四季豆	Kidney beans		2.78	5.18	7.22	6.28	6.43
红富士苹果	Hongfushi apple		3.56	6.82	8.75	10.03	9.53
香　蕉	Banana		3.48	4.59	5.12	7.53	4.95
橙　子	Orange		3.28	5.54	7.89	8.73	9.15

3-15 续表 continued

品 种	Categories	2000	2005	2010	2013	2014	2015
二、价格走势	Index						
(上年同期=100)	(the same period of preceding year=100)						
籼 稻	Long-grained nonglutinous rice	102.33	99.61	112.47	97.81	102.99	100.72
粳 稻	Round-grained rice	102.59	99.00	121.81	99.68	102.25	100.94
小 麦	Wheat	103.01	98.99	108.33	107.17	102.36	93.46
玉 米	Corn	99.92	97.87	115.44	98.76	105.44	87.70
大 豆	Soybeans	98.31	99.27	110.40	104.86	101.12	95.73
籼 米	Polished long-grained nonglutinous rice		99.90	112.44	100.43	102.77	101.04
粳 米	Polished round-grained rice		100.25	117.78	100.57	101.33	101.69
棉 花	Cotton (unginned cotton)	104.82	104.28	159.50	103.58	88.19	90.39
花 生 仁	Peanut kernel		99.16	129.48	90.00	93.74	106.76
油 菜 籽	Rapeseeds		100.94	108.47	104.26	98.52	96.80
活 猪	Hog	101.21	92.94	110.58	105.91	90.83	118.79
仔 猪	Piglet	98.65	86.80	98.67	100.39	85.89	130.73
猪 肉	Pork	101.83	96.10	108.84	105.88	92.85	115.67
牛 肉	Beef	99.66	100.25	103.94	121.32	104.01	100.18
羊 肉	Mutton	98.86	101.11	109.70	114.41	102.18	93.81
活 鸡	Live chicken		98.79	110.78	101.42	110.22	98.20
鸡 蛋	Eggs	96.16	95.71	112.79	97.43	119.00	81.73
草 鱼	Grass carp	99.52	98.95	107.97	107.45	98.27	94.45
鲤 鱼	Carp	98.79	98.59	111.96	98.70	103.17	101.65
鲢 鱼	Silver carp		99.06	106.61	103.26	97.92	98.80
带 鱼	Hairtail		98.98	120.10	108.57	103.57	100.56
大 白 菜	Chinese cabbage		90.14	137.17	146.41	87.17	101.30
黄 瓜	Cucumber		127.96	132.06	150.00	82.75	94.61
西 红 柿	Tomato		114.78	136.15	140.14	71.52	126.70
菜 椒	Green bell		112.72	122.33	148.43	76.84	106.79
四 季 豆	Kidney beans		108.47	135.53	139.11	86.98	102.39
红富士苹果	Hongfushi apple		93.94	121.92	104.29	114.63	95.01
香 蕉	Banana		99.44	113.08	105.57	147.07	65.74
橙 子	Orange		98.14	120.74	110.04	110.65	104.81

3-16 全国农产品集贸市场月度价格及走势(11月份)
Monthly RMF Prices of Agricultural Products in November

品 种	Categories	2000	2005	2010	2013	2014	2015
一、价格	Price						
(元/公斤)	(yuan/ kg)						
籼 稻	Long-grained nonglutinous rice	1.00	1.45	2.30	2.69	2.77	2.76
粳 稻	Round-grained rice	1.26	1.76	2.77	3.11	3.16	3.20
小 麦	Wheat	1.02	1.46	2.16	2.56	2.60	2.44
玉 米	Corn	0.92	1.26	2.12	2.36	2.46	2.19
大 豆	Soybeans	2.46	3.46	5.47	6.25	6.30	6.04
籼 米	Polished long-grained nonglutinous rice		2.46	3.72	4.70	4.84	4.87
粳 米	Polished round-grained rice		2.95	4.54	5.22	5.31	5.40
棉 花	Cotton (unginned cotton)	3.57	5.48	11.10	8.43	7.05	6.45
花生仁	Peanut kernel		6.53	10.75	12.62	12.25	12.68
油菜籽	Rapeseeds		2.58	4.41	5.42	5.35	5.12
活 猪	Hog	5.79	7.09	13.58	15.73	14.08	16.48
仔 猪	Piglet	7.56	9.57	16.97	25.18	21.31	28.26
猪 肉	Pork	10.35	12.27	21.77	25.03	22.99	26.08
牛 肉	Beef	12.62	17.54	34.12	59.47	61.75	61.66
羊 肉	Mutton	14.63	18.18	38.40	63.61	64.32	58.99
活 鸡	Live chicken		9.37	14.83	17.19	18.76	18.55
鸡 蛋	Eggs	5.09	6.34	9.68	9.71	11.50	9.66
草 鱼	Grass carp	7.25	9.12	13.31	15.92	15.78	14.82
鲤 鱼	Carp	7.50	8.30	11.58	12.88	13.29	13.44
鲢 鱼	Silver carp		7.21	9.60	11.01	10.78	10.66
带 鱼	Hairtail		10.48	15.99	22.42	23.24	23.55
大白菜	Chinese cabbage		1.04	1.99	2.16	2.00	2.16
黄 瓜	Cucumber		2.48	3.96	5.27	5.43	6.46
西红柿	Tomato		2.55	4.71	6.24	4.78	6.27
菜 椒	Green bell		3.03	4.53	6.45	5.18	5.93
四季豆	Kidney beans		3.02	5.60	7.61	7.55	8.33
红富士苹果	Hongfushi apple		3.56	7.18	8.64	10.04	9.43
香 蕉	Banana		3.46	4.63	5.06	6.90	4.86
橙 子	Orange		3.32	5.71	7.14	8.34	9.03

3-16 续表 continued

品 种	Categories	2000	2005	2010	2013	2014	2015
二、价格走势	Index						
(上年同期=100)	(the same period of preceding year=100)						
籼 稻	Long-grained nonglutinous rice	102.11	100.21	118.41	98.18	102.97	99.64
粳 稻	Round-grained rice	97.83	99.54	128.10	100.65	101.61	101.27
小 麦	Wheat	101.82	100.78	109.48	106.67	101.56	93.85
玉 米	Corn	102.64	97.91	117.27	100.00	104.24	89.02
大 豆	Soybeans	99.60	99.43	112.42	103.14	100.80	95.87
籼 米	Polished long-grained nonglutinous rice		99.63	116.01	100.86	102.98	100.62
粳 米	Polished round-grained rice		100.15	121.06	100.19	101.72	101.69
棉 花	Cotton (unginned cotton)	102.14	99.56	177.63	103.18	83.63	91.49
花 生 仁	Peanut kernel		100.01	124.49	89.95	97.07	103.51
油 菜 籽	Rapeseeds		100.63	112.26	104.43	98.71	95.70
活 猪	Hog	102.60	96.94	118.57	105.36	89.51	117.05
仔 猪	Piglet	101.57	90.73	103.92	100.84	84.63	132.61
猪 肉	Pork	101.86	96.51	115.88	105.08	91.85	113.44
牛 肉	Beef	98.82	100.28	105.04	118.66	103.83	99.85
羊 肉	Mutton	101.79	100.67	113.05	113.04	101.12	91.71
活 鸡	Live chicken		89.69	114.94	100.47	109.13	98.88
鸡 蛋	Eggs	100.04	95.20	121.93	95.20	118.43	84.00
草 鱼	Grass carp	99.14	98.20	109.57	106.92	99.12	93.92
鲤 鱼	Carp	98.11	97.99	113.96	99.08	103.18	101.13
鲢 鱼	Silver carp		98.16	109.72	103.28	97.91	98.89
带 鱼	Hairtail		99.55	119.99	108.62	103.66	101.33
大 白 菜	Chinese cabbage		81.73	133.17	134.16	92.59	108.00
黄 瓜	Cucumber		113.54	103.72	120.32	103.04	118.97
西 红 柿	Tomato		106.58	125.85	131.37	76.60	131.17
菜 椒	Green bell		121.24	114.43	146.92	80.31	114.48
四 季 豆	Kidney beans		108.62	115.88	109.34	99.21	110.33
红富士苹果	Hongfushi apple		100.07	131.17	106.14	116.20	93.92
香 蕉	Banana		99.28	121.92	109.05	136.36	70.43
橙 子	Orange		101.45	132.10	103.48	116.81	108.27

3-17 全国农产品集贸市场月度价格及走势(12月份)
Monthly RMF Prices of Agricultural Products in December

品 种	Categories	2000	2005	2010	2013	2014	2015
一、价格	Price						
(元/公斤)	(yuan/ kg)						
籼 稻	Long-grained nonglutinous rice	1.01	1.47	2.34	2.70	2.78	2.77
粳 稻	Round-grained rice	1.27	1.79	2.80	3.12	3.18	3.20
小 麦	Wheat	1.06	1.47	2.17	2.57	2.59	2.44
玉 米	Corn	0.97	1.26	2.10	2.36	2.45	2.19
大 豆	Soybeans	2.46	3.46	5.48	6.25	6.27	6.03
籼 米	Polished long-grained nonglutinous rice		2.48	3.77	4.72	4.84	4.86
粳 米	Polished round-grained rice		2.97	4.58	5.23	5.31	5.39
棉 花	Cotton (unginned cotton)	3.60	5.63	10.38	8.42	6.95	6.52
花生仁	Peanut kernel		6.51	10.86	12.47	12.65	12.63
油菜籽	Rapeseeds		2.61	4.58	5.41	5.37	5.14
活 猪	Hog	5.88	7.25	13.63	15.71	13.73	16.62
仔 猪	Piglet	7.56	9.42	16.72	24.73	20.49	28.43
猪 肉	Pork	10.21	12.34	21.86	25.06	22.58	26.15
牛 肉	Beef	12.74	17.77	34.50	60.57	62.08	61.60
羊 肉	Mutton	14.58	18.63	39.50	64.98	64.24	58.59
活 鸡	Live chicken		9.18	14.98	17.33	18.73	18.59
鸡 蛋	Eggs	5.10	6.21	9.77	9.85	11.23	9.70
草 鱼	Grass carp	7.28	9.16	13.33	15.95	15.67	14.73
鲤 鱼	Carp	7.56	8.28	11.58	12.97	13.37	13.40
鲢 鱼	Silver carp		7.16	9.61	11.04	10.81	10.63
带 鱼	Hairtail		10.48	16.29	22.57	23.34	23.72
大白菜	Chinese cabbage		1.11	1.71	2.02	2.00	2.10
黄 瓜	Cucumber		2.72	3.78	5.40	6.53	6.60
西红柿	Tomato		2.93	4.31	6.28	5.31	6.50
菜 椒	Green bell		3.32	4.23	7.11	6.25	6.53
四季豆	Kidney beans		3.49	5.40	8.66	8.71	9.09
红富士苹果	Hongfushi apple		3.65	7.43	8.74	10.31	9.48
香 蕉	Banana		3.42	4.85	5.36	6.66	4.82
橙 子	Orange		3.38	5.65	6.81	8.27	8.61

3-17 续表 continued

品 种	Categories	2000	2005	2010	2013	2014	2015
二、价格走势	Index						
(上年同期=100)	(the same period of preceding year=100)						
籼 稻	Long-grained nonglutinous rice	100.26	101.04	119.22	98.18	102.96	99.64
粳 稻	Round-grained rice	100.58	101.36	126.00	100.97	101.92	100.63
小 麦	Wheat	104.23	100.24	108.49	104.90	100.78	94.21
玉 米	Corn	104.55	100.04	113.42	100.00	103.81	89.39
大 豆	Soybeans	99.95	100.11	110.40	102.63	100.32	96.17
籼 米	Polished long-grained nonglutinous rice		100.59	116.14	100.85	102.54	100.41
粳 米	Polished round-grained rice		100.50	119.50	100.38	101.53	101.51
棉 花	Cotton (unginned cotton)	100.79	102.72	161.35	103.06	82.54	93.81
花生仁	Peanut kernel		99.67	117.51	88.69	101.44	99.84
油菜籽	Rapeseeds		100.96	112.51	104.04	99.26	95.72
活 猪	Hog	101.43	102.34	113.02	97.94	87.40	121.05
仔 猪	Piglet	100.04	98.40	102.39	98.21	82.85	138.75
猪 肉	Pork	98.65	100.54	112.32	99.64	90.10	115.81
牛 肉	Beef	100.98	101.32	104.76	116.48	102.49	99.23
羊 肉	Mutton	99.68	102.50	114.72	112.99	98.86	91.20
活 鸡	Live chicken		97.97	115.48	99.77	108.08	99.25
鸡 蛋	Eggs	100.21	97.88	122.16	93.81	114.01	86.38
草 鱼	Grass carp	100.34	100.41	109.35	106.19	98.24	94.00
鲤 鱼	Carp	100.82	99.82	112.95	100.23	103.08	100.22
鲢 鱼	Silver carp		99.32	109.65	102.60	97.92	98.33
带 鱼	Hairtail		100.03	119.57	107.89	103.41	101.63
大白菜	Chinese cabbage		106.91	113.22	109.19	99.01	105.00
黄 瓜	Cucumber		109.72	82.82	94.90	120.93	101.07
西红柿	Tomato		115.21	98.41	115.02	84.55	122.41
菜 椒	Green bell		109.69	89.05	125.40	87.90	104.48
四季豆	Kidney beans		115.51	97.97	106.52	100.58	104.36
红富士苹果	Hongfushi apple		102.54	135.36	108.03	117.96	91.95
香 蕉	Banana		98.95	132.73	116.78	124.25	72.37
橙 子	Orange		101.58	134.21	106.57	121.44	104.11

3-18 全国农产品集贸市场月度价格及走势(2015年1月)
Monthly RMF Prices of Agricultural Products(Jan.2015)

品种	Categories	价格(元/公斤) Price (yuan/ kg)	价格走势 Increase rate 本月比上月上涨 Increase rate over the last month (%)	本月比上年同月上涨 Increase rate over the same month of the preceding year (%)	1-1月比上年同期上涨 Jan.-Jan.increase rate over the same periodof the preceding year (%)
籼稻	Long-grained nonglutinous rice	2.79	0.36	2.57	2.57
粳稻	Round-grained rice	3.19	0.31	2.24	2.24
小麦	Wheat	2.59		1.17	1.17
玉米	Corn	2.43	-0.82	2.97	2.97
大豆	Soybeans	6.27		0.16	0.16
籼米	Polished long-grained nonglutinous rice	4.84		2.11	2.11
粳米	Polished round-grained rice	5.34	0.56	1.91	1.91
棉花(籽棉)	Cotton (unginned cotton)	6.91	-0.58	-17.15	-17.15
花生仁	Peanut kernel	12.88	1.82	5.57	5.57
油菜籽	Rapeseeds	5.38	0.19	-1.10	-1.10
活猪	Hog	13.46	-1.97	-3.30	-3.30
仔猪	Piglet	20.26	-1.12	-11.64	-11.64
猪肉	Pork	22.14	-1.95	-5.38	-5.38
牛肉	Beef	62.25	0.27	0.50	0.50
羊肉	Mutton	63.68	-0.87	-3.73	-3.73
活鸡	Live chicken	18.75	0.11	6.23	6.23
鸡蛋	Eggs	10.91	-2.85	10.54	10.54
草鱼	Grass carp	15.52	-0.96	-4.37	-4.37
鲤鱼	Carp	13.36	-0.07	2.14	2.14
鲢鱼	Silver carp	10.81		-2.96	-2.96
带鱼	Hairtail	23.61	1.16	1.46	1.46
大白菜	Chinese cabbage	1.98	-1.00	0.51	0.51
黄瓜	Cucumber	6.42	-1.68	-5.59	-5.59
西红柿	Tomato	5.67	6.78	-23.58	-23.58
菜椒	Green bell	7.57	21.12	-12.69	-12.69
四季豆	Kidney beans	9.57	9.87	-18.41	-18.41
红富士苹果	Hongfushi apple	10.50	1.84	15.13	15.13
香蕉	Banana	6.56	-1.50	9.33	9.33
橙子	Orange	8.29	0.24	18.43	18.43

3-19 全国农产品集贸市场月度价格及走势(2015年2月)
Monthly RMF Prices of Agricultural Products(Feb.2015)

品 种	Categories	价格(元/公斤) Price (yuan/ kg)	价格走势 Increase rate		
			本月比上月上涨 Increase rate over the last month (%)	本月比上年同月上涨 Increase rate over the same month of the preceding year (%)	1-2月比上年同期上涨 Jan.-Feb.increase rate over the same periodof the preceding year (%)
籼稻	Long-grained nonglutinous rice	2.79		1.82	2.20
粳稻	Round-grained rice	3.20	0.31	2.56	2.56
小麦	Wheat	2.58	-0.39	0.39	0.78
玉米	Corn	2.48	2.06	4.64	3.80
大豆	Soybeans	6.29	0.32	0.48	0.32
籼米	Polished long-grained nonglutinous rice	4.84		1.89	1.89
粳米	Polished round-grained rice	5.35	0.19	2.10	2.10
棉花(籽棉)	Cotton (unginned cotton)	6.89	-0.29	-16.59	-16.87
花生仁	Peanut kernel	13.04	1.24	9.12	7.28
油菜籽	Rapeseeds	5.39	0.19	-0.55	-0.74
活猪	Hog	13.09	-2.75	-1.13	-2.21
仔猪	Piglet	20.46	0.99	-8.82	-10.27
猪肉	Pork	22.08	-0.27	-1.74	-3.62
牛肉	Beef	63.52	2.04	3.20	1.85
羊肉	Mutton	64.33	1.02	-2.19	-2.96
活鸡	Live chicken	19.34	3.15	13.43	9.80
鸡蛋	Eggs	10.93	0.18	15.91	13.16
草鱼	Grass carp	16.09	3.67	0.50	-1.92
鲤鱼	Carp	14.08	5.39	9.74	5.86
鲢鱼	Silver carp	11.14	3.05	2.01	-0.45
带鱼	Hairtail	23.93	1.36	3.91	2.68
大白菜	Chinese cabbage	2.46	24.24	26.15	13.27
黄瓜	Cucumber	8.08	25.86	16.43	5.53
西红柿	Tomato	7.24	27.69	-5.11	-14.21
菜椒	Green bell	9.66	27.61	16.39	1.53
四季豆	Kidney beans	11.88	24.14	5.23	-6.78
红富士苹果	Hongfushi apple	10.99	4.67	19.85	17.49
香蕉	Banana	7.18	9.45	13.25	11.35
橙子	Orange	8.83	6.51	24.72	21.59

3-20 全国农产品集贸市场月度价格及走势(2015年3月)
Monthly RMF Prices of Agricultural Products(Mar.2015)

品种	Categories	价格(元/公斤) Price (yuan/ kg)	价格走势 Increase rate 本月比上月上涨 Increase rate over the last month (%)	本月比上年同月上涨 Increase rate over the same month of the preceding year (%)	1-3月比上年同期上涨 Jan.-Mar.increase rate over the same periodof the preceding year (%)
籼稻	Long-grained nonglutinous rice	2.81	0.72	1.81	2.19
粳稻	Round-grained rice	3.22	0.63	2.55	2.24
小麦	Wheat	2.58		0.39	0.39
玉米	Corn	2.45	-1.21	3.38	3.38
大豆	Soybeans	6.27	-0.32	0.16	0.32
籼米	Polished long-grained nonglutinous rice	4.88	0.83	2.31	2.11
粳米	Polished round-grained rice	5.39	0.75	2.67	2.29
棉花(籽棉)	Cotton (unginned cotton)	6.93	0.58	-16.20	-16.65
花生仁	Peanut kernel	13.00	-0.31	10.92	8.44
油菜籽	Rapeseeds	5.36	-0.56	-0.74	-0.74
活猪	Hog	12.64	-3.44	4.20	-0.31
仔猪	Piglet	21.42	4.69	-2.28	-7.71
猪肉	Pork	21.23	-3.85	1.43	-2.07
牛肉	Beef	62.20	-2.08	1.57	1.74
羊肉	Mutton	63.15	-1.83	-3.11	-3.00
活鸡	Live chicken	18.95	-2.02	9.98	9.76
鸡蛋	Eggs	10.00	-8.51	4.38	10.18
草鱼	Grass carp	15.58	-3.17	-2.26	-2.05
鲤鱼	Carp	13.98	-0.71	10.51	7.39
鲢鱼	Silver carp	10.85	-2.60	-0.18	-0.55
带鱼	Hairtail	23.58	-1.46	2.70	2.60
大白菜	Chinese cabbage	2.57	4.47	21.80	16.42
黄瓜	Cucumber	5.71	-29.33	-7.46	1.36
西红柿	Tomato	6.06	-16.30	-13.18	-13.90
菜椒	Green bell	7.66	-20.70	1.46	1.47
四季豆	Kidney beans	10.24	-13.80	-8.90	-7.53
红富士苹果	Hongfushi apple	10.80	-1.73	16.63	17.21
香蕉	Banana	6.57	-8.50	2.18	8.15
橙子	Orange	8.77	-0.68	21.13	21.21

3-21 全国农产品集贸市场月度价格及走势(2015年4月)
Monthly RMF Prices of Agricultural Products(Apr.2015)

品 种	Categories	价格(元/公斤) Price (yuan/ kg)	价格走势 Increase rate		
			本月比上月上涨 Increase rate over the last month (%)	本月比上年同月上涨 Increase rate over the same month of the preceding year (%)	1-4月比上年同期上涨 Jan.-Apr.increase rate over the same periodof the preceding year (%)
籼 稻	Long-grained nonglutinous rice	2.82	0.36	2.17	1.82
粳 稻	Round-grained rice	3.24	0.62	2.86	2.56
小 麦	Wheat	2.58		0.78	0.39
玉 米	Corn	2.46	0.41	3.36	3.80
大 豆	Soybeans	6.23	-0.64	-0.64	0.16
籼 米	Polished long-grained nonglutinous rice	4.88		2.09	2.10
粳 米	Polished round-grained rice	5.40	0.19	2.66	2.29
棉花(籽棉)	Cotton (unginned cotton)	6.88	-0.72	-16.81	-16.77
花 生 仁	Peanut kernel	13.05	0.38	12.50	9.44
油 菜 籽	Rapeseeds	5.31	-0.93	-1.30	-0.92
活 猪	Hog	13.31	5.30	17.89	3.79
仔 猪	Piglet	23.27	8.64	10.23	-3.39
猪 肉	Pork	21.72	2.31	12.48	1.21
牛 肉	Beef	61.76	-0.71	1.16	1.59
羊 肉	Mutton	62.30	-1.35	-4.12	-3.28
活 鸡	Live chicken	18.71	-1.27	6.91	9.04
鸡 蛋	Eggs	9.46	-5.40	-5.40	6.17
草 鱼	Grass carp	15.50	-0.51	-2.70	-2.25
鲤 鱼	Carp	14.06	0.57	11.23	8.36
鲢 鱼	Silver carp	10.85		0.28	-0.27
带 鱼	Hairtail	23.47	-0.47	1.91	2.47
大 白 菜	Chinese cabbage	3.10	20.62	37.17	22.22
黄 瓜	Cucumber	4.81	-15.76	8.09	2.63
西 红 柿	Tomato	5.75	-5.12	-6.96	-12.34
菜 椒	Green bell	7.63	-0.39	15.96	4.50
四 季 豆	Kidney beans	9.29	-9.28	5.33	-4.92
红富士苹果	Hongfushi apple	10.79	-0.09	13.22	16.18
香 蕉	Banana	6.16	-6.24	-9.81	3.44
橙 子	Orange	8.82	0.57	14.55	19.56

3-22 全国农产品集贸市场月度价格及走势(2015年5月)
Monthly RMF Prices of Agricultural Products (May 2015)

品 种	Categories	价格(元/公斤) Price (yuan/ kg)	价格走势 Increase rate		
			本月比上月上涨 Increase rate over the last month (%)	本月比上年同月上涨 Increase rate over the same month of the preceding year (%)	1-5月比上年同期上涨 Jan.-May.increase rate over the same periodof the preceding year (%)
籼稻	Long-grained nonglutinous rice	2.83	0.35	2.54	2.18
粳稻	Round-grained rice	3.24		1.57	2.55
小麦	Wheat	2.56	-0.78		0.78
玉米	Corn	2.49	1.22	2.05	3.36
大豆	Soybeans	6.23		-0.95	-0.16
籼米	Polished long-grained nonglutinous rice	4.89	0.20	1.88	2.10
粳米	Polished round-grained rice	5.40		2.27	2.29
棉花(籽棉)	Cotton (unginned cotton)	6.90	0.29	-16.97	-16.77
花生仁	Peanut kernel	13.07	0.15	11.23	9.88
油菜籽	Rapeseeds	5.15	-3.01	-2.65	-1.30
活猪	Hog	14.03	5.41	5.57	4.23
仔猪	Piglet	24.63	5.84	6.72	-1.35
猪肉	Pork	22.53	3.73	4.64	1.90
牛肉	Beef	61.42	-0.55	0.54	1.40
羊肉	Mutton	61.75	-0.88	-4.57	-3.53
活鸡	Live chicken	18.48	-1.23	1.65	7.53
鸡蛋	Eggs	9.18	-2.96	-16.70	1.10
草鱼	Grass carp	15.49	-0.06	-5.66	-2.98
鲤鱼	Carp	14.13	0.50	5.29	7.74
鲢鱼	Silver carp	10.80	-0.46	-0.92	-0.46
带鱼	Hairtail	23.55	0.34	1.86	2.34
大白菜	Chinese cabbage	2.80	-9.68	25.56	22.86
黄瓜	Cucumber	4.03	-16.22	21.02	4.87
西红柿	Tomato	4.89	-14.96	-6.50	-11.51
菜椒	Green bell	6.18	-19.00	16.82	6.32
四季豆	Kidney beans	7.29	-21.53	10.96	-2.82
红富士苹果	Hongfushi apple	10.75	-0.37	4.78	13.62
香蕉	Banana	6.19	0.49	-17.69	-1.36
橙子	Orange	8.63	-2.15	6.54	16.69

3-23 全国农产品集贸市场月度价格及走势(2015年6月)
Monthly RMF Prices of Agricultural Products(June 2015)

品 种 Categories		价格(元/公斤) Price (yuan/ kg)	价格走势 Increase rate		
			本月比上月上涨 Increase rate over the last month (%)	本月比上年同月上涨 Increase rate over the same month of the preceding year (%)	1-6月比上年同期上涨 Jan.-Jun.increase rate over the same periodof the preceding year (%)
籼 稻	Long-grained nonglutinous rice	2.83		2.17	2.18
粳 稻	Round-grained rice	3.25	0.31	1.56	2.22
小 麦	Wheat	2.51	-1.95	-1.18	0.39
玉 米	Corn	2.50	0.40	0.81	2.92
大 豆	Soybeans	6.23		-1.11	-0.32
籼 米	Polished long-grained nonglutinous rice	4.89		1.45	1.88
粳 米	Polished round-grained rice	5.41	0.19	2.27	2.28
棉花(籽棉)	Cotton (unginned cotton)	6.87	-0.43	-17.13	-16.77
花生仁	Peanut kernel	13.03	-0.31	10.89	9.97
油菜籽	Rapeseeds	5.08	-1.36	-2.87	-1.49
活 猪	Hog	14.81	5.56	13.49	5.77
仔 猪	Piglet	26.09	5.93	14.18	1.30
猪 肉	Pork	23.45	4.08	8.46	3.02
牛 肉	Beef	61.29	-0.21	0.52	1.24
羊 肉	Mutton	61.31	-0.71	-5.20	-3.80
活 鸡	Live chicken	18.20	-1.52	0.50	6.30
鸡 蛋	Eggs	8.99	-2.07	-14.30	-1.59
草 鱼	Grass carp	15.51	0.13	-5.83	-3.46
鲤 鱼	Carp	14.24	0.78	4.71	7.13
鲢 鱼	Silver carp	10.88	0.74	-0.55	-0.46
带 鱼	Hairtail	23.66	0.47	2.29	2.34
大白菜	Chinese cabbage	2.94	5.00	13.08	20.55
黄 瓜	Cucumber	3.42	-15.14	10.68	5.46
西红柿	Tomato	4.02	-17.79	-8.01	-11.11
菜 椒	Green bell	5.19	-16.02	16.11	7.34
四季豆	Kidney beans	5.82	-20.16	-4.90	-3.12
红富士苹果	Hongfushi apple	10.78	0.28	-1.37	10.92
香 蕉	Banana	5.82	-5.98	-20.71	-4.90
橙 子	Orange	8.56	-0.81	2.51	14.12

3-24 全国农产品集贸市场月度价格及走势(2015年7月)
Monthly RMF Prices of Agricultural Products (July 2015)

品　种 Categories		价格(元/公斤) Price (yuan/ kg)	价格走势 Increase rate		
			本月比上月上涨 Increase rate over the last month (%)	本月比上年同月上涨 Increase rate over the same month of the preceding year (%)	1-7月比上年同期上涨 Jan.-Jul.increase rate over the same periodof the preceding year (%)
籼稻	Long-grained nonglutinous rice	2.83		2.17	2.18
粳稻	Round-grained rice	3.26	0.31	1.24	2.22
小麦	Wheat	2.51		-1.95	
玉米	Corn	2.49	-0.40	-1.97	2.07
大豆	Soybeans	6.22	-0.16	-1.74	-0.48
籼米	Polished long-grained nonglutinous rice	4.90	0.20	1.66	1.88
粳米	Polished round-grained rice	5.43	0.37	2.26	2.28
棉花(籽棉)	Cotton (unginned cotton)	6.80	-1.02	-17.87	-17.01
花生仁	Peanut kernel	13.11	0.61	11.67	10.15
油菜籽	Rapeseeds	5.08		-3.61	-1.87
活猪	Hog	16.82	13.57	24.04	8.43
仔猪	Piglet	29.36	12.53	28.49	5.30
猪肉	Pork	26.15	11.51	18.11	5.22
牛肉	Beef	61.30	0.02	0.48	1.14
羊肉	Mutton	61.20	-0.18	-5.35	-4.02
活鸡	Live chicken	18.25	0.27	0.55	5.42
鸡蛋	Eggs	9.20	2.34	-17.12	-3.92
草鱼	Grass carp	15.43	-0.52	-5.74	-3.77
鲤鱼	Carp	14.31	0.49	5.22	6.86
鲢鱼	Silver carp	10.86	-0.18	-1.36	-0.55
带鱼	Hairtail	23.64	-0.08	1.55	2.21
大白菜	Chinese cabbage	2.84	-3.40	7.58	18.67
黄瓜	Cucumber	3.77	10.23	17.81	6.80
西红柿	Tomato	4.27	6.22	6.48	-9.38
菜椒	Green bell	4.94	-4.82	16.51	8.23
四季豆	Kidney beans	5.81	-0.17	10.25	-1.95
红富士苹果	Hongfushi apple	10.80	0.19	-3.91	8.46
香蕉	Banana	5.54	-4.81	-23.27	-7.64
橙子	Orange	8.56		1.54	12.21

3-25 全国农产品集贸市场月度价格及走势(2015年8月)
Monthly RMF Prices of Agricultural Products(Aug.2015)

品种 Categories		价格(元/公斤) Price (yuan/ kg)	价格走势 Increase rate		
			本月比上月上涨 Increase rate over the last month (%)	本月比上年同月上涨 Increase rate over the same month of the preceding year (%)	1-8月比上年同期上涨 Jan.-Aug.increase rate over the same periodof the preceding year (%)
籼稻	Long-grained nonglutinous rice	2.83		1.80	2.17
粳稻	Round-grained rice	3.28	0.61	2.50	1.89
小麦	Wheat	2.51		-2.71	-0.39
玉米	Corn	2.45	-1.61	-6.84	0.82
大豆	Soybeans	6.22		-2.05	-0.64
籼米	Polished long-grained nonglutinous rice	4.90		1.45	1.88
粳米	Polished round-grained rice	5.44	0.18	2.45	2.28
棉花(籽棉)	Cotton (unginned cotton)	6.73	-1.03	-17.12	-17.05
花生仁	Peanut kernel	13.21	0.76	11.29	10.41
油菜籽	Rapeseeds	5.03	-0.98	-4.91	-2.25
活猪	Hog	17.84	6.06	21.61	10.35
仔猪	Piglet	31.54	7.43	34.33	9.08
猪肉	Pork	27.94	6.80	19.40	7.14
牛肉	Beef	61.39	0.15	0.38	1.04
羊肉	Mutton	60.93	-0.44	-5.84	-4.24
活鸡	Live chicken	18.66	2.25	-0.11	4.71
鸡蛋	Eggs	10.50	14.13	-12.72	-5.17
草鱼	Grass carp	15.38	-0.32	-5.64	-4.01
鲤鱼	Carp	14.10	-1.47	2.92	6.37
鲢鱼	Silver carp	10.93	0.64	0.18	-0.46
带鱼	Hairtail	23.57	-0.30	0.99	2.03
大白菜	Chinese cabbage	2.98	4.93	14.18	17.83
黄瓜	Cucumber	4.29	13.79	22.22	8.10
西红柿	Tomato	4.96	16.16	25.89	-6.29
菜椒	Green bell	4.96	0.40	18.94	9.09
四季豆	Kidney beans	6.88	18.42	12.05	-0.60
红富士苹果	Hongfushi apple	10.57	-2.13	-4.34	6.75
香蕉	Banana	5.46	-1.44	-31.15	-11.08
橙子	Orange	8.59	0.35	-1.38	10.22

3-26 全国农产品集贸市场月度价格及走势(2015年9月)
Monthly RMF Prices of Agricultural Products(Sep.2015)

品 种 Categories		价格(元/公斤) Price (yuan/ kg)	价格走势 Increase rate		
			本月比上月上涨 Increase rate over the last month (%)	本月比上年同月上涨 Increase rate over the same month of the preceding year (%)	1-9月比上年同期上涨 Jan.-Sep.increase rate over the same periodof the preceding year (%)
籼稻	Long-grained nonglutinous rice	2.78	-1.77	0.36	1.81
粳稻	Round-grained rice	3.25	-0.91	1.56	2.21
小麦	Wheat	2.48	-1.20	-4.25	-1.17
玉米	Corn	2.38	-2.86	-9.16	-0.40
大豆	Soybeans	6.17	-0.80	-3.14	-0.95
籼米	Polished long-grained nonglutinous rice	4.89	-0.20	1.45	1.88
粳米	Polished round-grained rice	5.44		2.06	2.27
棉花(籽棉)	Cotton (unginned cotton)	6.79	0.89	-15.76	-16.75
花生仁	Peanut kernel	12.97	-1.82	8.81	10.23
油菜籽	Rapeseeds	5.17	2.38	-2.64	-2.25
活猪	Hog	30.63	-2.89	32.43	11.50
仔猪	Piglet	27.83	-0.39	18.38	11.70
猪肉	Pork	61.75	0.59	0.57	8.49
牛肉	Beef	27.41	0.22	-8.91	0.98
羊肉	Mutton	60.92	-0.02	-5.62	-4.40
活鸡	Live chicken	18.81	0.80	-0.11	4.18
鸡蛋	Eggs	10.36	-1.33	-13.45	-6.22
草鱼	Grass carp	15.23	-0.98	-5.17	-4.14
鲤鱼	Carp	13.81	-2.06	1.54	5.82
鲢鱼	Silver carp	10.88	-0.46	-0.46	-0.46
带鱼	Hairtail	23.49	-0.34	0.64	1.90
大白菜	Chinese cabbage	2.86	-4.03	10.42	17.17
黄瓜	Cucumber	3.98	-7.23	-5.69	6.70
西红柿	Tomato	5.38	8.47	29.33	-3.42
菜椒	Green bell	5.14	3.63	15.51	9.72
四季豆	Kidney beans	6.72	-2.33	3.86	-0.24
红富士苹果	Hongfushi apple	10.10	-4.45	-3.81	5.43
香蕉	Banana	5.37	-1.65	-34.43	-14.10
橙子	Orange	9.20	7.10	4.07	9.45

3-27 全国农产品集贸市场月度价格及走势(2015年10月)
Monthly RMF Prices of Agricultural Products(Oct.2015)

品 种	Categories	价格(元/公斤) Price (yuan/ kg)	价格走势 Increase rate 本月比上月上涨 Increase rate over the last month (%)	本月比上年同月上涨 Increase rate over the same month of the preceding year (%)	1-10月比上年同期上涨 Jan.-Oct.increase rate over the same periodof the preceding year (%)
籼稻	Long-grained nonglutinous rice	2.78		0.72	1.81
粳稻	Round-grained rice	3.21	-1.23	0.94	1.89
小麦	Wheat	2.43	-2.02	-6.54	-1.56
玉米	Corn	2.21	-7.14	-12.30	-1.62
大豆	Soybeans	6.06	-1.78	-4.27	-1.27
籼米	Polished long-grained nonglutinous rice	4.87	-0.41	1.04	1.67
粳米	Polished round-grained rice	5.41	-0.55	1.69	2.27
棉花(籽棉)	Cotton (unginned cotton)	6.68	-1.62	-9.61	-16.18
花生仁	Peanut kernel	12.79	-1.39	6.76	9.79
油菜籽	Rapeseeds	5.14	-0.58	-3.20	-2.25
活猪	Hog	16.82	-4.32	18.79	12.32
仔猪	Piglet	28.80	-5.97	30.73	13.55
猪肉	Pork	26.87	-3.45	15.67	9.21
牛肉	Beef	61.54	-0.34	0.18	0.91
羊肉	Mutton	60.58	-0.56	-6.19	-4.58
活鸡	Live chicken	18.53	-1.49	-1.80	3.49
鸡蛋	Eggs	9.57	-7.63	-18.27	-7.56
草鱼	Grass carp	14.99	-1.58	-5.55	-4.27
鲤鱼	Carp	13.57	-1.74	1.65	5.36
鲢鱼	Silver carp	10.72	-1.47	-1.20	-0.55
带鱼	Hairtail	23.35	-0.60	0.56	1.77
大白菜	Chinese cabbage	2.34	-18.18	1.30	15.45
黄瓜	Cucumber	4.04	1.51	-5.39	5.43
西红柿	Tomato	5.60	4.09	26.70	-0.92
菜椒	Green bell	5.03	-2.14	6.79	9.59
四季豆	Kidney beans	6.43	-4.32	2.39	
红富士苹果	Hongfushi apple	9.53	-5.64	-4.99	4.45
香蕉	Banana	4.95	-7.82	-34.26	-16.13
橙子	Orange	9.15	-0.54	4.81	8.98

3-28 全国农产品集贸市场月度价格及走势(2015年11月)
Monthly RMF Prices of Agricultural Products (Nov.2015)

品 种	Categories	价格(元/公斤) Price (yuan/ kg)	价格走势 Increase rate		
			本月比上月上涨 Increase rate over the last month (%)	本月比上年同月上涨 Increase rate over the same month of the preceding year (%)	1-11月比上年同期上涨 Jan.-Nov.increase rate over the same periodof the preceding year (%)
籼稻	Long-grained nonglutinous rice	2.76	-0.72	-0.36	1.45
粳稻	Round-grained rice	3.20	-0.31	1.27	1.89
小麦	Wheat	2.44	0.41	-6.15	-1.95
玉米	Corn	2.19	-0.90	-10.98	-2.43
大豆	Soybeans	6.04	-0.33	-4.13	-1.59
籼米	Polished long-grained nonglutinous rice	4.87		0.62	1.67
粳米	Polished round-grained rice	5.40	-0.18	1.69	2.08
棉花(籽棉)	Cotton (unginned cotton)	6.45	-3.44	-8.51	-15.63
花生仁	Peanut kernel	12.68	-0.86	3.51	9.26
油菜籽	Rapeseeds	5.12	-0.39	-4.30	-2.43
活猪	Hog	16.48	-2.02	17.05	12.79
仔猪	Piglet	28.26	-1.88	32.61	15.18
猪肉	Pork	26.08	-2.94	13.44	9.63
牛肉	Beef	61.66	0.19	-0.15	0.80
羊肉	Mutton	58.99	-2.62	-8.29	-4.91
活鸡	Live chicken	18.55	0.11	-1.12	3.10
鸡蛋	Eggs	9.66	0.94	-16.00	-8.34
草鱼	Grass carp	14.82	-1.13	-6.08	-4.46
鲤鱼	Carp	13.44	-0.96	1.13	5.06
鲢鱼	Silver carp	10.66	-0.56	-1.11	-0.64
带鱼	Hairtail	23.55	0.86	1.33	1.73
大白菜	Chinese cabbage	2.16	-7.69	8.00	14.78
黄瓜	Cucumber	6.46	59.90	18.97	7.07
西红柿	Tomato	6.27	11.96	31.17	1.68
菜椒	Green bell	5.93	17.89	14.48	9.86
四季豆	Kidney beans	8.33	29.55	10.33	0.88
红富士苹果	Hongfushi apple	9.43	-1.05	-6.08	3.56
香蕉	Banana	4.86	-1.82	-29.57	-17.30
橙子	Orange	9.03	-1.31	8.27	8.94

3-29 全国农产品集贸市场月度价格及走势(2015年12月)
Monthly RMF Prices of Agricultural Products(Dec.2015)

品　种 Categories		价格(元/公斤) Price (yuan/ kg)	价格走势 Increase rate		
			本月比上月上涨 Increase rate over the last month (%)	本月比上年同月上涨 Increase rate over the same month of the preceding year (%)	1-12月比上年同期上涨 Jan.-Dec.increase rate over the same periodof the preceding year (%)
籼　稻	Long-grained nonglutinous rice	2.77	0.36	-0.36	1.45
粳　稻	Round-grained rice	3.20		0.63	1.58
小　麦	Wheat	2.44		-5.79	-1.95
玉　米	Corn	2.19		-10.61	-3.24
大　豆	Soybeans	6.03	-0.17	-3.83	-1.75
籼　米	Polished long-grained nonglutinous rice	4.86	-0.21	0.41	1.67
粳　米	Polished round-grained rice	5.39	-0.19	1.51	2.08
棉花(籽棉)	Cotton (unginned cotton)	6.52	1.09	-6.19	-14.93
花生仁	Peanut kernel	12.63	-0.39	-0.16	8.28
油菜籽	Rapeseeds	5.14	0.39	-4.28	-2.62
活　猪	Hog	16.62	0.85	21.05	13.43
仔　猪	Piglet	28.43	0.60	38.75	17.04
猪　肉	Pork	26.15	0.27	15.81	10.15
牛　肉	Beef	61.60	-0.10	-0.77	0.73
羊　肉	Mutton	58.59	-0.68	-8.80	-5.23
活　鸡	Live chicken	18.59	-0.05	-0.75	2.92
鸡　蛋	Eggs	9.70	0.31	-13.62	-8.77
草　鱼	Grass carp	14.73	-0.61	-6.00	-4.54
鲤　鱼	Carp	13.40	-0.30	0.22	4.68
鲢　鱼	Silver carp	10.63	-0.28	-1.67	-0.73
带　鱼	Hairtail	23.72	0.72	1.63	1.81
大白菜	Chinese cabbage	2.10	-3.23	5.00	14.54
黄　瓜	Cucumber	6.60	2.17	1.07	6.42
西红柿	Tomato	6.50	3.67	22.41	3.35
菜　椒	Green bell	6.53	10.12	4.48	9.45
四季豆	Kidney beans	9.09	9.12	4.36	1.12
红富士苹果	Hongfushi apple	9.48	0.53	-8.05	2.67
香　蕉	Banana	4.82	-0.82	-27.63	-18.10
橙　子	Orange	8.61	-4.65	4.11	8.67

3-30 2015年各地区农产品集贸市场价格
Annual RMF Prices of Agricultural Products by Region(2015)

单位：元/公斤　　　　Unit: yuan/ kg

地区	Region	粮食 Grain				
		籼稻 Long-grained nonglutinous rice	粳稻 Round-grained rice	小麦 Wheat	玉米 Corn	大豆 Soybeans
北京	Beijing					7.29
天津	Tianjin		3.70	2.43	2.27	6.80
河北	Hebei			2.38	2.11	6.03
山西	Shanxi			2.40	2.08	7.15
内蒙古	Inner Mongolia		4.00	2.73	2.12	6.52
辽宁	Liaoning		3.15		2.16	5.47
吉林	Jilin		3.15		2.05	6.38
黑龙江	Heilongjiang		3.41		2.06	4.95
上海	Shanghai					
江苏	Jiangsu	2.62	2.89	2.28	2.31	5.78
浙江	Zhejiang	3.02	3.15	2.98	2.92	6.00
安徽	Anhui	2.64	2.84	2.26	2.24	5.27
福建	Fujian	2.95	3.23	3.10	3.33	6.55
江西	Jiangxi	2.66				6.84
山东	Shandong		2.91	2.36	2.06	5.56
河南	Henan	2.56	3.21	2.31	2.02	5.59
湖北	Hubei	2.66	2.78	2.15	2.49	5.93
湖南	Hunan	2.78	2.71		3.04	7.02
广东	Guangdong	2.91	2.89	3.98	4.09	6.93
广西	Guangxi	2.84		5.00	2.81	7.61
海南	Hainan	3.35			5.75	7.01
重庆	Chongqing	2.77	3.83	2.43	2.51	6.54
四川	Sichuan	2.57	2.70	2.37	2.48	6.39
贵州	Guizhou	3.51	4.26	2.94	2.63	6.34
云南	Yunnan	3.15	3.49	3.07	2.40	6.74
陕西	Shaanxi			2.24	2.04	5.67
甘肃	Gansu			2.52	2.18	4.45
青海	Qinghai					
宁夏	Ningxia		2.82	2.74	2.08	5.00
新疆	Xinjiang		3.82	2.74	2.19	7.35

3-30 续表 1 continued 1 单位：元/公斤 (yuan/kg)

地 区	Region	粮 食 Grain		棉 花 (籽棉) Cotton (unginned cotton)	油料 Oil-bearing crops	
		籼米 Polished longgrain nonglutinous rice	粳米 Polished round-grained rice		花生仁 Peanut kernel	油菜籽 Rapeseeds
北 京	Beijing		5.67	2.00	12.79	
天 津	Tianjin	6.00	6.00	10.00	13.42	
河 北	Hebei	4.79	5.29	6.77	12.24	
山 西	Shanxi		5.85	11.08	12.96	5.35
内蒙古	Inner Mongolia		6.06		12.60	4.43
辽 宁	Liaoning		5.20		12.64	
吉 林	Jilin		5.18		13.12	
黑龙江	Heilongjiang		5.54		14.84	
上 海	Shanghai	5.28	5.57		13.98	
江 苏	Jiangsu	4.22	4.43	5.77	12.44	5.01
浙 江	Zhejiang	4.16	4.56	8.00	15.01	5.68
安 徽	Anhui	4.38	5.06	6.73	12.11	5.27
福 建	Fujian	4.51	4.87		13.02	
江 西	Jiangxi	4.80		5.53	13.62	4.82
山 东	Shandong		5.39	7.24	10.92	
河 南	Henan	4.85	5.15	7.09	11.10	4.82
湖 北	Hubei	4.95	5.30	6.05	12.65	4.33
湖 南	Hunan	5.16	5.65	7.09	13.49	5.63
广 东	Guangdong	5.36	5.55		13.32	
广 西	Guangxi	5.31			12.86	
海 南	Hainan	4.77			13.33	
重 庆	Chongqing	4.87	6.70		15.02	5.57
四 川	Sichuan	4.71	5.73		13.66	5.27
贵 州	Guizhou	5.50	6.60		14.86	5.17
云 南	Yunnan	4.84	5.73		13.93	5.57
陕 西	Shaanxi	4.48	5.81	7.45	11.87	
甘 肃	Gansu	5.95	6.02		13.91	5.54
青 海	Qinghai	5.28	6.52		16.00	
宁 夏	Ningxia		4.90		17.00	
新 疆	Xinjiang		5.45	5.22	13.95	5.30

3-30 续表 2 continued 2

单位：元/公斤 (yuan/kg)

地 区	Region	畜产品 Livestock products						
		活猪 Hog	仔猪 Piglet	猪肉 Pork	牛肉 Beef	羊肉 Mutton	活鸡 Live chicken	鸡蛋 Eggs
北 京	Beijing	15.20	28.96	24.44	55.00	56.50	10.41	9.09
天 津	Tianjin	15.39	22.08	24.79	55.17	53.63	14.50	8.48
河 北	Hebei	14.62	24.59	22.91	52.77	53.20	12.40	8.19
山 西	Shanxi	15.05	42.27	22.85	55.62	47.39	13.98	8.11
内 蒙 古	Inner Mongolia	14.84	29.66	22.76	52.60	47.10	12.92	8.79
辽 宁	Liaoning	15.02	33.12	24.55	57.94	63.76	21.58	8.38
吉 林	Jilin	14.78	30.39	21.63	56.33	56.29	24.17	8.31
黑 龙 江	Heilongjiang	15.26	29.87	24.13	55.94	60.58	14.60	8.18
上 海	Shanghai			28.36	62.59	58.17	21.60	10.28
江 苏	Jiangsu	14.74	21.07	24.72	63.06	60.84	15.41	8.83
浙 江	Zhejiang	15.61	17.48	26.06	74.20	65.61	18.42	10.74
安 徽	Anhui	15.59	27.20	24.75	60.17	55.53	14.54	9.51
福 建	Fujian	15.50	30.78	21.33	84.47	88.34	32.42	10.24
江 西	Jiangxi	15.62	23.27	23.70	79.99	62.07	21.99	11.31
山 东	Shandong	14.76	20.08	23.71	55.05	61.74	12.03	8.10
河 南	Henan	15.09	27.59	23.88	56.04	59.28	14.20	8.14
湖 北	Hubei	15.64	29.10	26.55	64.83	58.73	17.19	10.50
湖 南	Hunan	15.58	25.61	26.13	73.10	70.38	21.29	12.36
广 东	Guangdong	15.64	18.91	24.66	74.74	76.70	24.46	11.82
广 西	Guangxi	15.43	23.01	23.65	67.66	74.70	25.67	12.73
海 南	Hainan	16.09	26.03	24.89	87.63	89.13	24.02	12.06
重 庆	Chongqing	16.18	19.57	23.29	61.54	56.68	34.37	11.16
四 川	Sichuan	15.44	20.49	25.38	57.55	60.13	21.27	11.39
贵 州	Guizhou	17.52	20.45	27.57	62.72	72.33	25.62	14.65
云 南	Yunnan	16.03	25.27	27.50	65.96	78.01	20.21	13.62
陕 西	Shaanxi	15.18	33.78	25.28	51.83	61.99	18.26	8.95
甘 肃	Gansu	15.00	29.64	24.70	57.47	47.07	20.13	9.78
青 海	Qinghai	17.28	60.21	26.50	59.25	44.29	25.42	10.44
宁 夏	Ningxia	14.80	37.29	26.36	54.75	50.19	23.25	9.08
新 疆	Xinjiang	14.53	24.06	24.38	55.83	54.07	17.22	8.76

3-30 续表 3 continued 3

单位：元/公斤 (yuan/kg)

地 区	Region	水产品 Aquatic products				水 果 Fruits		
		草鱼 Grass carp	鲤鱼 Carp	鲢鱼 Silver carp	带鱼 Hairtail	红富士苹果 Hongfushi apple	香蕉 Banana	橙子 Orange
北 京	Beijing	15.92	14.79	8.17	24.05	10.88	5.57	13.00
天 津	Tianjin	14.08	13.71	6.67	27.42	9.65	5.25	8.75
河 北	Hebei	14.92	14.16	7.67	19.13	7.74	4.72	8.01
山 西	Shanxi	14.76	15.48	11.46	24.06	7.64	5.14	8.62
内蒙古	Inner Mongolia	16.04	14.58	10.04	23.18	10.90	6.77	9.30
辽 宁	Liaoning	16.22	14.71	10.23	22.09	9.07	6.63	9.97
吉 林	Jilin	16.21	13.78	9.13	20.39	10.21	6.54	11.32
黑龙江	Heilongjiang	15.17	14.49	11.26	17.40	9.95	6.39	7.95
上 海	Shanghai	15.68	16.97	16.24	44.21	12.78	8.47	12.96
江 苏	Jiangsu	13.85	9.87	8.36	24.45	10.16	5.65	10.63
浙 江	Zhejiang	14.80	12.39	10.06	33.75	11.27	6.64	8.70
安 徽	Anhui	14.25	10.82	8.15	20.64	8.73	5.33	8.20
福 建	Fujian	16.56	16.03	13.03	31.86	11.99	5.27	8.45
江 西	Jiangxi	12.91	7.70	7.36	19.58	11.75	5.59	9.75
山 东	Shandong	14.35	14.55	9.01	18.67	6.24	4.25	7.63
河 南	Henan	13.74	13.64	8.20	17.22	8.13	4.51	8.32
湖 北	Hubei	12.76	8.96	7.64	24.62	12.86	6.84	9.14
湖 南	Hunan	14.81	12.84	8.92		13.22	6.20	8.61
广 东	Guangdong	17.34	12.45	10.85	35.15	13.26	5.34	6.79
广 西	Guangxi	14.72	13.28	8.40		11.98	5.20	6.24
海 南	Hainan	12.62	12.15	11.54	43.79	14.84	6.79	10.07
重 庆	Chongqing	16.41	16.99	12.33	31.31	15.77	7.70	6.70
四 川	Sichuan	16.68	17.26	23.36	20.31	11.83	6.70	5.30
贵 州	Guizhou	17.59	18.52	20.20	26.33	12.71	6.86	6.96
云 南	Yunnan	16.08	16.23	14.86	25.86	10.04	4.92	7.86
陕 西	Shaanxi	17.24	16.69	10.92	30.83	7.79	6.20	
甘 肃	Gansu	20.81	17.83	16.31	25.77	8.41	5.70	6.94
青 海	Qinghai	17.42	18.08	12.88	25.75	13.25	8.22	12.00
宁 夏	Ningxia	19.60	16.20	9.78	25.90	10.52	5.91	9.83
新 疆	Xinjiang	17.70	15.79	11.85	19.87	10.53	6.23	15.81

3-30 续表 4 continued 4

单位：元/公斤 (yuan/kg)

地 区	Region	蔬 菜 Vegetable 大白菜 Chinese cabbage	黄瓜 Cucumber	西红柿 Tomato	菜椒 Green bell	四季豆 Kidney beans
北 京	Beijing	2.23	5.51	5.43	5.74	7.07
天 津	Tianjin	2.38	5.25	5.68	6.11	7.77
河 北	Hebei	1.93	4.62	5.00	6.01	8.17
山 西	Shanxi	1.85	4.63	4.86	5.89	7.16
内蒙古	Inner Mongolia	2.21	4.73	5.50	6.75	9.11
辽 宁	Liaoning	2.20	4.86	5.08	6.73	8.16
吉 林	Jilin	2.29	5.43	6.22	7.19	9.49
黑龙江	Heilongjiang	1.73	4.66	5.30	5.94	7.80
上 海	Shanghai	3.28	7.30	7.21	10.69	11.42
江 苏	Jiangsu	2.23	5.09	5.66	5.78	8.42
浙 江	Zhejiang	3.11	7.07	7.17	7.96	10.47
安 徽	Anhui	2.56	5.02	5.40	5.44	7.63
福 建	Fujian	3.36	5.38	6.31	6.89	8.58
江 西	Jiangxi	3.72	5.50	6.29	6.42	8.48
山 东	Shandong	1.69	4.20	4.53	5.45	7.80
河 南	Henan	2.01	4.41	4.61	5.16	7.50
湖 北	Hubei	3.08	6.33	6.50	6.38	9.53
湖 南	Hunan	3.15	5.26	6.70	7.87	7.97
广 东	Guangdong	4.30	4.54	5.73	7.06	4.24
广 西	Guangxi	3.17	4.98	5.21	6.55	6.72
海 南	Hainan	4.50	5.47	6.68	7.29	9.54
重 庆	Chongqing	2.81	6.00	6.19	7.11	7.26
四 川	Sichuan	3.25	5.39	6.14	6.30	7.08
贵 州	Guizhou	3.63	5.77	5.53	5.96	6.84
云 南	Yunnan	2.84	4.42	4.65	6.19	5.26
陕 西	Shaanxi	1.91	4.81	5.43	6.16	7.64
甘 肃	Gansu	2.05	4.83	4.69	6.50	7.64
青 海	Qinghai	2.90	6.79	6.25	10.67	10.92
宁 夏	Ningxia	2.46	4.96	4.73	6.03	9.08
新 疆	Xinjiang	2.53	6.10	5.76	6.93	10.29

附录　全国农产品价格调查方案

Appendix　Programmes for the Survey of the Prices of Agricultural Products

农产品生产者价格调查与价格指数编报方案

1.调查目的

农产品生产者价格是指农产品生产者第一手（直接）出售其产品时实际获得的单位产品价格。开展农产品生产者价格调查是为了全面收集农产品生产者价格资料，客观反映全国农产品生产者价格水平和结构变动情况，满足农业与国民经济核算需要，为各级政府制定农业保护与农产品流通政策提供决策依据，向社会各界提供优质的农产品价格信息服务。

2.调查对象与调查方式

调查对象：抽选的农业生产经营单位。

调查方式：生产者价格调查采取抽样调查和重点调查相结合的调查方法。抽样调查将有农产品出售的农业生产经营单位列为调查对象，采取随机抽样的调查方法；对一些区域性比较强的农产品则采取在主产区主观选样的方法选择农业生产经营单位作为调查对象（调查对象的抽选办法详见《农产品生产者价格和主要农产品中间消耗调查网点抽选办法》）。

3.调查内容

农产品生产者价格调查的内容为被调查单位生产并出售的主要农产品，被调查单位在辅助调查员的指导下将在报告期出售的农产品的名称、出售数量、价格、金额及时记入农产品生产者价格调查台账（台账表式附后）。

《农产品参考目录》是在充分征求部门、地方意见的基础上，根据新的行业分类标准制定的，各地必须执行全国统一的分类标准和代码。

4.调查周期和数据上报

农产品生产者价格调查周期为季度，执行日历年度。

《农产品生产者价格基层表》由县调查队（统计局）审核上报省（区、市）调查总队。季报数据应包括农业生产经营单位在报告期出售的农产品的名称、产品代码、计量单位、出售数量、金额、价格以及相应的基期价格。

《农产品生产者价格指数》综合定期报表由各调查总队上报国家统计局农村司，时间为季（年）度最后月的25日前。

5.农产品生产者价格的汇总方法

（1）计算调查单位某种农产品的平均价格（加权算术平均法）

某调查单位在报告期某产品出售金额之和除以报告期该产品出售数量之和。基期和报告期价格的计算方法相同。公式为:

$$p^h=\frac{\sum_{i=1}^{n}p_iq_i}{\sum_{i=1}^{n}q_i}$$

式中：P^h 为调查单位农产品季度平均价格，P_i 为第 i 次出售价格，q_i 为第 i 次出售数量，n 为农产品出售次数。

（2）计算某种农产品县级均价（简单平均法）

通过对不同调查单位某种农产品的季度平均价格进行简单平均得到该农产品县级均价。基期和报告期的计算方法相同。公式为:

$$P^x=\frac{\sum_{i=1}^{m}p_i^h}{m}$$

式中：P^x 为农产品县级平均价格，p_i^h 为第 i 个调查单位的季度平均价格，m 为出售农产品的调查单位个数。

（3）计算某种农产品省级均价（几何平均法）

通过对不同调查县某种农产品的县级平均价格进行几何平均得到该农产品省级均价。基期和报告期的计算方法相同。公式为:

$$p^s=\sqrt[u]{\prod_{i=1}^{u}p_i^x}$$

式中：P^s 为农产品省级平均价格，p_i^x 为第 i 个县的季度平均价格，u 为出售农产品的调查县个数。

（4）计算某种农产品全国均价（几何平均法）

通过对不同省份某种农产品的省级平均价格进行几何平均得到该农产品全国均价。基期和报告期的计算方法相同。公式为:

$$p^{qg}=\sqrt[v]{\prod_{i=1}^{v}p_j^s}$$

式中：P^{ag}为农产品全国平均价格，p_j^s为第 i 个省的季度平均价格，v为出售农产品的调查省个数。

6.农产品代表产品的确定

（1）代表产品选择的原则和要求

①农、林、牧、渔四大类、各中类以及 90%以上的小类均选有代表品，以使价格指数能较好地反映各类别价格变动情况。

②选择对国计民生影响大的产品，一般生产量和销售量大的产品对国计民生影响较大。

③选择稳定性强的产品，因为代表品一经确定，就要连续观察几年。

④选择具有发展前景的新产品作为代表品。

⑤具有地方特色的产品，虽然在全国比重不大，但具有地方特色，也应选为代表品。一些季节性强的产品从全年看比重不大，但在某些季节是当地的主要产品，也要考虑进来，以确保全年和各季度平均价格及指数的代表性。

代表品一般稳定五年。在五年期间，若产品结构调整较快，以致影响代表性时，可提前进行修订。

（2）国家代表产品的选择

编制农产品生产者价格指数是以代表产品（类别）的价格变动来反映全部农产品的价格变化趋势和变动幅度。确定科学、合理的代表品对于编制农产品生产者价格指数具有重要意义。如果代表产品过少，会造成代表品不足、价格指数不准确；代表品过多，工作量过大，造成不必要的浪费。根据上述原则，在充分征求部门和地方意见的基础上，国家统计局农村司制订了全国农产品生产者价格调查的代表类别和代表产品。即《农产品参考目录》中用“*”所列示的农、林、牧、渔 4 个大类、180 种代表品。上述代表产品代表的各类别销售额占当年全国农产品销售额的 70%以上，具有足够的代表性。

（3）地方代表产品的选择

各省、自治区、直辖市执行全国统一的分类标准和代码，并根据国家下发的《农产品参考目录》，结合本地实际确定代表产品，包括目录中没有但在当地比较重要的产品。对于各地自行增加的代表品要报农村司审定，取得统一编码。

7.农产品代表品权数的计算

权数是衡量每种产品重要性的指标。由于每种产品在农业经济中的地位和作用不同，其价格变动对全部农产品价格变动的影响也有所不同。所以在计算价格指数时，要科学、合理地确定权数。

（1）权数确定的原则和要求

①只计算代表类别和代表产品的权数（如国家只给农产品参考目录中带*号的类别和产品分配权数），其他产品不分配权数。

②采用 2008—2010 三年的资料平均计算权数，权数一般五年更换一次。在五年期间，若出现产品更新换代快，以致影响权数代表性的情况时，应及时进行合理修正。

③重点做好大类、中类权数和重要品种权数的审核。对生产量和销售量不大、资料又难以收集的商品，在计算其权数时，可先确定该商品所在类的类值，并确定该类别主要商品的权数，用分摊法将剩余的权数按其比例（重要程度的次序）分配给余下的商品。

④由于农产品生产与出售季节性比较强，为客观、准确地反映农业生产者价格变动趋势和变动幅度，要对季度、季度累计和全年分别计算权数。

（2）权数的种类与资料来源

①商品（销售）权数：用于计算农产品生产者价格指数。

农产品商品（销售）权数主要利用农产品销售额进行计算，各种代表产品的商品（销售）权数合计为 1000。权数资料来源于农村住户和农场的农产品出售金额资料，也可根据农村住户调查季报和账页资料进行加工整理，或利用农产品产量与商品率资料推算。

②产值权数：用于缩减农业发展速度。

各种代表产品的产值权数合计为 1000。产值权数资料取自农林牧渔业产值统计，或通过重点调查、部门资料进行推算。

8.农产品生产者价格指数计算方法与步骤

农产品生产者价格指数是反映一定时期内，农产品生产者出售的农产品价格水平变动趋势及幅度的相对数。

（1） 计算代表品本季价格指数

①代表品省级价格指数：通过对本省范围内不同调查县某农产品报告期均价与基期均价之比的几何平均得到，或者直接用该农产品省级报告期均价除以基期均价得到，两种方法可得到相同的结果。公式为：

$$I^s=\sqrt[w]{\prod_{i=1}^{w}\frac{p_{i1}^x}{p_{i0}^x}}=\sqrt[w]{\frac{\prod_{i=1}^{w}p_{i1}^x}{\prod_{i=1}^{w}p_{i0}^x}}$$

$$=\frac{\sqrt[w]{\prod_{i=1}^{w}p_{i1}^x}}{\prod_{i=1}^{w}p_{i=0}^x}=\frac{p_1^s}{p_0^s}$$

式中：I^s 为代表品省级价格指数，p_{i1}^x 为第 i 个调查县报告期价格，p_{i0}^x 为第 i 个调查县基期价格，p_1^x 为省级报告期价格，p_0^s 为省级基期价格。

②代表品全国个体指数：通过对某代表品的全部调查省的报告期均价与基期均价之比的几何平均得到，或者某代表品全国报告期均价除以基期均价得到，两种方法能够得到相同的结果。

$$I^{qg}=\sqrt[g]{\prod_{i=1}^{g}\frac{p_{i1}^s}{p_{i0}^s}}=\sqrt[g]{\frac{\prod_{i=1}^{g}p_{i1}^s}{\prod_{i=1}^{g}p_{i0}^s}}$$

$$=\frac{\sqrt[g]{\prod_{i=1}^{g}p_{i1}^s}}{\prod_{i=1}^{q}p_{i0}^s}=\frac{p_{i1}^s}{p_0^{qg}}$$

式中：I^{qg} 为代表品全国价格指数，p_{i1}^s 为第 i 个调查省报告期价格，p_{i0}^s 为第 i 个调查省基期价格，p_1^{qg} 为全国报告期价格，p_0^{qg} 为全国基期价格。

（2）计算代表品累计价格指数

①代表品省级累计价格指数：首先用省级单季价格的简单平均得到累计价格，基期和报告期的计算方法相同，公式为：

$$p^{s,l_j}=\frac{\sum_{i=1}^{m}p^{s,dj}}{m}$$

式中：p^{s,l_j} 为省级累计价格，$p^{s,dj}$ 为省级单季价格，m 为季度数。

然后，利用该代表品省级报告期累计价格除以基期累计价格，得到累计价格指数，公式为：

$$I^{s,l_j}=\frac{p_1^{s,l_j}}{p_0^{s,l_j}}$$

式中：$I^{s,lj}$ 为代表品省级累计价格指数，$p_1^{s,lj}$ 为省级报告期累计价格，$p_0^{s,lj}$ 为省级基期累计价格。

（3）计算小类价格指数

$$I=\frac{\sum I_iW_i}{\sum W_i}$$

式中：I 为该小类指数，I_i 为该小类下第 i 个代表品价格指数，W_i 为第 i 个代表品的产值权数或销售额权数。

（4）计算中类价格指数

$$I=\frac{\sum I_iW_i}{\sum W_i}$$

式中：I 为中类价格指数，I_i 为该中类下第 i 个小类价格指数，W_i 为第 i 个小类的产值权数或销售额权数。

（5）大类及总指数的计算，同中类价格指数计算方法。

（6）国家和省级价格指数计算方法一致。

9.农产品生产者价格调查有关问题说明

（1）农产品生产者价格是农业生产经营单位第一次出售其产品时所获得的价格，因此，所调查的代表品是由被调查单位生产且出售的农产品，外购再出售的农产品不作为调查内容。

（2）如果抽中的调查单位在调查时没有任何销售活动，该记录的各项观测值均为零，在季报时仍应保留该样本，同时上报空记录的个数，并说明情况。如确定该调查户或单位在半年内都不可能有销售活动，则应以样本附近或相似特征的调查对象替换。

（3）县队在数据录入、审核时，如果发现某调查单位某些代表产品报告期与基期价格变动幅度较大，应查询该调查单位出售的该代表品在品种、品质、销售条件等方面是否发生了改变，如果是由于上述非价格变动因素引起的，则应该剔除非价格变动因素，使报告期与基期代表品同质可比；如果新的产品已成为市场主流，则一般应调整基期价格。调整的方法可以相邻农户或地域的同质产品价格代替，如果缺乏相邻农户或地域的同质产品价格，也可以为空。

农产品集贸市场价格调查方案

1.调查目的

农产品集贸市场价格是指全国农产品主产区集贸市场主要农产品的成交价格。开展农产品集贸市场价格调查旨在收集农产品集贸市场价格资料，准确把握全国大宗农产品在主产区的价格走势，为提高我国农产品主产区的区域优势和市场竞争力服务。

2.调查内容

农产品集贸市场价格调查内容包括农牧渔业 31 种主要产品的集贸市场价格（调查品种见《农产品集贸市场价格（M405 表）》）。

3.调查对象

农产品集贸市场价格调查的统计范围为全国选中的农产品主产县。

4.调查周期与数据上报

（1）农产品集贸市场价格调查周期为月报。

（2）采价时间为每月 25 日左右，即每月 24-26 日内任一工作日。

（3）数据上报时间：采价后及时发送到服务器，如发现填报错误可在二个工作日内修正重报。

5.采价办法

（1）各省（区、市）对调查品种要统一口径，不得随意变换。所有调查品种的采价范围都是指一般普通商品、中等规格。经过加工，带有品牌包装的商品不在调查之列；经过分拣后加入精美包装作为礼品出售的农产品也不在调查之内。

（2）对于固定采价集市上没有的品种（如稻谷、活猪和籽棉等），为了保证调查数据的完整性，可采取以下几种办法：①可到其他有出售的市场取得价格；②仅在调查日当天无出售的产品，可根据上一日的情况采价；③原粮和籽棉可用市场上的大米和皮棉按当地的折算比率取得或到大米和籽棉加工点取得；④活猪价格可到农户或屠宰场取得；⑤当地不生产、也不从外地调入的产品价格就空缺。

（3）对同一品种不同等级价格的采价不好把握时，可用交易量较大的三个以上摊位价格的简单平均价作为该产品的价格。对同一品种、同一摊位、同一等级成交价格不一致时，用交易量较大的成交价作为该摊位、该产品的价格。

（4）猪、牛、羊肉如市场上出售的是带骨肉，采价时需按当地比率折成去骨价。

（5）水产品：淡水鱼要求是采活鱼价格（规格为 1-2 公斤）；带鱼可采死鱼价（包括每条规格在 0.5-1 公斤重的冷冻带鱼段）。

（6）蔬菜：采新鲜蔬菜价格。

（7）水果：采新鲜水果价格。

6.填报说明

（1）产品代码与计量单位：产品代码按 M405 表规定填报；单价单位为元/公斤（如采价时为“元/斤”应换算为元/公斤）。

（2）价格数据保留两位小数。

（3）如部分产品缺项，单价项应空缺。

（4）严格数据审核。各调查总队要对数据进行严格审核把关，在上报三个工作日内发现问题，可反馈县调查队核实重新上报（不计入差错）。

（5）开展农产品市场价格专题分析，有关农副产品价格的重大信息与研究报告，及时报送文字材料。

（6）年度价格走势分析与调查数据质量评估报告随 12 月价格报表一同报送。

7.指标解释

（1）籼稻：水稻的一种，茎秆较高较软，叶子黄绿色，稻穗上的籽粒较稀，稻粒长而细。

（2）粳稻：水稻的一种，茎秆较矮，叶子较窄，深绿色，稻粒短而粗。

（3）玉米：一年生草本植物，茎高二、三米，叶子长而大，子实比黄豆稍大。

（4）籼米：籼稻碾出的米，黏性小。

（5）粳米：粳稻碾出的米，黏性较大。

（6）籽棉：是指棉农从棉枝上摘下的、未经轧花加工除籽的棉花。籽棉经过加工后去掉棉籽的棉花叫皮棉。籽棉加工成皮棉的比例一般是 10：3，即 10 公斤籽棉可加工成 3 公斤皮棉。

（7）花生仁：去壳的生花生。

（8）活猪：待宰的肥猪（也称毛猪，一般在65公斤以上）。

（9）仔猪：待育肥的普通小猪（一般指刚断奶的猪）。

（10）草鱼：身体圆筒形，微绿色，生活在淡水中，吃水草。

（11）鲤鱼：身体侧扁，背部苍黑色，腹部黄白色，嘴边有须一对，淡水鱼。

（12）鲢鱼：身体侧扁，鳞细，背部青黑色，腹部白色，淡水鱼。

（13）菜椒：也称柿子椒。

（14）四季豆：部分地区也称扁豆。

（15）中等：产品规格栏的“中等”有两种含义。原粮的“中等”是指国家规定的中准级，其他品种的“中等”是指市场实际交易数量较多的质量等级。

农产品参考目录

产品代码	农产品类别与品名	生产者价格代表产品	计　量
1	农业产品	*	
101	谷物	*	
10101	稻谷	*	公斤
1010101	早籼稻	*	公斤
101010101	种用早籼稻		公斤
101010199	其他早籼稻	*	公斤
1010102	晚籼稻	*	公斤
101010201	种用晚籼稻		公斤
101010299	其他晚籼稻	*	公斤
1010103	中籼稻	*	公斤
101010301	种用中籼稻		公斤
101010399	其他中籼稻	*	公斤
1010104	粳稻	*	公斤
101010401	种用粳稻		公斤
101010499	其他粳稻	*	公斤
1010105	糯稻		公斤
101010501	种用糯稻		公斤
101010599	其他糯稻		公斤
1010199	其他稻谷		公斤
101019901	其他种用稻谷		公斤
101019999	其他未列明稻谷		公斤
10102	小麦	*	公斤
1010201	硬质小麦	*	公斤
101020101	种用硬质小麦		公斤
101020199	其他硬质小麦	*	公斤
1010202	软质小麦	*	公斤
101020201	种用软质小麦		公斤
101020299	其他软质小麦	*	公斤
1010299	其他小麦		公斤
101029901	其他种用小麦		公斤
101029999	其他未列明小麦		公斤
10103	玉米	*	公斤
1010301	白玉米	*	公斤
101030101	种用白玉米		公斤
101030199	其他白玉米	*	公斤
1010302	黄玉米	*	公斤
101030201	种用黄玉米		公斤
101030299	其他黄玉米	*	公斤
1010303	糯玉米		公斤
101030301	种用糯玉米		公斤
101030399	其他糯玉米		公斤
1010304	甜玉米		公斤
101030401	种用甜玉米		公斤
101030499	其他甜玉米		公斤
1010399	其他玉米		公斤
101039901	其他种用玉米		公斤
101039999	其他未列明玉米		公斤
10104	谷子		公斤
101040100	硬谷子		公斤
101040200	糯谷子		公斤
101049900	其他谷子		公斤

续表 1 continued 1

产品代码	农产品类别与品名	生产者价格代表产品	计 量
10105	高粱		公斤
1010501	红粒高粱		公斤
101050101	种用红粒高粱		公斤
101050199	其他红粒高粱		公斤
1010502	白粒高粱		公斤
101050201	种用白粒高粱		公斤
101050299	其他白粒高粱		公斤
1010503	糯高粱		公斤
101050301	种用糯高粱		公斤
101050399	其他糯高粱		公斤
1010599	其他高粱		公斤
101059901	其他种用高粱		公斤
101059999	其他未列明高粱		公斤
10106	大麦		公斤
1010601	裸大麦		公斤
101060101	种用裸大麦		公斤
101060199	其他裸大麦		公斤
1010602	皮大麦		公斤
101060201	种用皮大麦		公斤
101060299	其他皮大麦		公斤
10107	燕麦		公斤
101070100	裸燕麦		公斤
101070200	皮燕麦		公斤
101080000	黑麦		公斤
10109	荞麦		公斤
101090100	甜荞麦		公斤
101090200	苦荞麦		公斤
10199	其他谷物		公斤
1019901	糜子		公斤
101990101	硬糜子		公斤
101990102	糯糜子		公斤
101990200	紫米		公斤
101990300	薏苡		公斤
101999900	其他未列明谷物		公斤
102	薯类	*	公斤
10201	马铃薯	*	公斤
102010100	种用马铃薯		公斤
102019900	其他马铃薯	*	公斤
10202	木薯		公斤
102020100	鲜木薯		公斤
102020200	木薯干		公斤
102029900	其他木薯		公斤
10203	甘薯	*	公斤
102030100	种用甘薯		公斤
102030200	甘薯干		公斤
102039900	其他鲜甘薯	*	公斤
102990000	其他薯类		公斤
103	油料	*	公斤
10301	花生	*	公斤
1030101	带壳花生		公斤
103010101	种用带壳花生		公斤
103010199	其他带壳花生	*	公斤

续表 2 continued 2

产品代码	农产品类别与品名	生产者价格代表产品	计　量
103010200	花生仁		公斤
10302	油菜籽	*	公斤
1030201	双低油菜籽	*	公斤
103020101	种用双低油菜籽		公斤
103020199	其他双低油菜籽	*	公斤
1030299	其他油菜籽		公斤
103029901	其他种用油菜籽		公斤
103029999	其他未列明油菜籽		公斤
10303	葵花籽		公斤
1030301	油葵		公斤
103030101	种用油葵		公斤
103030199	其他油葵		公斤
1030302	食葵		公斤
103030201	种用食葵		公斤
103030299	其他食葵		公斤
10304	芝麻	*	公斤
1030401	白芝麻	*	公斤
103040101	种用白芝麻		公斤
103040199	其他白芝麻	*	公斤
1030402	黑芝麻	*	公斤
103040201	种用黑芝麻		公斤
103040299	其他黑芝麻	*	公斤
1030403	黄芝麻		公斤
103040301	种用黄芝麻		公斤
103040399	其他黄芝麻		公斤
10305	胡麻籽		公斤
103050100	种用胡麻籽		公斤
103059900	其他胡麻籽		公斤
10306	棉籽		公斤
103060100	种用棉籽		公斤
103069900	其他棉籽		公斤
10307	蓖麻籽		公斤
103070100	种用蓖麻籽		公斤
103079900	其他蓖麻籽		公斤
10308	芥子		公斤
103080100	种用芥子		公斤
103089900	其他芥子		公斤
10309	红花籽		公斤
103090100	种用红花籽		公斤
103099900	其他红花籽		公斤
10310	油棕果及油棕仁		公斤
103100100	种用油棕果及油棕仁		公斤
103109900	其他油棕果及油棕仁		公斤
103110000	罂粟子		公斤
103120000	油橄榄果		公斤
103130000	油茶籽(油料)		公斤
103990000	其他油料		公斤
104	豆类	*	公斤
10401	大豆	*	公斤
104010100	黄大豆	*	公斤
104010200	黑大豆		公斤
104010300	青大豆		公斤

续表 3 continued 3

产品代码	农产品类别与品名	生产者价格代表产品	计　量
104010400	褐红大豆		公斤
104010500	双青豆		公斤
104010600	青仁乌豆		公斤
104010700	小黑豆		公斤
104019900	其他大豆		公斤
10402	绿豆	*	公斤
1040201	明绿豆	*	公斤
104020101	种用明绿豆		公斤
104020199	其他明绿豆	*	公斤
1040202	毛绿豆	*	公斤
104020201	种用毛绿豆		公斤
104020299	其他毛绿豆	*	公斤
10403	小豆	*	公斤
104030100	红小豆	*	公斤
104030200	灰白小豆		公斤
104030300	狸小豆		公斤
104039900	其他小豆		公斤
10404	干豌豆		公斤
1040401	白豌豆		公斤
104040101	种用白豌豆		公斤
104040199	其他白豌豆		公斤
1040402	绿豌豆		公斤
104040201	种用绿豌豆		公斤
104040299	其他绿豌豆		公斤
1040403	麻豌豆		公斤
104040301	种用麻豌豆		公斤
104040399	其他麻豌豆		公斤
10405	小扁豆		公斤
104050100	大粒小扁豆		公斤
104050200	小粒小扁豆		公斤
10406	干蚕豆		公斤
104060100	种用干蚕豆		公斤
104069900	其他干蚕豆		公斤
10407	芸豆		公斤
104070100	种用芸豆		公斤
104079900	其他芸豆		公斤
10408	饭豆		公斤
104080100	种用饭豆		公斤
104089900	其他饭豆		公斤
10409	干豇豆		公斤
104090100	种用干豇豆		公斤
104099900	其他干豇豆		公斤
10410	鹰嘴豆		公斤
104100100	种用鹰嘴豆		公斤
104109900	其他鹰嘴豆		公斤
10499	其他杂豆		公斤
104990100	种用杂豆		公斤
104999900	其他未列明杂豆		公斤
105	棉花	*	公斤
105010000	籽棉	*	公斤
10502	皮棉		公斤
105020100	细绒棉皮棉		公斤

续表 4

continued 4

产品代码	农产品类别与品名	生产者价格代表产品	计　量
105020200	长绒棉皮棉		公斤
105990000	其他棉花		公斤
106	生麻	*	公斤
106010000	生亚麻	*	公斤
106020000	生苎麻	*	公斤
106030000	生黄红麻	*	公斤
106040000	生线麻		公斤
106050000	生苘麻		公斤
106060000	生大麻		公斤
106070000	生剑麻		公斤
106990000	其他生麻类纤维植物		公斤
107	糖料	*	公斤
107010000	甘蔗	*	公斤
107020000	甜菜	*	公斤
107990000	其他糖料		公斤
108	未加工烟草	*	公斤
108010000	未去梗烤烟叶	*	公斤
108020000	未去梗晒烟叶	*	公斤
108030000	未去梗晾烟叶		公斤
108040000	未去梗白肋烟		公斤
108990000	其他未加工烟草		公斤
109	饲料作物		公斤
109010000	苜蓿		公斤
109020000	青饲料		公斤
10903	饲料牧草		公斤
109030100	苜蓿干草		公斤
109030200	羊草		公斤
109030300	沙打旺		公斤
109039900	其他饲料牧草		公斤
109040000	饲料作物用种子		公斤
109990000	其他饲料作物		公斤
110	水生植物类		公斤
110010000	芦苇		公斤
110020000	席草		公斤
110030000	苇子		公斤
110040000	莲子		公斤
110050000	蒲草		公斤
110060000	茨菇		公斤
110990000	其他水生植物类		公斤
112	蔬菜及食用菌	*	公斤
11201	蔬菜	*	公斤
1120101	叶菜类蔬菜	*	公斤
112010101	芹菜	*	公斤
112010102	油菜	*	公斤
112010103	菠菜	*	公斤
112010104	苋菜		公斤
112010105	空心菜		公斤
112010106	香菜		公斤
112010107	茼蒿		公斤
112010108	小白菜		公斤
112010109	冬寒菜		公斤
112010110	木耳菜		公斤

续表 5 continued 5

产品代码	农产品类别与品名	生产者价格代表产品	计 量
112010111	茴香		公斤
112010199	其他叶菜类蔬菜		公斤
1120102	白菜类蔬菜	*	公斤
112010201	大白菜	*	公斤
112010202	普通白菜		公斤
112010203	乌榻菜		公斤
112010204	菜心(菜薹)		公斤
112010205	紫菜薹		公斤
1120103	芥菜类蔬菜		公斤
112010301	叶用芥菜		公斤
112010302	茎用芥菜		公斤
112010303	根用芥菜		公斤
1120104	甘蓝类蔬菜	*	公斤
112010401	结球甘蓝	*	公斤
112010402	菜花	*	公斤
112010403	花椰菜	*	公斤
112010404	青花菜		公斤
112010405	抱子甘蓝		公斤
112010406	球茎甘蓝		公斤
112010407	芥蓝		公斤
1120105	根茎类蔬菜	*	公斤
112010501	白萝卜	*	公斤
112010502	红萝卜	*	公斤
112010503	胡萝卜	*	公斤
112010504	水萝卜	*	公斤
112010505	生姜	*	公斤
112010506	榨菜头		公斤
112010507	芋头		公斤
112010508	百合		公斤
112010509	山药		公斤
112010510	牛蒡		公斤
112010511	魔芋		公斤
112010599	其他根茎类蔬菜		公斤
1120106	瓜菜类蔬菜	*	公斤
112010601	黄瓜	*	公斤
112010602	冬瓜	*	公斤
112010603	西葫芦		公斤
112010604	苦瓜		公斤
112010605	南瓜		公斤
112010606	佛手瓜		公斤
112010607	丝瓜		公斤
112010608	瓠瓜		公斤
112010699	其他瓜菜类蔬菜		公斤
1120107	豆类蔬菜	*	公斤
112010701	扁豆		公斤
112010702	荚豆		公斤
112010703	豇豆	*	公斤
112010704	豌豆		公斤
112010705	四季豆	*	公斤
112010706	毛豆		公斤
112010707	蚕豆		公斤
112010799	其他豆类蔬菜		公斤

续表 6

continued 6

产品代码	农产品类别与品名	生产者价格代表产品	计　量
1120108	茄果类蔬菜	*	公斤
112010801	茄子	*	公斤
112010802	青椒	*	公斤
112010803	辣椒	*	公斤
112010804	西红柿	*	公斤
112010899	其他茄果类蔬菜		公斤
1120109	莴苣及菊苣类蔬菜	*	公斤
112010901	生菜	*	公斤
112010902	结球莴苣(包心生菜)		公斤
112010903	莴笋	*	公斤
112010999	其他莴苣及菊苣类蔬菜		公斤
1120110	葱蒜类蔬菜	*	公斤
112011001	洋葱		公斤
112011002	大葱	*	公斤
112011003	细香葱		公斤
112011004	薤菜		公斤
112011005	大蒜	*	公斤
112011006	蒜苗		公斤
112011007	蒜苔	*	公斤
112011008	蒜头	*	公斤
112011009	韭菜		公斤
112011099	其他葱蒜类蔬菜		公斤
1120111	水生蔬菜	*	公斤
112011101	莲藕	*	公斤
112011102	荸荠		公斤
112011103	慈姑		公斤
112011104	莼菜		公斤
112011105	水芹		公斤
112011106	菱角		公斤
112011107	茭白	*	公斤
112011199	其他水生蔬菜		公斤
1120112	养植蔬菜		公斤
112011201	豌豆苗		公斤
112011202	豆芽菜		公斤
112011203	黄花		公斤
112011204	香椿		公斤
112011205	竹笋		公斤
112011206	芦笋		公斤
112011207	金针菜		公斤
112011208	黄秋葵		公斤
112011209	菊苣		公斤
112011299	其他养殖蔬菜		公斤
112011300	蔬菜籽		公斤
112019900	其他蔬菜		公斤
11202	食用菌	*	公斤
112020100	平菇	*	公斤
112020200	金针菇	*	公斤
112020300	双孢蘑菇		公斤
112020400	鸡腿菇		公斤
112020500	杏鲍菇		公斤
112020600	茶树菇		公斤
112020700	滑菇		公斤

续表 7 continued 7

产品代码	农产品类别与品名	生产者价格代表产品	计 量
112020800	草菇		公斤
112020900	猴头菌		公斤
112021000	香菇	*	公斤
112021100	竹荪		公斤
112021200	黑木耳	*	公斤
112021300	黄背木耳		公斤
112021400	白木耳	*	公斤
112021500	松茸		公斤
112021600	榛蘑		公斤
112021700	灰树花		公斤
112029900	其他食用菌		公斤
113	花卉	*	
11301	盆栽花	*	
113010100	孤挺花		盆
113010200	银莲花(鳞茎类)		盆
113010300	美人蕉	*	盆
113010400	窄叶小草		盆
113010500	铃兰		盆
113010600	藏红花		盆
113010700	仙客来		盆
113010800	大丽花		盆
113010900	独尾草		盆
113011000	小苍兰		盆
113011100	盆栽贝母		盆
113011200	雪花莲		盆
113011300	大岩桐		盆
113011400	风信子		盆
113011500	鸢尾		盆
113011600	观音兰		盆
113011700	水仙头		盆
113011800	水仙花	*	盆
113011900	虎眼万年青		盆
113012000	酢浆草		盆
113012100	晚香玉		盆
113012200	毛茛		盆
113012300	茜草		盆
113012400	老虎莲		盆
113012500	郁金香		盆
113012600	杜鹃		盆
113012700	盆栽菊花	*	盆
113012800	凤梨		盆
113012900	兰花		盆
113013000	一品红		盆
113013100	花烛属		盆
113013200	君子兰		盆
113013300	秋海棠		盆
113013400	伽兰菜		盆
113013500	新几内亚凤仙		盆
113013600	仙人掌及多浆植物		盆
113013700	花坛花卉		盆
113013800	木本盆花		盆
113019900	其他盆栽花		盆

续表 8 continued 8

产品代码	农产品类别与品名	生产者价格代表产品	计　量
11302	鲜切花及花蕾	*	
113020100	康乃馨	*	枝
113020200	满天星	*	枝
113020300	勿忘我	*	枝
113020400	玫瑰		枝
113020500	情人草		枝
113020600	紫罗兰		枝
113020700	月季		枝
113020800	香石竹		枝
113020900	唐菖蒲		枝
113021000	百合花	*	枝
113021100	非洲菊	*	枝
113021200	补血草		枝
113021300	马蹄莲		枝
113021400	火鹤		枝
113029900	其他鲜切花及花蕾		枝
114	盆景及园艺产品		
11401	园艺产品		
1140101	盆栽观叶植物		
114010101	龙血树		株
114010102	马拉巴栗		株
114010103	喜林芋		株
114010104	绿萝		株
114010105	变叶木		株
114010106	袖珍椰子		株
114010107	盆栽散尾葵		株
114010108	绿巨人		株
114010109	花叶万年青		株
114010110	竹芋		株
114010111	白鹤芋		株
114010112	花叶芋		株
114010113	亮丝草		株
114010199	其他盆栽观叶植物		株
114010200	草皮		平方米
114010300	草坪		平方米
114019900	其他园艺产品		
114990000	其他盆景及园艺产品		
116	水果及坚果	*	
11601	水果(园林水果)	*	公斤
1160101	苹果	*	公斤
116010101	红富士苹果	*	公斤
116010102	国光苹果	*	公斤
116010103	秦冠苹果	*	公斤
116010104	香蕉苹果		公斤
116010105	金冠苹果		公斤
116010106	元帅苹果		公斤
116010107	新红星苹果		公斤
116010199	其他苹果		公斤
1160102	梨	*	公斤
116010201	雪花梨	*	公斤
116010202	鸭梨	*	公斤
116010203	酥梨	*	公斤

续表 9 continued 9

产品代码	农产品类别与品名	生产者价格代表产品	计 量
116010204	香梨		公斤
116010205	苹果梨		公斤
116010206	黄冠梨		公斤
116010207	绿宝石梨		公斤
116010208	冬果梨		公斤
116010209	汞梨		公斤
116010210	黄花梨		公斤
116010299	其他梨		公斤
1160103	柑橘类水果	*	公斤
116010301	柑橘	*	公斤
116010302	橙	*	公斤
116010303	宽皮柑橘		公斤
116010304	柚类	*	公斤
116010305	金柑		公斤
116010399	其他柑橘类水果		公斤
1160104	葡萄	*	公斤
116010401	巨峰葡萄	*	公斤
116010402	玫瑰香葡萄		公斤
116010403	白葡萄		公斤
116010404	龙眼葡萄		公斤
116010405	木纳格葡萄		公斤
116010406	红提葡萄		公斤
116010407	酿造葡萄		公斤
116010499	其他葡萄		公斤
1160105	热带水果	*	公斤
116010501	香蕉	*	公斤
116010502	菠萝		公斤
116010503	龙眼		公斤
116010504	荔枝		公斤
116010505	枇杷		公斤
116010506	红毛丹		公斤
116010507	芒果		公斤
116010508	橄榄		公斤
116010509	无花果		公斤
116010510	鳄梨		公斤
116010511	番石榴		公斤
116010512	山竹果		公斤
116010513	杨桃		公斤
116010514	莲雾		公斤
116010515	火龙果		公斤
116010599	其他热带水果		公斤
1160106	瓜类水果	*	公斤
116010601	西瓜	*	公斤
116010602	哈密瓜	*	公斤
116010603	华莱士瓜		公斤
116010604	香瓜		公斤
116010605	伊利沙白瓜		公斤
116010606	金瓜		公斤
116010607	木瓜		公斤
116010699	其他瓜类水果		公斤
1160199	其他水果		公斤
116019901	樱桃		公斤

续表 10

continued 10

产品代码	农产品类别与品名	生产者价格代表产品	计 量
116019902	枣		公斤
116019903	红果		公斤
116019904	柿子		公斤
116019905	桃		公斤
116019906	李子		公斤
116019907	石榴		公斤
116019908	杏		公斤
116019909	杨梅		公斤
116019910	草莓		公斤
116019911	黑莓		公斤
116019912	桑椹		公斤
116019913	猕猴桃		公斤
116019914	沙棘		公斤
116019999	其他未列明水果		
11602	干制水果及水果籽		
1160201	干制水果		
116020101	葡萄干		公斤
116020102	杏干		公斤
116020103	梅干及李干		公斤
116020104	苹果干		公斤
116020105	龙眼干、肉		公斤
116020106	柿饼		公斤
116020107	干枣		公斤
116020108	椰子干		公斤
116020109	荔枝干		公斤
116020199	其他干制水果		公斤
1160202	水果籽		公斤
116020201	杏核		公斤
116020202	葡萄籽		公斤
116020299	其他水果籽		公斤
11603	食用坚果	*	公斤
1160301	椰子		公斤
116030101	种用椰子		公斤
116030199	其他椰子		公斤
116030200	腰果		公斤
116030300	核桃	*	公斤
116030400	山核桃		公斤
1160305	栗子	*	公斤
116030501	板栗	*	公斤
116030502	锥栗		公斤
116030503	丹东栗		公斤
116030599	其他栗子		公斤
116030600	松子		公斤
116030700	榛子		公斤
116030800	阿月浑子果(开心果)		公斤
116030900	槟榔		公斤
116031000	白果		公斤
116031100	香榧		公斤
116031200	巴旦杏		公斤
116031300	夏威夷果		公斤
116039900	其他食用坚果		公斤
117	茶及饮料原料	*	

续表 11 continued 11

产品代码	农产品类别与品名	生产者价格代表产品	计 量
11701	茶叶	*	公斤
117010100	红茶	*	公斤
117010200	绿茶	*	公斤
117010300	白茶		公斤
117010400	黄茶		公斤
1170105	清茶	*	公斤
117010501	铁观音		公斤
117010502	乌龙茶	*	公斤
117010599	其他清茶		公斤
1170106	黑茶		公斤
117010601	普洱茶		公斤
117010699	其他黑茶		公斤
1170107	再加工茶		公斤
117010701	银杏茶		公斤
117010799	其他再加工茶		公斤
117019900	其他茶叶		公斤
11799	其他饮料原料		公斤
117990100	可可豆		公斤
117990200	咖啡豆		公斤
117999900	其他未列明饮料原料		公斤
118	香料原料		公斤
11801	调味香料		公斤
118010100	花椒		公斤
118010200	胡椒		公斤
118010300	八椒		公斤
118010400	桂皮		公斤
118010500	桂花		公斤
118010600	丁香		公斤
118010700	豆蔻		公斤
118010800	小茴香		公斤
118010900	咖喱		公斤
118011000	枯茗子		公斤
118011100	蒿子		公斤
118011200	杜松果		公斤
118019900	其他调味香料		公斤
11802	香味料		公斤
118020100	香子兰		公斤
118020200	香茅草		公斤
118020300	薄菏油		公斤
118020400	留兰香		公斤
118020500	啤酒花		公斤
118020600	番红花		公斤
118020700	姜黄		公斤
118020800	麝香草		公斤
118020900	月桂叶		公斤
118029900	其他香味料		公斤
119	中草药材		公斤
119010000	甘草		公斤
119020000	人参	*	公斤
119030000	古柯叶		公斤
119040000	罂粟杆		公斤
119050000	当归		公斤

续表 12 continued 12

产品代码	农产品类别与品名	生产者价格代表产品	计　量
119060000	田七		公斤
119070000	党参		公斤
119080000	黄连		公斤
119090000	菊花	*	公斤
119100000	冬虫夏草		公斤
119110000	贝母		公斤
119120000	川芎		公斤
119130000	半夏		公斤
119140000	白芍		公斤
119150000	天麻		公斤
119160000	黄芪		公斤
119170000	大黄、籽黄		公斤
119180000	白术		公斤
119190000	地黄		公斤
119200000	槐米		公斤
119210000	杜仲		公斤
119220000	茯苓		公斤
119230000	枸杞	*	公斤
119240000	大海子		公斤
119250000	沉香		公斤
119260000	沙参		公斤
119270000	青蒿		公斤
119280000	鱼藤根		公斤
119290000	除虫菊		公斤
119300000	灵芝		公斤
119310000	五味子		公斤
119320000	刺五加		公斤
119330000	生地		公斤
119340000	麦冬		公斤
119350000	云木香		公斤
119360000	白芷		公斤
119370000	元胡	*	公斤
119380000	山茱萸		公斤
119390000	莲翘		公斤
119400000	辛夷		公斤
119410000	厚朴		公斤
119420000	黄芩		公斤
119430000	葛根		公斤
119440000	柴胡		公斤
119450000	麻黄		公斤
119460000	列当		公斤
119470000	肉苁蓉		公斤
119480000	锁阳		公斤
119490000	罗布麻		公斤
119990000	其他中草药材		公斤
2	林业产品		
201	育种和育苗		
20103	苗木类		株
2010301	针叶乔木苗类		株
201030101	杉树树苗		株
201030102	柏树树苗		株
201030103	松树树苗		株

续表 13 continued 13

产品代码	农产品类别与品名	生产者价格代表产品	计　量
201030104	银杏树苗		株
201030199	其他针叶乔木树苗		株
2010302	阔叶乔木苗类		株
201030201	槭树类树苗		株
201030202	枫树类树苗		株
201030203	冬青树类树苗		株
201030204	桦树类树苗		株
201030205	木棉树类树苗		株
201030206	榛树类树苗		株
201030207	杨树类树苗		株
201030208	柳树类树苗		株
201030209	樟树类树苗		株
201030210	楠木类树苗		株
201030211	榆树类树苗		株
201030212	桂花树苗		株
201030213	相思类树苗		株
201030214	壳斗科类树苗		株
201030299	其他阔叶乔木树苗		株
2010303	果树苗		株
201030301	苹果树苗		株
201030302	梨树苗		株
201030303	葡萄树苗		株
201030304	柑橘树苗		株
201030305	桃树苗		株
201030399	其他果树苗		株
2010304	竹苗		株
201030401	毛竹苗		株
201030402	撑蒿竹苗		株
201030403	水竹苗		株
201030404	淡竹苗		株
201030405	慈竹苗		株
201030406	红壳竹苗		株
201030407	绿竹苗		株
201030499	其他竹苗		株
2010305	灌木树苗		株
201030501	蔷荔枝类灌木树苗		株
201030502	夹竹桃类灌木树苗		株
201030503	冬青类灌木树苗		株
201030504	小檗类灌木树苗		株
201030505	桦木及杨树类灌木树苗		株
201030599	其他灌木树苗	*	株
202	木材采伐产品	*	
20201	原木	*	立方米
2020101	针叶原木	*	立方米
202010101	红松原木		立方米
202010102	樟子松原木		立方米
202010103	白松(云杉和冷杉)原木		立方米
202010104	辐射松原木		立方米
202010105	落叶松原木	*	立方米
202010106	马尾松原木	*	立方米
202010107	云南松原木		立方米
202010108	杉木原条		立方米

续表 14 continued 14

产品代码	农产品类别与品名	生产者价格代表产品	计　量
202010199	其他针叶原木	*	立方米
2020102	非针叶原木	*	立方米
202010201	栎木(橡木)原木	*	立方米
202010202	山毛榉木原木		立方米
202010203	楠木原木		立方米
202010204	樟木原木		立方米
202010205	泡桐木原木		立方米
202010206	杨树原木		立方米
202010207	水曲柳原木		立方米
202010208	胡桃楸原木		立方米
202010209	柞木原木		立方米
202010210	桦木原木		立方米
202010211	榆木原木		立方米
202010212	柳木原木		立方米
202010213	椴木原木		立方米
202010214	桉树原木		立方米
202010299	其他非针叶原木		立方米
20202	小规格木材		立方米
202020100	针叶木小规格木材		立方米
202029900	其他木小规格木材		立方米
202030000	薪材		立方米
202040000	短条及细枝等	*	立方米
203	竹材采伐产品	*	
20301	竹材	*	吨
203010100	毛竹	*	吨
203010200	撑蒿竹		吨
203010300	水竹		吨
203010400	淡竹		吨
203010500	慈竹		吨
203010600	红壳竹		吨
203019900	其他竹材		吨
203990000	其他竹材采伐产品	*	吨
204	林产品	*	
20401	天然橡胶	*	公斤
204010100	天然橡胶乳		公斤
204010200	烟胶片		公斤
204010300	胶清片		公斤
204010400	白皱片		公斤
204010500	褐胶片		公斤
204010600	标准胶片		公斤
204019900	其他天然橡胶	*	公斤
20402	天然树脂、树胶	*	公斤
204020100	天然生漆	*	公斤
204020200	天然松脂		公斤
204020300	虫胶		公斤
204020400	桃胶		公斤
204020500	冷杉胶		公斤
204029900	其他天然树脂、树胶		公斤
20403	栲胶原料		公斤
204030100	落叶松树皮		公斤
204030200	杨梅树皮		公斤
204030300	油柑树皮		公斤

续表 15　　continued 15

产品代码	农产品类别与品名	生产者价格代表产品	计　量
204030400	槲树皮		公斤
204030500	木麻黄树皮		公斤
204030600	黑荆树皮		公斤
204030700	橡碗		公斤
204030800	化香果		公斤
204039900	其他栲胶原料		公斤
20404	非直接食用果类	*	公斤
204040100	油桐籽	*	公斤
204040300	沙棘果		公斤
204040400	油棕果		公斤
204040500	乌桕子		公斤
204040600	油橄榄		公斤
204040700	文冠果		公斤
204040800	山苍籽		公斤
204040900	黑椋子		公斤
204041000	麻风树果(小桐子)		公斤
204041100	黄连木果		公斤
204041200	光皮梾(光皮树)果		公斤
204049900	其他非直接食用果类		公斤
20405	编结用原料		公斤
204050100	藤条		公斤
204050200	柳条		公斤
204050300	柠条		公斤
204050400	荆条		公斤
204050500	桑条		公斤
204050600	灯心草		公斤
204050700	菖蒲		公斤
204050800	葵叶		公斤
204059900	其他编织用原料		公斤
20406	染色、鞣革用植物原料		公斤
204060100	五倍子		公斤
204060200	地衣		公斤
204060300	蓝靛		公斤
204060400	薯莨		公斤
204069900	其他染色、鞣革用植物原料		公斤
20407	野生植物活体		公斤
204070100	野生乔木		公斤
204070200	野生灌木		公斤
204070300	野生藤木		公斤
204070400	野生菌类		公斤
204079900	其他野生植物活体		公斤
20408	野生植物采集产品		公斤
204080100	野生植物根		公斤
204080200	野生植物茎		公斤
204080300	野生植物叶		公斤
204080400	野生植物花		公斤
204080500	野生植物果实		公斤
204089900	其他野生植物采集产品		公斤
20499	其他林产品		公斤
204990100	未加工天然软木		公斤
204990200	棕片		公斤
204990300	竹笋干		公斤

续表 16 continued 16

产品代码	农产品类别与品名	生产者价格代表产品	计 量
204990400	黄柏桕		公斤
204990500	山苍子		公斤
204990600	桉树叶		公斤
3	饲养动物及其产品	*	
301	活牲畜	*	
30101	猪	*	公斤
301010100	种猪		公斤
301010200	仔猪		公斤
301010300	中猪		公斤
301010400	能繁殖母猪		公斤
301019900	其他活猪	*	公斤
30102	牛	*	公斤
301020100	种牛		公斤
301020200	黄牛	*	公斤
301020300	水牛	*	公斤
301020400	奶牛		公斤
301020500	牦牛		公斤
301020600	牛犊		公斤
301020700	能繁殖母牛		公斤
301029900	其他活牛		公斤
30103	马		公斤
301030100	种马		公斤
301030200	马驹		公斤
301039900	其他活马		公斤
30104	驴		公斤
301040100	种驴		公斤
301049900	其他驴		公斤
301050000	骡		公斤
30106	羊	*	公斤
3010601	绵羊	*	公斤
301060101	细毛羊	*	公斤
301060102	半细毛羊	*	公斤
301060103	种绵羊		公斤
301060104	能繁殖母绵羊		公斤
301060199	其他绵羊		公斤
3010602	山羊	*	公斤
301060201	种山羊		公斤
301060202	奶山羊		公斤
301060203	种绒山羊		公斤
301060204	绒山羊	*	公斤
301060205	能繁殖母山羊		公斤
301060299	其他山羊		公斤
301060300	能繁殖母羊		公斤
301060400	羔羊		公斤
301070000	骆驼		公斤
301990000	其他活牲畜		公斤
302	活家禽	*	公斤
30201	活鸡	*	公斤
3020101	蛋鸡		公斤
302010101	种蛋鸡		公斤
302010199	其他蛋鸡		公斤
3020102	雏鸡		公斤

续表 17 continued 17

产品代码	农产品类别与品名	生产者价格代表产品	计　量
302010201	种雏鸡		公斤
302010299	其他雏鸡		公斤
3020103	肉鸡	*	公斤
302010301	种肉鸡		公斤
302010399	其他肉鸡	*	公斤
3020199	其他活鸡		公斤
302019901	其他种用活鸡		公斤
302019999	其他未列明活鸡		公斤
30202	活鸭	*	公斤
3020201	雏鸭		公斤
302020101	种用雏鸭		公斤
302020199	其他雏鸭		公斤
3020202	成鸭	*	公斤
302020201	种用成鸭		公斤
302020299	其他成鸭	*	公斤
30203	活鹅	*	公斤
3020301	雏鹅		公斤
302030101	种用雏鹅		公斤
302030199	其他雏鹅		公斤
3020302	成鹅	*	公斤
302030201	种用成鹅		公斤
302030299	其他成鹅	*	公斤
30204	活火鸡		公斤
3020401	雏火鸡		公斤
302040101	种用火鸡		公斤
302040199	其他火鸡		公斤
3020402	成火鸡		公斤
302040201	种用成火鸡		公斤
302040299	其他成火鸡		公斤
30205	活珍珠鸡		公斤
3020501	雏珍珠鸡		公斤
302050101	种用雏珍珠鸡		公斤
302050199	其他雏珍珠鸡		公斤
3020502	成珍珠鸡		公斤
302050201	种用成珍珠鸡		公斤
302050299	其他成珍珠鸡		公斤
30299	其他活家禽		公斤
302990100	鸽子		公斤
302990200	鸵鸟		公斤
302990300	野鸭		公斤
302990400	鹌鹑		公斤
302999900	其他未列明活家禽		公斤
303	畜禽产品	*	公斤
30301	生奶	*	公斤
303010100	生牛奶	*	公斤
303010200	生羊奶		公斤
303010300	生马奶		公斤
303019900	其他生奶		公斤
30302	禽蛋	*	公斤
3030201	鸡蛋	*	公斤
303020101	种用鸡蛋		公斤
303020199	其他鲜鸡蛋	*	公斤

续表 18

continued 18

产品代码	农产品类别与品名	生产者价格代表产品	计　量
3030202	鸭蛋	*	公斤
303020201	种用鸭蛋		公斤
303020299	其他鲜鸭蛋	*	公斤
3030203	鹅蛋	*	公斤
303020301	种用鹅蛋		公斤
303020399	其他鲜鹅蛋	*	公斤
3030204	鹌鹑蛋		公斤
303020401	种用鹌鹑蛋		公斤
303020499	其他鲜鹌鹑蛋		公斤
303029900	其他禽蛋		公斤
30303	天然蜂蜜及副产品		公斤
303030100	天然蜂蜜		公斤
303030200	蜂蜡		公斤
303030300	鲜蜂王浆		公斤
303039900	其他天然蜂蜜及副产品		公斤
30304	蚕茧		公斤
303040100	桑蚕茧		公斤
303040200	柞蚕茧		公斤
303040300	蓖麻蚕茧		公斤
303049900	其他蚕茧		公斤
30305	动物毛类	*	公斤
3030501	绵羊毛	*	公斤
303050101	细羊毛	*	公斤
303050102	半细羊毛	*	公斤
303050103	剪羊毛		公斤
303050199	其他绵羊毛		公斤
3030502	山羊毛	*	公斤
303050201	山羊粗毛	*	公斤
303050202	山羊绒	*	公斤
3030503	牦牛毛		公斤
303050301	粗牦牛毛		公斤
303050302	牦牛绒		公斤
303050400	兔毛	*	公斤
3030505	骆驼毛		公斤
303050501	骆驼粗毛		公斤
303050502	骆驼绒		公斤
3030506	马毛		公斤
303050601	马鬃		公斤
303050602	马尾		公斤
303050699	其他马毛		公斤
303059900	其他动物毛类		
30306	生皮		张
3030601	整张生牛皮		张
303060101	整张黄牛生皮		张
303060102	整张水牛生皮		张
303060199	其他整张牛生皮		张
3030602	整张绵羊生皮		张
303060201	整张带毛绵羊生皮		张
303060202	整张不带毛绵羊生皮		张
3030603	整张山羊生皮		张
303060301	整张山羊板皮		张
303060399	其他整张山羊生皮		张

续表 19 continued 19

产品代码	农产品类别与品名	生产者价格代表产品	计 量
303060400	整张生猪皮		张
303060500	整张生马皮		张
303060600	整张爬行动物皮		张
303069900	其他生皮		张
30307	生毛皮		张
303070100	整张羔羊生毛皮		张
303070200	整张水貂生毛皮		张
303070300	整张狐生毛皮		张
303070400	整张兔生毛皮		张
303079900	其他生毛皮		张
30308	制刷用兽毛		公斤
303080100	猪鬃		公斤
303080200	制刷用山羊毛		公斤
303089900	其他制刷用兽毛		公斤
30399	其他畜禽产品		公斤
303990100	麝香		公斤
303990200	鹿茸		公斤
303990300	燕窝		公斤
303990400	龟蛋		公斤
303999900	其他未列明畜禽产品		
399	其他饲养动物		
39901	爬行动物		公斤
399010100	食用爬行动物		公斤
399019900	其他爬行动物		公斤
39902	蛙类动物		公斤
399020100	改良种用蛙苗		公斤
399029900	其他食用蛙类动物		公斤
39903	家兔		公斤
399030100	种用家兔		公斤
3990302	非种用家兔		公斤
399030201	毛兔		公斤
399030202	皮兔		公斤
399030203	肉兔		公斤
39904	鹦形目鸟		公斤
399040100	改良种用鹦形目鸟		公斤
399040200	非种用鹦形目鸟		公斤
399050000	蜂		公斤
399060000	蚕		公斤
399070000	驯鹿		公斤
399080000	梅花鹿		公斤
399090000	狐		公斤
399100000	貂		公斤
399110000	麝		公斤
399990000	其他未列明饲养动物		
4	渔业产品	*	
401	海水养殖产品	*	公斤
40101	海水养殖鱼	*	公斤
401010100	海水养殖观赏鱼		公斤
401010200	海水养殖鲈鱼	*	公斤
401010300	海水养殖石斑鱼	*	公斤
401010400	海水养殖美国红鱼		公斤
401010500	海水养殖鲆鱼		公斤

续表 20

continued 20

产品代码	农产品类别与品名	生产者价格代表产品	计　量
401010600	海水养殖大黄鱼	*	公斤
401010700	海水养殖军曹鱼		公斤
401010800	海水养殖鰤鱼		公斤
401010900	海水养殖鲷鱼		公斤
401011000	海水养殖河鲀		公斤
401011100	海水养殖鲽鱼		公斤
401019900	其他海水养殖活鱼		公斤
40102	海水养殖虾	*	公斤
401020100	海水养殖中国对虾	*	公斤
401020200	海水养殖南美白对虾		公斤
401020300	海水养殖斑节对虾		公斤
401020400	海水养殖日本对虾		公斤
401020500	海水养殖龙虾		公斤
401029900	其他海水养殖海虾		公斤
40103	海水养殖蟹	*	公斤
401030100	海水养殖梭子蟹	*	公斤
401030200	海水养殖青蟹		公斤
401039900	其他海水养殖蟹		公斤
40104	海水养殖贝类	*	公斤
401040100	海水养殖牡蛎	*	公斤
401040200	海水养殖扇贝	*	公斤
401040300	海水养殖贻贝		公斤
401040400	海水养殖江珧		公斤
401040500	海水养殖鲍		公斤
401040600	海水养殖螺		公斤
401040700	海水养殖蚶		公斤
401040800	海水养殖蛤		公斤
401040900	海水养殖蛏		公斤
401049900	其他海水养殖贝类		公斤
40105	海水养殖藻类	*	公斤
401050100	海水养殖海带	*	公斤
401050200	海水养殖紫菜	*	公斤
401050300	海水养殖裙带菜		公斤
401050400	海水养殖江蓠		公斤
401050500	海水养殖麒麟菜		公斤
401050600	海水养殖石花菜		公斤
401050700	海水养殖羊栖菜		公斤
401050800	海水养殖苔菜		公斤
401059900	其他海水养殖藻类		公斤
40199	其他海水养殖产品		公斤
401990100	海水养殖海参		公斤
401990200	海水养殖海胆		公斤
401990300	海水养殖珍珠		公斤
401990400	海水养殖海蜇		公斤
401999900	其他未列明海水养殖产品		公斤
402	海水养殖产品种苗		尾
40201	海水养殖鱼苗		尾
402010100	海水养殖军曹鱼苗		尾
402010200	海水养殖鰤鱼苗		尾
402010300	海水养殖鲷鱼苗		尾
402010400	海水养殖大黄鱼苗		尾
402010500	海水养殖鲆鱼苗		尾

续表 21 continued 21

产品代码	农产品类别与品名	生产者价格代表产品	计 量
402010600	海水养殖鲽鱼苗		尾
402010700	海水养殖鳎鱼苗		尾
402010800	海水养殖鲀鱼苗		尾
402019900	其他海水养殖鱼苗		尾
40202	海水养殖虾种苗		尾
402020100	海水养殖对虾种苗		尾
402020200	海水养殖中国对虾种苗		尾
402020300	海水养殖南美白对虾种苗		尾
402020400	海水养殖斑节对虾种苗		尾
402020500	海水养殖日本对虾种苗		尾
402020600	海水养殖龙虾种苗		尾
402029900	其他海水养殖海虾种苗		尾
40203	海水养殖蟹苗		尾
402030100	海水养殖梭子蟹苗		尾
402030200	海水养殖青蟹苗		尾
402039900	其他海水养殖蟹苗		尾
40204	海水养殖贝类种苗		尾
402040100	海水养殖牡蛎种苗		尾
402040200	海水养殖扇贝种苗		尾
402040300	海水养殖贻贝种苗		尾
402040400	海水养殖江珧种苗		尾
402040500	海水养殖鲍种苗		尾
402040600	海水养殖螺种苗		尾
402040700	海水养殖蚶种苗		尾
402040800	海水养殖蛤种苗		尾
402040900	海水养殖蛏种苗		尾
402049900	其他海水养殖贝类种苗		尾
40205	海水养殖藻类育苗		尾
402050100	海水养殖海带苗		尾
402050200	海水养殖紫菜苗		尾
402050300	海水养殖裙带菜苗		尾
402050400	海水养殖江蓠苗		尾
402050500	海水养殖麒麟菜苗		尾
402050600	海水养殖石花菜苗		尾
402050700	海水养殖羊栖菜苗		尾
402050800	海水养殖苔菜苗		尾
402059900	其他海水养殖藻类育苗		尾
40299	其他海水养殖产品种苗		尾
402990100	海水养殖海参苗		尾
402990200	海水养殖海胆苗		尾
402990300	海水养殖珍珠蚌		尾
402990400	海水养殖海蜇苗		尾
402999900	其他未列明海水养殖产品种苗		尾
403	海水捕捞产品	*	公斤
40301	海水捕捞鲜鱼	*	公斤
403010100	大黄鱼	*	公斤
403010200	小黄鱼	*	公斤
403010300	带鱼	*	公斤
403010400	鲥鱼		公斤
4030105	比目鱼		公斤
403010501	鲽鱼		公斤
403010502	鳎鱼		公斤

续表 22

continued 22

产品代码	农产品类别与品名	生产者价格代表产品	计　量
403010503	鲆鱼		公斤
4030106	金枪鱼		公斤
403010601	长鳍金枪鱼		公斤
403010602	黄鳍金枪鱼		公斤
403010603	鲣鱼		公斤
403010604	大眼金枪鱼		公斤
403010605	蓝鳍金枪鱼		公斤
403010699	其他金枪鱼		公斤
4030107	鳕鱼		公斤
403010701	黑线鳕鱼		公斤
403010799	其他鳕鱼		公斤
403010800	沙丁鱼		公斤
403010900	鲑鱼(海水)		公斤
403011000	大马哈鱼		公斤
403011100	角鲨,相关鲨鱼		公斤
403011200	海鳗		公斤
403011300	鳀鱼		公斤
4030114	鲳鱼		公斤
403011401	绿青鲳鱼		公斤
403011499	其他鲳鱼		公斤
403011500	鲱鱼		公斤
403011600	石斑鱼		公斤
403011700	蓝圆鲹		公斤
403011800	白姑鱼		公斤
403011900	黄姑鱼		公斤
403012000	梅童鱼		公斤
403012100	方头鱼		公斤
403012200	玉筋鱼		公斤
403012300	梭鱼		公斤
403012400	鲻鱼		公斤
403012500	鲐鱼		公斤
403012600	鲅鱼		公斤
403012700	马面鲀		公斤
403012800	竹荚鱼		公斤
403019900	其他海水捕捞鲜鱼		公斤
40302	海水捕捞虾	*	公斤
403020100	龙虾	*	公斤
403020200	斑节对虾	*	公斤
403020300	中国对虾	*	公斤
403020400	日本对虾		公斤
403020500	毛虾		公斤
403020600	虾蛄		公斤
403020700	鹰爪虾		公斤
403029900	其他海水捕捞虾		公斤
40303	海水捕捞蟹	*	公斤
403030100	梭子蟹	*	公斤
403030200	青蟹	*	公斤
403039900	其他海水捕捞蟹		公斤
40304	海水捕捞贝类	*	公斤
403040100	贻贝	*	公斤
403040200	蛤	*	公斤
403040300	蚶		公斤

续表 23 continued 23

产品代码	农产品类别与品名	生产者价格代表产品	计　量
403049900	其他海水捕捞贝类		公斤
40305	海水捕捞软体水生动物	*	公斤
403050100	墨鱼	*	公斤
403050200	鱿鱼	*	公斤
403050300	沙蚕		公斤
403059900	其他海水捕捞软体水生动物		公斤
403990000	其他海水捕捞产品		公斤
404	淡水养殖产品	*	公斤
40401	养殖淡水鱼	*	公斤
4040101	养殖淡水观赏鱼		公斤
404010101	金鱼		公斤
404010199	其他养殖淡水观赏鱼		公斤
404010200	养殖淡水鳟鱼	*	公斤
404010300	养殖淡水鳗鲡		公斤
404010400	养殖淡水鲤鱼	*	公斤
404010500	养殖淡水草鱼	*	公斤
404010600	养殖淡水鳙鱼(胖头鱼)		公斤
404010700	养殖淡水鲟鱼		公斤
404010800	养殖淡水罗非鱼		公斤
404010900	养殖淡水河鲀		公斤
404011000	养殖淡水青鱼		公斤
404011100	养殖淡水鲢鱼	*	公斤
404011200	养殖淡水鲫鱼		公斤
404011300	养殖淡水鳊鲂		公斤
404011400	养殖淡水鲶鱼		公斤
404011500	养殖淡水鮰鱼		公斤
404011600	养殖淡水黄颡鱼		公斤
404011700	养殖淡水鲑鱼		公斤
404011800	养殖淡水池沼公鱼		公斤
404011900	养殖淡水银鱼		公斤
404012000	养殖淡水短盖巨脂鲤		公斤
404012100	养殖淡水长吻鮠		公斤
404012200	养殖淡水黄鳝		公斤
404012300	养殖淡水鳜鱼		公斤
404012400	养殖淡水鲈鱼		公斤
404012500	养殖淡水乌鳢		公斤
404012600	养殖淡水泥鳅		公斤
404019900	其他养殖淡水鱼		公斤
40402	淡水养殖虾	*	公斤
404020100	淡水养殖罗氏沼虾	*	公斤
404020200	淡水养殖青虾	*	公斤
404020300	淡水养殖克氏原螯虾		公斤
404020400	淡水养殖南美白对虾		公斤
404029900	其他淡水养殖虾		公斤
40403	淡水养殖蟹	*	公斤
404030100	淡水养殖活河蟹	*	公斤
404039900	其他淡水养殖蟹		公斤
40404	淡水养殖贝类	*	公斤
404040100	淡水养殖河蚌	*	公斤
404040200	淡水养殖螺		公斤
404040300	淡水养殖蚬		公斤

续表 24　　continued 24

产品代码	农产品类别与品名	生产者价格代表产品	计　量
404049900	其他淡水养殖贝类		公斤
404050000	淡水养殖螺旋藻		公斤
40499	其他淡水养殖产品		公斤
404990100	淡水养殖龟		公斤
404990200	淡水养殖鳖		公斤
404990300	淡水养殖蛙		公斤
404990400	淡水养殖珍珠		公斤
404999900	其他未列明淡水养殖产品		公斤
405	淡水养殖产品种苗		尾
40501	淡水鱼苗		尾
405010100	鳟鱼苗		尾
405010200	鳗鱼苗		尾
405010300	鲤鱼苗		尾
405010400	草鱼鱼苗		尾
405010500	鳙鱼鱼苗		尾
405010600	鲟鱼苗		尾
405010700	罗非鱼苗		尾
405010800	鲀鱼苗		尾
405010900	青鱼苗		尾
405011000	鲢鱼苗		尾
405011100	鲫鱼苗		尾
405011200	鳊鱼苗		尾
405011300	鲶鱼苗		尾
405011400	鮰鱼苗		尾
405011500	黄颡鱼苗		尾
405011600	鲑鱼苗		尾
405011700	池沼公鱼苗		尾
405011800	银鱼苗		尾
405011900	短盖巨脂鲤苗		尾
405012000	长吻鮠苗		尾
405012100	黄鳝苗		尾
405012200	鳜鱼苗		尾
405012300	鲈鱼苗		尾
405012400	乌鳢苗		尾
405012500	泥鳅苗		尾
405019900	其他淡水鱼苗		尾
40502	淡水养殖虾苗		尾
405020100	罗氏沼虾苗		尾
405020200	青虾苗		尾
405020300	克氏原螯虾苗		尾
405020400	南美白对虾苗		尾
405029900	其他淡水养殖虾苗		尾
40503	淡水养殖蟹种苗		尾
405030100	中华绒毛蟹(大闸蟹)种苗		尾
405039900	其他淡水养殖蟹种苗		尾
40504	淡水养殖贝壳种苗		尾
405040100	河蚌种苗		尾
405040200	螺种苗		尾
405040300	蚬种苗		尾
405049900	其他淡水养殖贝壳种苗		尾
40505	淡水养殖藻类种苗		尾

续表 25 continued 25

产品代码	农产品类别与品名	生产者价格代表产品	计　量
405050100	螺旋藻种苗		尾
405059900	其他淡水养殖藻类种苗		尾
40599	其他淡水养殖产品种苗		尾
405990100	稚龟种苗		尾
405990200	稚鳖种苗		尾
405990300	幼蛙种苗		尾
405990400	珍珠蚌种苗		尾
405999900	其他未列明淡水养殖产品种苗		尾
406	淡水捕捞产品		公斤
40601	捕捞淡水鱼		公斤
406010100	鳗鲡		公斤
406010200	青鱼		公斤
406010300	草鱼		公斤
406010400	鲢鱼		公斤
406010500	鳙鱼		公斤
406010600	鲤鱼		公斤
406010700	鲫鱼		公斤
406010800	鳊鲂		公斤
406010900	泥鳅		公斤
406011000	鲶鱼		公斤
406011100	鮰鱼		公斤
406011200	黄颡鱼		公斤
406011300	鲑鱼(淡水)		公斤
406011400	鳟鱼		公斤
406011500	河鲀		公斤
406011600	池沼公鱼		公斤
406011700	银鱼		公斤
406011800	长吻鮠		公斤
406011900	黄鳝		公斤
406012000	鳜鱼		公斤
406012100	鲈鱼		公斤
406019900	其他捕捞淡水鱼		公斤
40602	淡水捕捞鲜虾		公斤
406020100	罗氏沼虾		公斤
406020200	青虾		公斤
406020300	克氏螯虾(克氏原螯虾)		公斤
406029900	其他淡水捕捞鲜虾		公斤
40603	淡水捕捞蟹		公斤
406030100	中华绒毛蟹(大闸蟹)		公斤
406039900	其他淡水捕捞蟹		公斤
40604	淡水捕捞鲜软体动物		公斤
406040100	蜗牛		公斤
406040200	螺		公斤
406040300	河蚌		公斤
406040400	蚬		公斤
406049900	其他淡水捕捞鲜软体动物		公斤
40605	淡水捕捞螺旋藻		公斤
40699	其他淡水捕捞产品		公斤
406990100	丰年虫		公斤
406999900	其他未列明淡水捕捞产品		公斤